<김대균 영문법>을 저자 직강으로 공부할 수 있는 두 가지 방법!

1. EBS 외국어 라디오 반디로 <김대균 영문법> 듣기

❶ EBS 반디 어플리케이션으로 듣기

반디 앱을 설치한 후, 외국어 라디오 탭을 누르세요.

❷ EBS 홈페이지 온에어로 듣기

EBS 홈페이지 온에어 메뉴 중, 외국어 라디오로 들어가세요.

방송 시간

- 월~토 : 오전 8시 30분, 오후 9시 30분
- 일 : 오전 7시 (3시간 연속 재방송)

 플레이스토어(안드로이드)/앱스토어(아이폰) 접속 ▶ <EBS 반디> 검색 ▶ 반디 앱 설치

2. EBS lang 오디오 강의로 <출퇴근 영문법> 듣기

하루 10분! 오디오강의
출퇴근 영문법
EBS lang

늘 헷갈리는 **문법**, 이번에 제대로 잡고 더이상 **스피킹** 쫄지마세요!

- 토익의 거장! 김대균 선생님의 **친절하고 정확한 문법 설명**
- 스피킹에 바로 적용할 수 있는 **생생한 예문**
- 출퇴근길 등 언제 어디서나 들을 수 있는 **오디오 강의**
- 하루 10분! 60일 영어의 뼈대완성

22년 토익거장 갓.대.균

머리말

김대균 영문법을 여러분께 드립니다. 영문법은 영어를 공부할 때 한 번은 꼭 정리해야 하는 기본입니다. 그런데 '법'이라는 말이 너무나 부담스럽고 불편하게 느껴집니다. 그러나 걱정하지 마십시오! 김대균 영문법으로 정리해보세요! 이 책을 즐겁게 술술 읽다 보면 영문법이 친숙하게 다가오고 영어 시험, 영작, 회화에 좋은 결과가 반드시 있을 것입니다. EBS 반디를 통해 강의도 쉽게 들으실 수 있으니 영문법이 재미있어질 것입니다.

영문법은 말과 글을 정확하게 쓰기 위한 법칙입니다. 이 책이 전국민 영문법이 되도록 준비하는 가운데 저는 토익을 지금까지 약 310회를 보면서 정리해왔고 영어권 국가를 여행하면서 모은 200여권의 영문법 원서들을 새롭게 공부했습니다. 그리고 초등학교, 중학교, 고등학교 학생들의 수업자료 및 교재들도 새롭게 연구를 많이 했습니다. 어떤 책의 설명이 어려우면 필자가 잘 이해 못한 것일 수 있습니다. 이 책에 나오는 내용은 제가 제대로 이해하고 정말 중요하다고 생각되는 부분을 쉽게 설명해드리려고 노력했습니다. 한 번 읽고 이해가 안되시면 '다시 한 번 더 보면 되지!'라는 여유 있는 태도를 가지십시오.

본서가 전국민 영문법이 되는 데 도움을 주신 분들이 너무나 많습니다. 이 분들을 다 여기에 넣을 수 없는 점 죄송하게 생각합니다.

초, 중, 고등학교 눈높이를 맞추는 데 도움을 주신 김정연, 김신형, 김도균, 서성민, 김지욱, 김수정, 김태민, 황성, 허준석, 장우리, 알렉스 최지영 선생님, Tiger 영어학원 김호칠 원장님,

책의 구성이나 내용 방향에 조언을 주신 세종 사이버대 김현숙 교수님, 김기문, 박정자, 한일, 이보영 선생님, 대치동 KNS어학원 김치삼 원장님,

EBS 반디 방송에 맞는 교재가 되도록 도움을 주신 김준범 부장님, 이효종 피디님, 이하진 피디님,

제대로 된 책이 되도록 잘 정리해 주신 엄태상 대표님, 이효리 과장님,

한동안 평안한 마음으로 집중해서 일을 하도록 늘 함께 하신 하나님과 어머니 그리고 김지연, 김자헌, 김수헌에게 감사를 드립니다!

김대균

그림: 이욱연

추천서

왜 영문법을 말하는가?

왜 흔히들 영문법은 어렵다고 할까요? 이유는 간단합니다. 우리 것이 아니기 때문입니다. 통 큰 한복만 입다가 와이셔츠에 넥타이를 맨 것처럼 갑갑해서 벗어버리고 싶은 것이 바로 영문법입니다. 그런데 그런 영문법에 대한 저의 지론은 다음과 같습니다. '영어 학습의 지름길은 영문법이다. 항상 친하게 지내자.' 문장에 있어서 문법의 역할을 떠올리신다면 쉽게 이해가 되실 것입니다. '표현 또는 소통'을 할 때, 우리는 우선 단어를 선정합니다. 그 다음 배열의 순서 또는 형태의 변형이라는 문법의 속성을 적용하여 보다 정확하게 문장을 완성합니다. 즉, 문법은 정확한 '표현 또는 소통'을 위한 도구인 것입니다. 여기서 말하는 '표현 또는 소통의 능력'에 대한 평가는 영어 시험의 본질이기도 합니다.

그럼 실제 시험에서 영문법은 우리에게 어떤 도움을 줄까요? 영문 독해를 할 때 영문법은 문장 이해의 심도를 높여주며 복잡한 독해도 할 수 있다는 자신감을 키워줍니다. 회화 또는 작문을 할 때 영문법은 우리에게 '표현 또는 소통'을 정확히 할 수 있는 도구를 제공합니다. 사실 우리가 주구장창 외우고 있는 각종 이디엄 또는 유형 패턴은 별 도움을 주지 못합니다. 최근 각종 시험에서 문법의 비중이 줄었다고들 하지만 직접적인 문법 문제가 줄었다는 분석일 뿐입니다. 오히려 독해 또는 회화 문제의 대부분이 영문법 이해에 바탕을 두고 있는 실정입니다. 따라서 영문법은 바로 고득점의 비결인 것입니다.

영문법은 오랜 친구입니다. 한번 익힌 자전거는 언제라도 다시 탈 수 있듯 잘 배운 영문법은 각종 시험에서 항상 여러분을 지켜드릴 것입니다. 이하진 피디님, 이효리 편집자님, 김대균 선생님! 그동안 고생 많이 하셨습니다. 세 분의 열정과 노력이 보람찬 결실로 이어지기를 바랍니다.

EBS 라디오부 이효종 피디

영어공부만 10년째,

여전히 영어 고민에 빠진 학습자들을 위해 영어의 기본 틀인 "영문법"을 잡아줄 김대균 영문법이 출간되었습니다. 김대균 영문법은 교재 집필단계에서부터 오디오 제작까지 수많은 회의와 수정을 거쳐 영문법을 가장 알기 쉽고 편안하게 학습할 수 있도록 하는 것을 목표로 하였습니다. 특히 저는 라디오 PD로서 김대균 영문법 교재와 함께 오디오 학습 효과를 극대화하기 위해 노력하였습니다.

"차근차근, 천천히, 또박또박"

내용적으로는 문법에 부담을 느끼지 않도록 편안한 용어와 적절한 예문을 선정하기 위해 고민하였고, 형식적으로는 문법을 어렵고 딱딱하게 느끼지 않도록 친절한 설명과 함께 오디오 강의를 "차근차근, 천천히, 또박또박" 진행하였습니다. 김대균 영문법을 통해 영어의 기본 틀을 익히고 자신의 생각을 정확하고 자유롭게 전달할 수 있기를 희망합니다.

EBS 라디오부 이하진 피디

이 책의 구성과 특징

김대균 영문법은 아기가 언어를 배우는 순서를 큰 틀로 잡고 실용적인 예문과 핵심적이고 친절한 설명으로 영문법을 정리하도록 만들었습니다. 아기는 명사부터 배웁니다. 그래서 우리도 명사부터 시작하며 명사를 수식하는 관사, 형용사 다음에 동사를 다루고 어려운 어법들을 맨 뒤쪽에 위치시켰습니다. 이 책은 초등학생에서부터 성인에 이르기까지 영문법의 기본과 중요한 것을 제대로 정리해보고 싶은 분들에게 가장 좋은 교재가 되도록 만들었습니다. 특히 예문에 신경을 많이 썼습니다. 실제 일상에서 쓰이는 예문, 현대 유명 인사들의 명언으로 구성했습니다. 그리고 기초적인 핵심체크 문제는 물론 초중고등 학생들과 공인영어시험을 준비하는 분들에게 모두 유익한 문제들을 챕터 끝에 담았습니다. 필자가 토익을 약 310회 응시한 최다응시 만점강사로 토익 기초를 준비하는 분들에게도 유익한 문제들도 담았습니다.

▶ 본문

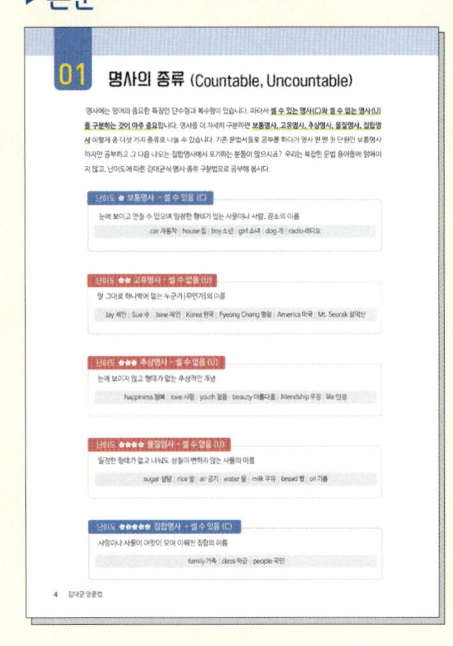

본문에는 실제 필요한 문법을 담았습니다. 문법을 위한 문법이나 여러분을 괴롭히기 위한 문법은 과감하게 빼고 정말 중요하고 필요한 문법을 담았습니다. 그리고 필자가 어릴 적부터 지금까지 한국에서 공부하면서 학생들이 궁금해 하는 점, 잘 모르는 점에 중점을 두었습니다. 여러분 중에 should, have to, must, had better가 모두 '~해야 한다'는 같은 의미로 생각하시는 분들이 많을 것입니다. 본서를 읽어보시면 이들간의 큰 차이를 배우게 될 것입니다. 예를 들어 부하 직원이 상사에게 had better를 자주 쓰다가는 해고됩니다!^^ 그리고 So I do와 So do I를 헷갈리지 않게 암기하는 법도 재미있게 설명해 드렸습니다! 기본 핵심 정리뿐만 아니라 일반 문법서에서 잘 다루지 않지만 섬세한 차이가 있는 내용들도 정리해 드렸습니다.

▶ 핵심체크

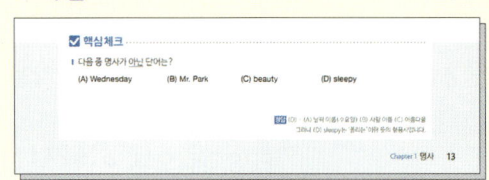

본문을 학습한 후 학습 내용을 바로 바로 확인할 수 있도록 하단에 핵심체크 문제를 제공합니다. 이 문제는 영문법의 기본으로 정말 중요하면서 누구나 풀어보실 만한 기초 문제들입니다.

▶ 대균's comment

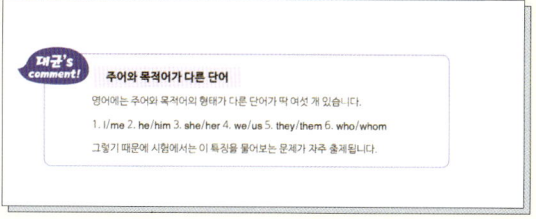

놓치고 지나가기 쉬운 부분과 헷갈리기 쉬운 부분을 핵심 사항만 콕콕 짚어 정리했습니다. 정말 영어의 고수가 되는 팁들이 재미있게 정리되어 있습니다.

▶ Tip

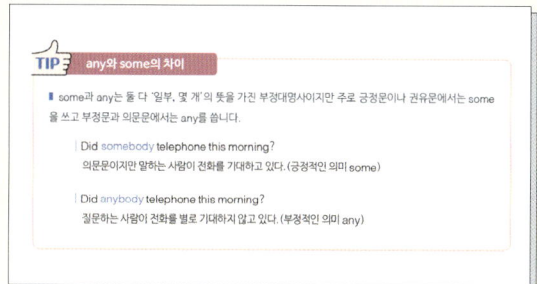

추가로 학습해야 하는 내용을 다양한 예시와 함께 제공합니다. 초급자는 처음에는 대강 보시거나 넘어가시고 나중에 도전할 힘이 나실 때 공부해 주시면 됩니다. 몇몇 핵심 독자들에게 실험해 본 결과 이 책은 순하게 읽혀지는 책입니다. 너무 부담되는 부분은 처음에는 보지 마시고 두 번째 보실 때 도전해 주세요!

▶ 확인 문제

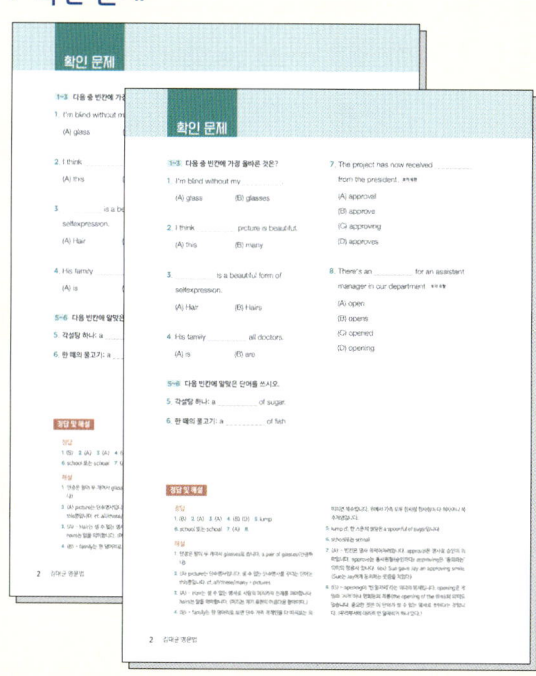

각 챕터를 학습한 후 확인 문제를 통해 자신의 실력을 확인해 볼 수 있습니다. 기본적인 문법 확인 문제와 토익 유형 문제를 풀어보며 문법에 대한 감각을 키울 수 있습니다. 정말 기본적인 문제부터 토익 등 공인영어시험에도 직결되는 문제까지 꼭 풀어 보실 만한 문제들을 담았습니다. 시험이 부담되고 문제가 필요 없는 분들은 처음에는 공부하지 않고 넘어가시고 두 번째 또는 세 번째 보실 때 도전해 보세요! 재미있고 유익한 코너입니다. 초중고 시험을 준비하시는 학생들과 토익 등 공인영어시험을 준비하시는 분들은 꼭 다 풀어주세요!

목차

Chapter 1 명사
01 명사의 종류(Countable, Uncountable) · 12
02 명사의 활용과 형태 · 17
✓ 확인 문제 · 23

Chapter 2 대명사
01 인칭대명사 · 26
02 지시대명사와 부정대명사 · 31
✓ 확인 문제 · 37

Chapter 3 관사
01 관사와 명사의 관계 · 40
02 부정관사와 정관사 · 42
03 주의해야 할 관사의 쓰임 · 46
✓ 확인 문제 · 51

Chapter 4 형용사
01 형용사의 형태 · 54
02 수량 형용사 · 55
03 혼동하기 쉬운 형용사 · 56
04 형용사의 위치 · 60
05 숫자 · 63
✓ 확인 문제 · 64

Chapter 5 부사
01 부사의 형태 · 66
02 부사의 위치와 역할 · 69
03 빈도부사 · 71
04 주의해야 할 부사 · 72
✓ 확인 문제 · 78

Chapter 6 비교급과 최상급
01 비교급과 최상급의 형태 · 80
02 비교급의 여러 종류들 · 85
✓ 확인 문제 · 88

Chapter 7 동사와 문장의 5형식
01 be동사 · 90
02 일반동사(문장의 형식) · 92
✓ 확인 문제 · 100

Chapter 8 시제
01 시제의 12가지 형태 · 102
02 각 시제의 특징 · 103
✓ 확인 문제 · 116

Chapter 9 조동사
01 have, do · 118
02 can, could, be able to · 120
03 may, might · 124
04 must, have to · 126
05 should · 128
06 will, shall, be going to · 131
07 need, dare, used to · 134
✓ 확인 문제 · 137

Chapter 10 가정법
01 조건문 · 140
02 가정법 · 143
✓ 확인 문제 · 150

Chapter 11 수동태
01 능동태와 수동태 · 152
02 수동태의 형태와 종류 · 154
✓ 확인 문제 · 161

Chapter 12 부정사
01 부정사의 형태와 역할 · 164
02 부정사의 여러 가지 구문 · 170
03 부정사 관용 표현 · 176
✓ 확인 문제 · 178

Chapter 13 동명사
01 동명사의 형태와 쓰임 · 180
02 동명사나 부정사를 목적어로 취하는 동사 · 183
03 동명사 관용 표현 · 186
✓ 확인 문제 · 188

Chapter 14 분사
01 분사의 기본 개념 · 190
02 분사구문의 형태와 개념 · 195
✓ 확인 문제 · 198

Chapter 15 전치사
01 전치사의 역할 · 200
02 시간을 나타내는 전치사 · 202
03 장소를 나타내는 전치사 · 207
04 기타 중요 전치사 · 211
✓ 확인 문제 · 216

Chapter 16 접속사
01 접속사의 역할과 형태 · 218
02 접속사의 종류 · 220
✓ 확인 문제 · 231

Chapter 17 관계사
01 관계대명사 · 234
02 관계부사 · 239
✓ 확인 문제 · 242

Chapter 18 일치
01 주어와 동사의 수의 일치 · 244
02 시제의 일치 · 250
✓ 확인 문제 · 253

Chapter 19 특수구문
01 도치, 부정 · 256
02 강조, 생략 · 260
✓ 확인 문제 · 263

◆ 부록 · 265

영문법의 필요성

◆ **영어와 우리말의 차이점들과 영문법의 필요성!**

영문법을 공부하기 전에 영어의 특징을 알아두면 전체 공부 방향을 잘 잡을 수 있습니다. 여러 가지 특징이 있겠지만 영어와 우리말의 다른 점 다섯 가지를 우선 알려드립니다.

❶ 단어의 순서가 다르다.

  영어   I have a crush on you.
  우리말   나는 당신에게 반했어요. (have a crush on: ~에게 반하다)

우리말은 '나는' 다음에 목적어인 '당신에게'가 나오는데, 영어는 '나는, 반했다, 당신에게' 순서로 주어 뒤에 동사가 옵니다. I love you.를 보면 더 쉽게 아실 수 있죠?

> 학습방향 ▶ 기본 문장에서 단어의 순서들을 관찰하고 익히자. 단어의 순서를 공부하는 것이 영문법의 가장 큰 부분이다!

❷ 영어에는 ~은, ~는, ~이, ~가, ~을, ~를 등의 조사가 없다.

예를 들어 다음 문장을 보시죠.

▶ He reads a novel every evening. (그는 매일 저녁 소설을 읽는다.)

He를 '그는', a novel을 '소설을'로 말하죠. 우리말에는 조사라고 하는 '은, 는, 이, 가, 을, 를'이 있는데 영어에는 그것이 없습니다. 저와 EBS FM 김대균 토익킹 방송을 같이했던 영국인 Baya는 한국을 좋아해서 태권도도 배우고 우리말도 열심히 공부했는데 우리말이 잘 안되어서 유명 TV 방송에 못나가게 된 적이 있었습니다. Baya가 특히 한국어의 조사(은, 는, 이, 가)가 너무 어렵다고 말한 기억이 납니다. 여러분은 '나는', '너를'을 '나은', '너을' 이라고 하지 않지만 우리말을 처음 배우는 미국, 영국인들은 이렇게 말하는 경우가 종종 있습니다.

> 학습방향 ▶ 영어에는 '은, 는, 이, 가, 을, 를'과 같은 조사가 없지만 문장에서 단어의 배열과 순서를 잘 익히자.

❸ 명사의 격 변화와 수와 시제에 따른 동사의 끝부분(어미)에 변화가 있다.

나중에 본문에서 배우겠지만 I, my, me, mine, you, your, you, yours 등은 영어가 위치에 따라 변하는 특별한 성질을 나타냅니다. 그래서 이것을 문제로 많이 출제하는 것입니다.

▶ **I** love you. (나는 너를 사랑해.)
▶ This is **my** book. (이것은 나의 책이다.)
▶ This book is **mine**. (이 책은 나의 것이다.)

인칭대명사가 위치에 따라 변화한다는 사실을 알아두시면 말하기와 글쓰기뿐 아니라 각종 시험 문제들도 잘 풀 수 있는 기본을 갖추게 됩니다.

> 학습방향 ▶ I, my, me 등의 단어가 들어간 쉽고 간단한 문장을 암기하자. 격 변화를 늘 어울리는 단어들과 함께 익히자. 동사변화도 영어의 중요한 특징이니 익혀 나가자. 누구나 처음에는 헷갈릴 수 있다. 걱정하지 말고 꾸준히 반복하자!

❹ **단수 복수 개념이 정확하고 우리말보다 복잡하며 관사 개념이 있다.**

'나는 아직도 a, the가 헷갈린다!'라고 제가 대학교 때 모시던 교수님이 말씀하신 기억이 납니다. 이 분은 영어를 정말 잘하시는 분이고 영국에서 박사를 따신 분인데도 이런 말씀을 하셨습니다. 우리가 영어 공부할 때 '이 부분은 누구나 어려워하는구나'라는 위로를 받으시고 편안하게 공부하시면 됩니다. 누구나 실수를 할 수 있다는 것이 위로가 되죠? 우리가 기본 영어를 공부하는 데는 그렇게 복잡하지 않으니 너무 걱정하지 마십시오!

▶ a, the의 사용법 중에 the police는 경찰들을 가리키는 단어로 그 앞에는 반드시 the를 씁니다. an honest man은 honest에서 h가 발음이 되지 않아서 그 앞에는 a가 아니라 an이 옵니다. 그리고 ~s 붙이는 단어와 아닌 것들이 헷갈릴 수 있습니다.

▶ furniture(가구), information(정보), consent(동의)는 영어에서 -s를 붙이지 않는 셀 수 없는 명사입니다. 우리나라 말로 생각해보면 셀 수 있는 명사일 수 있는데 영어는 아닌 경우가 있습니다. 이것을 그 때 그 때 암기해야 합니다.

학습방향 ▶ 단어를 암기할 때 명사의 경우 countable(셀 수 있는 명사)과 uncountable(셀 수 없는 명사)을 꼭 확인하고 익히는 연습을 하자. 명사를 공부할 때 그 앞에 a, the를 함께 한 덩어리로 익히자. chunk by chunk로 공부하자!(덩어리를 영어로 chunk라고 합니다.)

❺ **어휘가 객관적으로 우리나라보다 많다.**

영어는 세계의 여러 언어를 모두 흡수하는 공룡입니다. 심지어 우리나라말 김치뿐 아니라 지게도 영어에 들어갔습니다. 지게를 영어로 어떻게 표현하죠? A-frame입니다. 이것은 지게가 A모양으로 생겼다고 해서 생긴 단어로 우리나라에서 영어로 들어간 말입니다.

미국의 어느 대학 신입생들에게 어휘 시험을 보게 하고 졸업 후에 이들이 어떻게 살고 있는가를 확인해보니 신입생 때 어휘 시험을 잘 본 사람들이 대부분 크게 성공하여 잘 사는 것을 확인한 실험이 있습니다. 단어 암기는 생각을 섬세하게 할 수 있기 때문에 많은 단어를 알고 있는 사람이 성공 가능성이 당연히 높죠! 우리말 어휘와 영단어를 많이 암기해서 생각의 깊이와 폭을 넓혀서 크게 성공하시길 기도합니다.

학습방향 ▶ 풍부한 어휘는 성공과 직접적인 관련이 있다. 큰 꿈을 가지고 풍부하게 암기하자!

5번에서 어휘가 중요하다면서 영문법은 왜 공부해야 하나 생각할 수도 있습니다. 구슬이 서말이라도 꿰어야 보배라는 우리나라 속담이 있습니다. 단어들이 어떻게 나열되어 꿰어지는지를 모르면 단어를 많이 외워도 말을 못하고 글을 쓸 수 없습니다. 영어 단어 공부 많이 하시면서 영문법을 꼭 공부해 주세요! 그래야 정확한 영어를 풍부하게 사용할 수 있습니다.

이제 영문법 공부를 시작해보죠!

Chapter 1
명사

house 집, Jane 제인, love 사랑, sugar 설탕, people 사람들

이 단어들의 공통점은? 바로 명사라는 점입니다. 문장에서 다양한 역할을 하는 **명사는 사람이나 사물, 감정, 장소 등 무언가의 이름을 나타내는 단어**를 말합니다. 아이가 제일 먼저 배우는 단어도 명사입니다. 이번 챕터에서는 명사의 종류와 역할에 대해서 알아보겠습니다.

01 명사의 종류 (Countable, Uncountable)

사람, 사물, 장소 등을 지칭하는 것이 명사(noun)입니다. 명사는 어린아이가 최초로 배우는 단어입니다. 그래서 우리 교재는 명사부터 시작합니다. 명사에는 영어의 중요한 특징인 단수・복수형이 있습니다. 따라서 여러 개를 가리키는 경우 끝에 -s를 붙이는 단어와 아예 셀 수 없어서 -s를 붙일 수 없는 단어를 구분하는 것이 아주 중요합니다. 명사는 크게 **셀 수 있는 명사(C)와 셀 수 없는 명사(U)로 구분**하고 더 자세히 나누면 **보통명사, 고유명사, 추상명사, 물질명사, 집합명사 이렇게 총 다섯 가지 종류**로 구분합니다. 기존 문법서들로 공부를 하다 보면, 명사 편 맨 첫 단원인 보통명사까지만 공부하고 그 다음에 나오는 집합명사에서 '영포자(영어포기자)'가 속출합니다. 따라서 복잡한 문법 용어들에 얽매이지 않고, 난이도에 따른 김대균식 명사 종류 구분법을 소개하고자 합니다.

난이도 ☆ 보통명사 - 셀 수 있음 (C)
눈에 보이고 만질 수 있으며 일정한 형태가 있는 사물이나 사람, 장소의 이름

car 자동차 | house 집 | boy 소년 | girl 소녀 | dog 개 | radio 라디오

난이도 ☆☆ 고유명사 - 셀 수 없음 (U)
말 그대로 하나밖에 없는 누군가[무언가]의 이름

Jay 제이 | Sue 수 | Jane 제인 | Korea 한국 | Pyeongchang 평창 | America 미국 | Mt. Seorak 설악산

난이도 ☆☆☆ 추상명사 - 셀 수 없음 (U)
눈에 보이지 않고 형태가 없는 추상적인 개념

happiness 행복 | love 사랑 | youth 젊음 | beauty 아름다움 | friendship 우정 | life 인생

난이도 ☆☆☆☆ 물질명사 - 셀 수 없음 (U)
일정한 형태가 없고 나눠도 성질이 변하지 않는 사물의 이름

sugar 설탕 | rice 쌀 | air 공기 | water 물 | milk 우유 | bread 빵 | oil 기름

* 물질명사는 셀 수 없어서 그 단어에 -s가 붙지 않고 a spoonful of sugar(한 스푼의 설탕), a bottle of oil/wine (한 병의 기름/와인), a pack(et) of milk(한 팩의 우유)처럼 단위를 이용해서 셉니다.

난이도 ☆☆☆☆☆ 집합명사 - 셀 수 있음 (C)
사람이나 사물이 여럿이 모여 이뤄진 집합의 이름

family 가족 | class 학급 | people 국민

1. 셀 수 있는 명사: 보통명사

초급 단계에서 영어 학습자가 가장 흔히 접하게 되는 명사는 가장 쉬운 난이도의 보통명사입니다. 우리 주변의 많은 사물과 동식물을 지칭하는 단어들이 이에 속하죠. 이러한 단어들을 문장 속에 사용할 때 주의해야 할 점이 있습니다. **영어에서는 '숫자' 개념이 우리말에서보다 분명**하기 때문에 **명사의 수를 나타내야 한다는 점**입니다.

> 우리말: 나는 연필이 있다.
> ▶ 연필이 한 개 있는지 여러 개 있는지 알 수 없음
>
> 영어: I have **a pencil**. I have some **pencils**.
> ▶ 연필이 한 개 있는지, 여러 개 있는지 명확하게 문장 속에 드러남

» a: 한 개를 의미할 때 명사 앞에 씁니다. 명사의 발음이 자음으로 시작하면 a이지만, 모음(a, e, i, o, u)으로 시작하면 an이 됩니다. 예) a pencil, an apple

» s: 두 개 이상을 의미할 때 명사 끝에 붙입니다. -es, -ies가 되는 경우도 종종 있습니다.
　　예) pencils, boxes, babies

따라서 보통명사 앞이나 뒤에 a(n) 또는 -s가 없다면 다음 중 한 가지라도 반드시 보통명사 앞에 와야 합니다.

the	'(아까 말한, 우리가 알고 있는) 그'를 뜻함
소유격	my(나의), your(너의), his(그의) 등이 명사의 앞에 나와 '누구의 것'인지 알려 줌
this, that	'이 OO', '저 OO'를 의미하며 복수형 명사 앞에서는 these, those로 쓰임
each, one, another	a 대신 '하나'를 의미 (another는 '하나 더')
every	'모든'을 의미하지만, 뒤에는 단수 명사가 옴
기타	no, any, whose, which, what

> **TIP** 한 쌍을 이루기 때문에 복수로 쓰는 명사들
>
> ■ 짝 또는 두 부분이 하나를 이루는 의류 및 도구의 이름은 보통 복수로 씁니다.
>
> pants 바지 | jeans 청바지 | trousers 바지 | socks 양말 | shoes 신발 | scissors 가위 | chopsticks 젓가락 | glasses 안경 | gloves 장갑

✅ 핵심체크

■ 다음 중 명사가 <u>아닌</u> 단어는?

(A) Wednesday　　(B) Mr. Park　　(C) beauty　　(D) sleepy

정답 (D) – (A) 날짜 이름(수요일) (B) 사람 이름 (C) 아름다움
그러나 (D) sleepy는 '졸린'이란 뜻의 형용사입니다.

2. 셀 수 없는 명사: 고유명사와 추상명사

A 고유명사

셀 수 없는 명사에는 a(n) 또는 -s를 붙이지 않습니다. 그 첫 번째 예가 고유명사입니다. **고유명사는 '이름'을 뜻하며, 항상 첫 글자를 대문자로 씁니다.** 다음 문장을 영작해 볼까요?

제인은 이번 주 금요일에 런던으로 간다.

Jane goes to London this Friday.

➡ 영어 문장 구조의 순서에 따라 어순이 우리말과 완전히 달라졌다는 점 외에도 한 가지 더 주목해야 할 점이 있지요. '제인', '런던', '금요일'은 모두 명사지만 **하나를 가리키는 a(n)나 여러 개를 가리키는 -s가 전혀 사용되지 않았죠**! 그 이유는 말 그대로 이름을 지칭하는 고유명사는 셀 수 없는 명사이기 때문입니다.

B 추상명사

추상명사는 셀 수 있을까요? 그 답은 너무나 당연하게도 No이죠. '사랑 하나, 행복 두 개' 이런 표현은 우리말로 해도 어색합니다. 추상명사는 추상적인 개념이라 **셀 수 없기 때문에 앞에 a(n)를 붙이지 않고 복수형으로도 쓰지 않습니다.**

▶ I fell in **love** with him. (O)   나는 그와 사랑에 빠졌다.
▶ I fell in **a love** with him. (✗)
▶ I fell in **loves** with him. (✗)

✅ **핵심체크**

▎ 다음 중 고유명사가 <u>아닌</u> 것은?

(A) France   (B) Samsung   (C) T-shirt   (D) Vicky

정답 (C) - 나라, 회사, 사람 이름을 나타낸 (A), (B), (D)는 고유명사입니다. (C)는 형태가 있는 사물의 명칭을 나타내는 보통명사입니다.

3. 셀 때 주의해야 할 명사: 물질명사와 집합명사

🅐 물질명사

그렇다면 물질명사는 셀 수 있을까요? **답부터 얘기하자면 No**입니다. 물질명사는 '셀 수 있다/없다'의 개념 정리가 생각처럼 쉽지 않습니다. 물질명사의 수에 대해 단계별로 개념을 정리해 봅시다.

》 1단계: 특정한 형태가 없는 명사

water(물), oil(기름) 등과 같이 **특정한 형태가 없는 명사는 셀 수 없습니다**. 대신 a cup of water, two bottles of oil처럼 **건네줄 수 있는 단위를 이용하여 셀 수 있습니다**.

》 2단계: 무수히 많은 명사

hair(머리카락), sand(모래), sugar(설탕)와 같이 **무수히 많아서 세기 힘든 명사는 셀 수 없는 명사로** 처리합니다. 하지만 '털 한 가닥'을 의미할 때는 a hair로 쓸 수 있습니다.

》 3단계: 음식 재료를 나타내는 명사

chicken(닭), tomato(토마토)와 같은 단어도 물질명사로 취급하기도 합니다. a chicken은 살아 있는 닭 한 마리를 의미하지만 **'닭고기'를 의미할 때 chicken은 셀 수 없는 명사로**, I love chicken.(나는 닭고기를 좋아해.)과 같이 표현합니다. **tomato도 토마토 주스나 죽처럼 으깬 상태의 토마토가 되면 셀 수 없는 명사**로 취급합니다.

TIP 물질명사의 수량 표시

■ 물질명사는 그 명사를 담거나 세는 단위로 수량을 표시합니다.

a piece of bread 빵 한 조각	a glass of milk 우유 한 잔
a slice of toast 토스트 한 조각	a glass of water 물 한 잔
a lump of sugar 설탕 한 덩어리	a shoal[school] of fish 물고기 한 무리
a pound of sugar 설탕 한 파운드	two cups of coffee 커피 두 잔
a spoonful of sugar 설탕 한 숟가락	a shower of rain 한차례의 소나기
a cake of soap 비누 한 장	a bolt of thunder 한차례의 천둥 소리
a sheet of paper 종이 한 장	a flash of lightning 한차례의 번갯불
a roar of laughter 한바탕 웃음	a piece of chalk 분필 한 조각

ⓑ 집합명사

집합명사가 가장 어려운 이유는 뭘까요? 이 단어는 **단수로 취급할 수도 있고 복수로 취급할 수도 있기** 때문입니다. 따라서 뒤에 단수 동사가 오기도 하고, 복수 동사가 오기도 하는 등 여러 가지 헷갈리는 점들이 많습니다.

》 하나의 '덩어리'로 취급할 때는 단수

▶ Mr. Lee raised a <u>large family</u>.　Lee 씨는 대가족을 부양했다.

➡ 여기서 a large family는 대가족을 한 덩어리로 취급했습니다.

》 그 '구성원' 하나하나를 고려할 때는 복수

▶ **My family** <u>are</u> all early risers.　나의 가족들은 모두 일찍 일어난다.

➡ 가족 한 명 한 명을 말하므로 My family를 복수로 취급해서 뒤에 복수 동사인 are을 썼습니다. family가 단수도 되고 복수도 되니 헷갈릴 수 있죠? 하지만 한 덩어리 가족 개념은 단수, 가족 구성원 한 명 한 명을 모두 세어 강조하는 경우는 복수로 이해하면 어렵지 않습니다!

》 항상 복수로 취급하는 집합명사 (-s가 붙어 있지 않지만 '복수')

▶ **People** <u>are</u> gathered on the street.　사람들이 거리에 모여 있다.

➡ people, police, cattle은 뒤에 -s가 붙어 있지 않아도 복수로 취급해 항상 복수 동사가 뒤따릅니다.

✅ 핵심체크

1 다음 중 빈칸에 들어갈 수 <u>없는</u> 단어는?

This _____ is from Korea.

(A) family　　　　(B) police　　　　(C) man　　　　(D) lady

> **정답** (B) - police는 경찰 전체를 의미하며 언제나 '여러 명'으로 취급하므로 뒤에 오는 동사는 복수형(are)이 되어야 합니다. policeman은 man으로 된 단수로 취급하는 다른 단어입니다. 이 단어의 복수형은 policemen입니다.

02 명사의 활용과 형태

1. 명사의 역할

명사는 문장에서 **주어, 동사의 목적어, 보어, 전치사의 목적어 역할**을 합니다. 다양한 역할을 해내기 때문에 문장의 처음, 중간, 끝 어디에서든 명사를 찾아낼 수 있습니다.

Ⓐ 주어: 행동을 하는 주체 (은, 는, 이, 가)

- ▶ **Jane** has a nice room.   Jane은 멋진 방을 가지고 있다.
- ▶ **Love** is patient.   사랑은 오래 참는다.
- ▶ **Today** will never come again.   오늘은 다시 돌아오지 않는다.

Ⓑ 목적어: 동사나 전치사의 행동을 받는 대상 (를, 을, 에게)

- ▶ Amy changed **her plan**.   Amy는 계획을 변경했다.
- ▶ The boy threw a ball to **Tom**.   그 소년은 Tom에게 공을 던졌다.
- ▶ Learn from **mistakes**.   실수를 통해 배워라.

Ⓒ 보어: 주어나 목적어를 보충

- ▶ My friend became **a doctor**.   내 친구는 의사가 되었다. (My friend = a doctor)
- ▶ She called me **a bookworm**.   그녀는 나를 책벌레라고 불렀다. (me = a bookworm)

✅ 핵심체크

▎다음 문장에서 명사의 수는?

My house is near a park.

(A) 1개   (B) 2개   (C) 3개   (D) 4개

정답 (B) – house와 park가 명사입니다. house는 이 문장의 주어 역할을 하고, park는 전치사 near의 목적어 역할을 합니다.
(내 집은 공원 근처에 있다.)

2. 명사의 위치

명사 주변에 어떠한 단어들이 올 수 있는지 알아 두는 것은 명사를 이해하는 데 더 많은 도움이 됩니다.

난이도 ★

a(n)/the/소유격 + 명사: 명사 앞에는 범위를 한정하는 말이 필요

> a house 집 | the book 그 책 | their schedule 그들의 일정

난이도 ★★

형용사 + 명사: 형용사는 명사를 꾸며 줌

> a pretty girl 예쁜 소녀 | delicious food 맛있는 음식 | good information 좋은 정보

난이도 ★★★

전치사 + 명사: 명사는 전치사의 목적어로 씀

> at school 학교에서 | on[during] vacation 방학 동안 | for business 사업을 위해

난이도 ★★★★

동사 + 명사: 명사는 동사의 목적어로 씀

> drink water 물을 마시다 | want peace 평화를 원하다 | give presents 선물을 주다

난이도 ★★★★★

명사 + 명사: 명사 두 개가 나란히 오기도 함

> weather forecast 일기 예보 | discount coupon 할인 쿠폰 | awards ceremony 시상식

✅ 핵심체크

다음 중 빈칸에 가장 알맞은 것은?

Mr. Kim announced his participation in the _____.

(A) meet   (B) meeting   (C) meets   (D) met

> **정답** (B) – 관사 the 뒤는 명사가 들어갈 자리이므로 명사인 meeting이 가장 적절합니다.
> (김 씨는 그 회의에 참석하겠다고 발표했다.)

3. 여러 가지 명사의 형태

A 의외로 셀 수 없는 명사

다음 명사들은 우리말로는 셀 수 있는 명사처럼 느껴지지만, 영어로는 셀 수 없는 명사로 취급합니다. 따라서 앞에 a(n)가 오거나, 복수형 -s의 형태를 취할 수 없습니다.

advice(조언), progress(진행), access(접근), funding(자금), correspondence(서신), news(뉴스), luggage/baggage(짐, 수하물), furniture(가구), equipment(장비), gear(장비), clothing(의복), merchandise(상품), machinery(기계), scenery(경치), poetry(시), software(소프트웨어), hardware(하드웨어, 철물), kitchenware(부엌용품), glassware(유리 제품), eyewear(안경류), footwear(신발), sportswear(운동복), information(정보)

B 의미는 비슷하지만 셀 수 있는 명사/셀 수 없는 명사

동전(coin)은 셀 수 있는데 잔돈(change)은 셀 수 없습니다.

▶ Sue opened her purse and took out **a coin**. Sue가 지갑을 열더니 동전 하나를 꺼냈다.
▶ Keep the **change**. 잔돈은 가지세요.

둘 다 '자금'이란 뜻이어도 fund는 셀 수 있는데, funding은 셀 수 없습니다.

▶ We are trying to raise **funds**. 우리는 자금을 모으려 노력 중이다.
▶ We are seeking **funding** for a project. 우리는 프로젝트를 위한 자금을 구하고 있다.

C 복합명사(명사 + 명사)

일반적으로 앞에 오는 명사는 단수로 씁니다.

advertising plan(광고 계획), complaint form(불만 신고 양식), construction site(건설 현장), course evaluation(과정 평가서), discount voucher(할인 쿠폰), heating equipment(난방 장비), installment payment(분할지불)

하지만 「명사s + 명사」 형태의 특수한 경우도 있습니다.

awards ceremony(시상식), benefits package(복지 혜택), customs declaration(세관 신고), earnings growth(이익 성장), sales department(영업부), savings plan(예금 상품), sports complex(복합 스포츠 단지), telecommunications industry(통신 산업), sales promotion(판촉), sales figures(판매 수치)

D 전형적인 형태의 명사

끝에 - ment, -tion, -ness, -ity, -dom, -ist, -ism이 붙은 단어들은 대부분 명사입니다.

-ment	environment 환경, excitement 흥분, 신남, announcement 발표
-tion	station 역, invitation 초대, recommendation 추천
-ness	(추상적인 명사) kindness 친절함, happiness 행복
-ity	university 대학교, reality 현실, electricity 전기
-dom	freedom 자유, wisdom 지혜
-ist	receptionist 접수원, pianist 피아니스트, tourist 관광객
-ism	mechanism 기계 장치, 방법, nationalism 민족주의

하지만 위와 같은 형태를 가지고 있다고 모두 명사인 것은 아닙니다. implement는 -ment로 끝나지만 '실행하다'라는 뜻의 동사입니다. implement의 명사형은 implementation입니다.

E 특이한 형태의 명사

얼핏 보면 형용사처럼 보이는 특이한 형태의 명사도 있습니다.

-tive	representative 대표자 (형용사: '대표하는'), executive 중역 (형용사: '중역의')
-ant	accountant 회계사, applicant 지원자
-ent	agent 대리인, client 고객
-al	appraisal 평가, approval 승인
-tic	characteristic 특징, 성격 (형용사: '특징적인'), critic 비평가, 평론가
-ing	opening 일자리, meeting 회의, training 훈련, beginning 시작, advertising 광고, marketing 영업, processing 처리, recycling 재활용, photocopying 복사, widening 확장, outing 여행, serving 1인분, setting 환경, 무대, listing 목록, 명단, saving 절약, belonging 소유물, finding 조사 결과물, 소견, earning 소득, 수입, publishing 출판, accounting 회계, shipping 운송, 발송, funding 자금 제공, spending 지출
기타	complaint 불평, delegate 대표자

F 셀 수 있는 개념이 되는 셀 수 없는 명사

셀 수 없는 명사들도 셀 수 있는 개념이 되면 앞에 a(n)나 뒤에 -s가 붙을 수 있습니다.

- ▶ Do you have some **paper**, please?   종이 좀 주세요. (paper 종이: 셀 수 없는 물질명사)
- ▶ How much does **a paper** cost?   신문이 얼마예요?
  (a[the] paper 신문: 셀 수 있는 보통명사)
- ▶ This house is built out of **stone**.   이 집은 돌로 만들어졌다.
  (stone 돌: 셀 수 없는 물질명사)
- ▶ Jane threw **a stone** at John.   Jane은 John에게 돌멩이를 던졌다.
  (a[the] stone 돌멩이: 셀 수 있는 보통명사)

G 복수 형태가 되거나 a(n)와 함께 쓰이는 셀 수 없는 명사

- ▶ **The Smiths** are coming to the party.   Smith 씨 부부가 파티에 온다.
- ▶ **A Mr. Park** called you when you were on vacation.
  박 씨라는 어떤 사람이 당신 휴가 때 전화했어요.
- ▶ My mother was **a beauty** when she was young.   나의 어머니는 젊었을 때 미녀였다.
  (a beauty는 셀 수 있는 명사로 미인 한 사람)
  cf. **Beauty** is only skin deep.   아름다움은 겨우 피부 깊이일 뿐이다.
  (beauty는 셀 수 없는 추상명사)

H 단수 취급하는 복수 형태의 명사

›› 학과명

economics(경제학), politics(정치학), physics(물리학), mathematics(수학), phonetics(음성학), ethics(윤리학) 등

›› 복수 형태의 국가명

the Netherlands(네덜란드), the Philippines(필리핀), the United States(미국) 등의 국가명은 반드시 정관사 the를 사용하고 항상 끝에 -s를 붙이며, 형태는 복수지만 단수로 취급합니다.

≫ 시간, 거리, 가격, 중량

하나의 단위로 취급할 때에는 단수로 취급합니다.

▶ **Thirty miles** is a good distance.　30마일은 꽤 먼 거리이다.

➡ 이 문장에서 Thirty miles는 30개가 아니라 30마일이라는 한 거리를 나타내기 때문에 단수 취급합니다. 생긴 것만 복수이지 하나의 단수 개념입니다.

≫ 복수 형태의 서적 이름

형태는 복수지만 단수 동사를 사용합니다.
Romeo and Juliet(로미오와 줄리엣), Wuthering Heights(폭풍의 언덕)

❶ -s가 생략되는 경우

dozen, score, hundred, thousand, percent 등이 수사 다음에 올 때는 복수일지라도 반드시 단수형을 씁니다.
one dozen(한 다스, 12), three dozen(세 다스, 36), one hundred(100), five hundred(500), two score(40), three score and ten(70)

* score는 '득점' 외에 숫자 '20'도 나타냄

cf. dozen, hundred, thousand, million 등이 막연한 수를 나타낼 때는 복수형을 사용합니다.
dozens of eggs(여러 다스의 계란), hundreds of people(수백 명의 사람들)

✅ 핵심체크

1 다음 중 빈칸에 가장 알맞은 것은?

More than two _____ people attended the workshop.

(A) dozen　　　　(B) dozens

정답 (A) – 빈칸 앞에 two가 있으니 dozen의 복수형인 dozens가 답이 될 것처럼 느껴지지만 'dozen, score, hundred, thousand, percent 등이 수사 다음에 올 때는 복수일지라도 반드시 단수형을 쓴다'는 법칙에 의해 (A)가 답이 됩니다.
(24명이 넘는 사람들이 워크숍에 참석했다.)

확인 문제

1~4 다음 중 빈칸에 가장 올바른 것은?

1. I'm blind without my _____.

    (A) glass   (B) glasses

2. I think _____ picture is beautiful.

    (A) this   (B) many

3. _____ is a beautiful form of self-expression.

    (A) Hair   (B) Hairs

4. His family _____ all doctors.

    (A) is   (B) are

5~6 다음 빈칸에 알맞은 단어를 쓰시오.

5. 각설탕 하나: a _____ of sugar

6. 한 떼의 물고기: a _____ of fish

7~8 다음 중 빈칸에 가장 올바른 것은?

7. The project has now received _____ from the president. 토익 유형

    (A) approval
    (B) approve
    (C) approving
    (D) approves

8. There's an _____ for an assistant manager in our department. 토익 유형

    (A) open
    (B) opens
    (C) opened
    (D) opening

정답

1. (B) 2. (A) 3. (A) 4. (B) 5. lump 6. school 또는 shoal
7. (A) 8. (D)

해설

1. 안경은 알이 두 개여서 glasses로 씁니다. (a pair of glasses 안경 하나)
   cf. glass는 '유리'의 의미로 쓰일 때 셀 수 없는 명사입니다.
   (해석: 나는 안경 없으면 장님이다.)

2. picture는 단수 명사입니다. 셀 수 있는 단수 명사를 꾸미는 단어는 this입니다. cf. many + pictures
   (해석: 내 생각에 이 그림은 아름답다.)

3. hair는 셀 수 없는 명사로 사람의 머리카락 전체를 의미합니다. hairs는 '털'을 의미합니다. (해석: 머리는 자기표현의 아름다운 형태이다.)

4. family는 한 덩어리로 보면 단수, 가족 개개인을 다 따져 보는 의미이면 복수입니다. 위에서 가족 한 사람 한 사람이 다 의사이니 복수 개념입니다. cf. Her family is one of the oldest in the city. (그녀의 가족은 이 도시에서 가장 오래된 가문 중의 하나이다. – 가족을 한 덩어리인 한 개의 가문 개념으로 사용하면 단수입니다.) (해석: 그의 가족 구성원 모두가 다 의사다.)

5. 설탕 한 덩어리는 lump를 이용합니다. 한 스푼의 설탕은 a spoonful of sugar입니다.

6. 한 무리의 물고기는 school또는 shoal을 이용하여 표현합니다.

7. 빈칸은 목적어인 명사의 자리입니다. approval은 명사로 '승인'의 의미입니다. approve는 '승인하다'라는 의미의 동사원형, approving은 '동의하는' 의미의 형용사입니다. (ex) Sue gave Jay an approving smile. (Sue는 Jay에게 동의하는 웃음을 지었다.) (해석: 그 프로젝트는 이제 사장 승인을 받았다.)

8. opening이 '빈 일자리'라는 의미의 명사입니다. opening은 게임의 '시작'이나 영화 등의 '개봉(the opening of the film)'의 의미도 있습니다. 중요한 것은 이 단어가 셀 수 있는 명사로 쓰인다는 것입니다. (해석: 우리 부서에 대리직 빈 자리가 하나 있다.)

Chapter 2
대명사

명사를 대신하는 것이 대명사입니다. 영어로는 pronoun이죠. noun이 명사라는 단어이고 pro가 대신한다는 의미이니 명사를 대신하는 것이 대명사(pronoun)입니다. 특히 인칭대명사는 맨 앞에 위치할 때와 동사나 전치사 뒤에 나오는 경우 형태가 달라지는 것에 주의해야 합니다. 문법 용어가 부담이 되면 별로 신경 쓰지 말고 마음 편하게 본문을 읽어 나가 봅시다.

01 인칭대명사

인칭대명사는 **앞서 언급된 사람을 다시 지칭하는** '그, 그녀, 우리' 등과 같은 말입니다. 인칭대명사에서 반드시 알아 두어야 할 것은 격 변화입니다. 자리에 따라 인칭대명사의 어떤 격이 들어가는지 파악하는 것이 중요합니다.

1. 인칭대명사의 격 변화

		주격 (~은)	소유격 (~의)	목적격 (~을, ~에게)	소유대명사 (~의 것)
1인칭	단수	I	my	me	mine
	복수	we	our	us	ours
2인칭	단수	you	your	you	yours
	복수				
3인칭	단수	he	his	him	his
		she	her	her	hers
		it	its	it	없음
	복수	they	their	them	theirs

주어와 목적어가 다른 단어

영어에는 주어와 목적어의 형태가 다른 단어가 딱 여섯 개 있습니다.

1. I/me 2. he/him 3. she/her 4. we/us 5. they/them 6. who/whom

그렇기 때문에 시험에서는 이 특징을 물어보는 문제가 자주 출제됩니다.

A 주격

주격(I, you, he, she, it, we, they)은 주어 자리에 옵니다.

▶ **Jane** was not happy with the new laptop. **She** wanted a refund.
    Jane은 새 노트북이 마음에 들지 않았다. 그녀는 환불을 원했다.

▶ **We** have much rain in summer.   우리나라는 여름에 비가 많이 온다.

it을 쓰는 비인칭 주어는 해석할 필요는 없지만 꼭 쓰는 주어를 말합니다. 비인칭 주어는 주로 날씨와 시간의 경과를 말할 때 씁니다. 우리말에는 이에 해당하는 것이 없습니다. 아래 문장에서 It은 해석하지 않습니다.

▶ **It**'s raining and windy.   비가 오고 바람이 많이 분다.
▶ I am here in London. **It** is dark and cold.
　나는 이곳 런던에 와 있는데 어둡고 날씨가 춥다.

B 목적격

목적격(me, us, you, him, her, it, them)은 동사(miss, love, discuss 등)와 전치사(to, for, with 등) 바로 다음에 옵니다.

▶ He misses **me** a lot.   그는 나를 많이 그리워한다. (동사 miss의 목적어)
▶ Leave **us**.   이 사람 빼고 다 나가 있어.(자리 좀 비켜 줘.) (동사 leave의 목적어)
▶ He wrote a letter to **me**.   그는 나에게 편지를 썼다. (전치사 to의 목적어)

C 소유격

소유격(my, our, your, his, her, its, their)은 명사 앞에 써서 그 명사가 누구의 것인지 알려 줍니다.

▶ He will come to my school.   그는 나의 학교로 올 것이다.
▶ I like **your** hair style.   나는 네 머리 스타일이 마음에 들어.

D 소유대명사

소유대명사(mine, ours, yours, his, hers, theirs)는 「소유격 + 명사」와 같은 의미로 '~의 것'으로 해석합니다.

▶ This book is hers, not yours.   이 책은 너의 것이 아니라, 그녀의 것이다.
　(hers = her book, yours = your book)
▶ I am all yours if you are all mine.
　나는 온통 당신의 것입니다. 만약 당신이 저의 것이라면.

E 재귀대명사

행위의 대상이 주어와 같을 때 혹은 '스스로, 혼자서'라는 의미일 때 '재귀대명사'를 사용합니다.

》 재귀대명사의 형태

	인칭대명사	재귀대명사
단수	I	myself
	you	yourself
	he	himself
	she	herself
	it	itself
복수	they	themselves
	you	yourselves
	we	ourselves

▶ <u>John</u> wrote a letter to **himself**.   John은 자기 자신에게 편지를 썼다.
  (John = himself)

▶ <u>The president</u> **himself** interviewed them.   회장님이 직접 인터뷰를 했다.
  (The president를 강조)

▶ Improve **yourself** every day.   매일 스스로를 발전시켜라.
  (명령문 주어 You = yourself)

▶ Don't be too hard on **yourself**.   너무 자신에게 가혹하지 마라.
  (명령문 주어 You = yourself)

▶ <u>I</u> just found **myself** happy with the simple things.
  저는 제가 단순한 일들에 행복해 한다는 것을 발견했습니다. (I = myself)

》 전치사 + 재귀대명사

재귀대명사는 전치사와 함께 사용되기도 합니다. by oneself(홀로, 혼자 힘으로), for oneself(혼자 힘으로)는 시험에 자주 출제되는 표현이니 반드시 외워 둡시다.

▶ He lives **by himself**.   그는 혼자 산다. (= He lives alone.)

▶ You must solve the problem **for yourself**.   너는 스스로 그 문제를 해결해야 해.
  (= You must solve the problem on your own.)

▶ You cannot live **by** and **for yourself**.   당신은 홀로, 혼자 힘으로 살 수 없다.

> **TIP** 재귀대명사 관용어구
>
> | pride oneself on ~ ~에 자부심을 느끼다
>   He **prides himself on** his appearance. 그는 자신의 외모에 자부심을 느낀다.
> | help yourself to ~ ~을 마음껏 드세요
>   **Help yourself to** these donuts. 이 도넛을 마음껏 드세요.

F 이중소유격

예를 들어, '그는 나의 친구이다.'라는 말은 He is a friend of mine.으로 씁니다. 여기에서 of는 '~의'라는 소유의 의미인데, mine이 '나의 것'이라는 소유대명사여서 이중으로 소유격을 활용한다는 의미로 이중소유격(double possessive)이라고 합니다.

- This is **a picture of mine**. = This is my picture.   이것은 내 소유의 그림이다.
- Clara is **a good friend of mine**.   클라라는 내 좋은 친구 중의 하나이다.
- **A colleague of mine** got married in the area.
  내 동료 중 하나가 그 지역에서 결혼했다.

» 인칭대명사의 격 변화 총 정리

- **공식1** 동사나 전치사 바로 뒤에 나올 때 **목적격**(me, us, you, him, her, it, them)
- **공식2** 명사 앞에서 명사를 수식할 때 **소유격**(my, our, your, his, her, its, their)
- **공식3** '~의 것'으로 해석되는 경우 **소유대명사**(mine, ours, yours, his, hers, theirs)
- **공식4** 문장의 주어와 같은 말이 반복되어 나올 때 **재귀대명사**
  (myself, ourselves, yourself, yourselves, himself, herself, itself, themselves)

✅ 핵심체크

다음 중 빈칸에 가장 알맞은 것은?

Helen lost _____ key to the office.

(A) she   (B) her   (C) hers   (D) herself

> **정답** (B) - 명사 key를 한정하는 역할이 필요하므로 명사를 꾸미는 소유격 (B)가 정답입니다.
> (Helen은 그녀의 사무실 열쇠를 잃어버렸다.)

2. 인칭대명사와 be동사

인칭대명사 다음에 be동사가 올 때 be동사도 여러 모양으로 바뀝니다. 인칭에 따른 be동사의 형태와 현재/과거 시제 변화를 익혀 봅시다.

주어				be동사의 현재형	be동사의 과거형	축약형
사람	단수	나	I	am	was	I'm
		너	You	are	were	You're
		그	He	is	was	He's
		그녀	She	is	was	She's
	복수	우리들	We	are	were	We're
		너희들	You			You're
		그들	They			They're
사물	단수	그것	It	is	was	It's
	복수	그(것)들	They	are	were	They're

✅ 핵심체크

Ⅰ 다음 중 빈칸에 가장 알맞은 것은?

These books _____ not for sale.

(A) is　　　　　　(B) are　　　　　　(C) was　　　　　　(D) be

> 정답 (B) - 주어인 These books는 대명사로 바꾸면 They(사물을 나타내는 3인칭의 복수)가 됩니다. 따라서 are가 정답입니다.
> (이 책들은 판매용이 아니다.)

02 지시대명사와 부정대명사

1. 지시대명사

지시대명사는 앞서 언급된 사람이나 사물을 '이것, 저것, 이분, 저분' 등과 같이 '지시'할 때 쓰는 단어를 말하며 지시하는 단어가 단수인지, 복수인지 잘 파악하여 사용해야 합니다. 또한 지시대명사가 명사 앞에 나올 경우에는 명사를 수식/한정하는 지시형용사가 된다는 것도 기억해 둡시다.

A this(이것, 이 사람), that(저것, 저 사람)

가리키는 단어가 단수일 때는 this(이것)와 that(저것)을 사용합니다.

- ▶ **This**/**That** is our new fax machine.　이것/저것이 우리의 새 팩스기입니다.
- ▶ **This**/**That** is my mother.　이분/저분은 저의 어머니입니다.

B these(이것들, 이 사람들), those(저것들, 저 사람들)

가리키는 단어가 복수일 때는 these(이것들)와 those(저것들)를 사용합니다.

- ▶ **These**/**Those** are our new fax machines.
  이것들/저것들은 우리의 새 팩스기들입니다.
- ▶ **These**/**Those** are my friends.　이들은/저들은 내 친구들이다.

C that(그것), those(그것들)

한 문장 안에서 앞서 나온 단어를 다시 언급할 때는 that(그것) 또는 those(그것들)를 사용합니다.

- ▶ The bed in my room is smaller than **that** in your room.
  나의 방에 있는 침대는 네 방에 있는 것보다 작다. (that은 앞에 언급된 bed를 의미)
- ▶ The jeans in section A are more expensive than **those** in section B.
  섹션 A에 있는 청바지들은 섹션 B에 있는 것들보다 비싸다. (those는 앞에 언급된 jeans를 의미)

D those who (~한 사람들)

those는 사람들(people)을 가리키는 대명사로 사용되며, those who ~의 형태로 '~한 사람들'이라는 의미를 갖습니다.

▶ The company will reward **those who** can solve these problems.
회사는 이 문제를 해결할 수 있는 사람들에게 보상을 해 줄 것이다.

▶ Heaven helps **those who** help themselves.   하늘은 스스로 돕는 자를 돕는다.

▶ Good things come to **those who** wait but better things come to **those who** work for it.
기다리는 사람들에게는 좋은 일이 오지만 그것을 위해 일하는 사람들에게는 더 좋은 일이 온다.

▶ **Those who** cannot change their minds cannot change anything.
그들의 마음을 바꿀 수 없는 사람들은 아무것도 바꿀 수 없다.

대균's comment!

that vs this

that[those]은 다른 단어들의 수식을 받을 수 있지만 this[these]는 다른 단어들의 수식을 받지 못합니다.

▶ The population of Japan is larger than that of Korea. 일본의 인구는 한국의 인구보다 많다.
　that은 population을 받음 (that 대신에 this를 쓰면 틀림)

▶ The ears of a rabbit are longer than those of a fox. 토끼의 귀가 여우의 귀보다 길다.
　those는 ears를 받음 (those 대신에 these를 쓰면 틀림)

✅ 핵심체크

1 다음 중 빈칸에 가장 알맞은 것은?

The workshop is for _____ who work in the kitchen.

(A) this　　　　　(B) one　　　　　(C) these　　　　　(D) those

정답 (D) - '~한 사람들을 위한'으로 해석되므로 (D)가 정답입니다.
(그 워크숍은 주방에서 일하는 사람들을 위한 것이다.)

2. 부정대명사

부정대명사에서 '부정'이란 말은 '나쁘다'란 의미가 아니라 **정해져 있지 않다**'라는 의미입니다. 따라서 정해져 있지 않은 사람이나 사물을 가리킬 때 부정대명사를 사용합니다.

A each

each는 '각자'라는 의미로 항상 단수 취급하기 때문에 현재 시제에서 동사 뒤에 -s가 붙습니다. 「each of + the 복수 명사」의 형태로 많이 쓰입니다.

▶ **Each** of the products has its own serial number.
모든 상품은 고유의 일련번호를 갖고 있다. (Each는 단독으로 주어가 될 수 있음)

each는 명사, 형용사, 부사로 모두 쓸 수 있으니 쓰임을 익혀 보세요.

▶ 명사: **Each** of the students has the new textbook. 각 학생이 새 교과서를 가지고 있다.
▶ 형용사: **Each** student had a different explanation. 각 학생이 다른 설명을 했다.
▶ 부사: They cost 10 cents **each**. 그것들은 각각 10센트이다.

each vs every

each는 대명사로뿐만 아니라 each person, each flower와 같이 명사 앞에서 명사의 뜻을 한정하는 한정사로도 사용될 수 있습니다. 즉, each는 대명사, 한정사 두 가지의 역할을 할 수 있습니다. 하지만 every는 each와 달리 대명사가 아니기 때문에 단독으로 주어가 될 수 없고 형용사로만 쓰입니다. 따라서 「every of + the 복수 명사」의 형태도 불가능합니다. each와 every는 둘 다 우리말로 '모든 ~'이라고 해석될 수 있기 때문에 복수로 착각하지 않도록 주의해야 합니다.

▶ Every of the students has the new textbook. (x)
▶ Every student has the new textbook. (o)

B one, another, the other, the others, others

» one: 여러 개 중 하나

one은 앞에 나온 말을 대신해서 쓰이는 대명사입니다. one과 it 둘 다 앞에 나온 명사를 대신하는 대명사 역할을 하지만 it은 앞에 나온 명사와 '동일한 것'을 지칭하고 one은 앞에 나온 명사와 '같은 종류'의 다른 것을 지칭합니다.

- ▶ I like the pen. I bought **it** yesterday.   나는 그 펜이 좋아. 난 그걸 어제 샀어.
- ▶ I need a pen and I will go and buy **one**.   나는 펜이 하나 필요해서 가서 하나 살 거야.

one은 여러 개 중 '하나' 또는 여러 사람 중 '한 명'을 나타내기도 하는데 이때는 another, the other, the others, others와의 차이도 익혀 두어야 합니다.

- ▶ **One** of the employees is Chinese.   직원들 중 한 명은 중국인이다.

» another: 여러 개 중 불특정한 또 다른 하나 (an + other의 의미로 '하나'를 뜻함)

- ▶ **One** of the employees is Chinese and **another** is Japanese.
  직원들 중 한 명은 중국인이고, 나머지 중에서 또 다른 한 명은 일본인이다.

» the other: 둘 중 나머지 하나

- ▶ There are only two employees in the company. **One** is Chinese and **the other** is Japanese.
  회사에는 두 명의 직원만 있다. 둘 중에 한 명은 중국인이고, 나머지 한 명은 일본인이다.

» the others: 다수의 개체에서 언급된 대상을 제외한 나머지 전체 (the other + s)

- ▶ There are 10 employees in the company. **One** is Chinese and **the others** are Japanese.
  회사에 10명의 직원이 있다. 한 명은 중국인이고, 다른 나머지 모두는 일본인이다.

> **TIP** 부정대명사 관용 표현

▎one another(서로서로) / one after another(차례로) / one by one(하나씩)은 여러 시험에 자주 출제됩니다.

│ We must help one another. 우리는 서로서로 도와야 한다.
│ The players come into the stadium one after another. 선수들은 경기장에 차례로 들어왔다.
│ One by one the old buildings in this area have been demolished.
　　이 지역의 오래된 건물들이 하나씩 철거되었다.

 부정대명사 + of + the 명사

「of + the 명사」는 부정대명사를 뒤에서 꾸며 주는 역할을 합니다. 명사 자리에는 부정대명사에 따라 셀 수 있는 명사를 쓰기도 하고 셀 수 없는 명사를 쓰기도 합니다.

some, most, all, many, a few, few, each, both	of + the 셀 수 있는 명사의 복수형
some, most, all, much, a little, little	of + the 셀 수 없는 명사

▶ **some** of the **tools**　장비들 중 일부
▶ **some** of the **information**　정보 중 일부
▶ **many** of the **tools**　장비들 중 많은 것들
▶ **much** of the **information**　정보 중 많은 것들

> **TIP** any와 some의 차이

▎some과 any는 둘 다 '일부, 몇 개'의 뜻을 가진 부정대명사지만 주로 긍정문이나 권유문에서는 some을 쓰고 부정문과 의문문에서는 any를 씁니다.

│ Did somebody telephone this morning?
　　의문문이지만 말하는 사람이 전화를 기대하고 있다. (긍정적인 의미)

│ Did anybody telephone this morning?
　　질문하는 사람이 전화를 특별히 기다리고 있는 것이 아니다.
　　(의문문에 일반적으로 쓰는 객관적인 의미)

D all (모두, 다)

사물을 가리키고 수식을 받는 경우 all은 everything의 의미로 단수 취급합니다.

▶ **All** is not gold that glitters. 반짝이는 모든 것이 다 금은 아니다.
  (이 문장에서 that glitters가 All을 수식)

▶ **All** is well that ends well. 끝이 좋으면 다 좋다.
  (이 문장에서 that ends well은 All을 수식)

전체를 하나로 볼 때도 단수로 취급합니다.

▶ **All** I need is you. 내가 필요로 하는 전부는 당신입니다.

▶ **All** you need is love. 당신이 필요로 하는 전부는 사랑입니다.

하지만 「all + of + the 명사」의 형태로 쓸 때 명사가 복수면 복수 취급, 단수면 단수 취급을 합니다.

▶ **All** of the **money** is mine. 그 모든 돈은 나의 것이다.

▶ **All** of the **books** are yours. 그 책들은 다 당신의 것이다.

E no one, none

본래 no one이 줄어들어 none이 되었지만 no one은 단수, none은 복수로 취급합니다.

▶ **No one** knows what will happen tomorrow.
  아무도 내일 어떤 일이 벌어질지 모른다.

▶ **None** of us are allowed in this building.
  우리 중 누구도 이 건물에 들어가는 것이 허용되지 않는다.

cf. not은 동사를 수식하는 부사입니다.

▶ I **don't** know how to drive. 나는 운전하는 법을 모른다.

✅ 핵심체크

I 다음 중 빈칸에 가장 알맞은 것은?

I have two computers. One is in my bedroom and _____ is in the living room.

(A) another   (B) the other

> 정답 (B) - two 중에 하나가 one, 그 나머지는 the other입니다.
> (나는 컴퓨터가 두 대 있다. 하나는 침실에, 또 하나는 거실에 있다.)

확인 문제

1~4 다음 중 빈칸에 가장 올바른 것은?

1. Iris is an old friend of _____.

   (A) me   (B) mine

2. Find your voice and inspire others to find _____. (Stephen Covey)

   (A) their   (B) theirs

3. A woman knows what is best for _____. (Marilyn Monroe)

   (A) she   (B) herself

4. Never laugh at _____ who suffer. (Victor Hugo)

   (A) those   (B) they

5~6 다음을 우리말을 영작하시오.

5. 서로 사랑하라.

6. 캐나다에서는 영어를 씁니까?

7~8 다음 중 빈칸에 가장 올바른 것은?

7. _____ of the companies supports a local charity. 토익 유형

   (A) All
   (B) Each
   (C) Every
   (D) Many

8. _____ of her old friends knew what had happened to her. 토익 유형

   (A) No
   (B) Not
   (C) None
   (D) Yet

정답

1. (B)   2. (B)   3. (B)   4. (A)   5. Love one another. 또는 Love each other.   6. Do they speak English in Canada?   7. (B)   8. (C)

해설

1. 이중소유격! of 뒤에도 소유대명사를 쓰는 것이 올바른 문법입니다. (해석: Iris는 내 오랜 친구이다.)
2. their voices를 받는 소유대명사 theirs가 정답입니다. (해석: 당신 목소리를 찾으시고 다른 사람들이 그들의 목소리를 찾도록 영감을 주시오. - 스티븐 코비) inspire: 영감을 주다
3. 주어가 다시 나올 경우 재귀대명사를 씁니다. (해석: 여자는 자기에 무엇이 가장 좋은지 안다. - 마릴린 먼로)
4. those는 수식을 받을 수 있는 대명사입니다. they는 주격이라 들어가지 못합니다. 그리고 수식을 받지 못합니다. (해석: 고통받는 사람들을 비웃지 마시오. - 빅토르 위고)
5. '서로'는 one another 또는 each other로 나타냅니다.
6. they는 캐나다 사람들을 가리키는 일반 주어로 쓸 수 있습니다.
7. 빈칸은 주어 명사 자리이므로 Every는 우선 틀립니다. 동사 supports에 -s가 붙은 것을 근거로 주어는 단수입니다. (해석: 각각의 회사들이 현지 자선 단체를 돕는다.)
8. 빈칸은 명사 주어 자리입니다. 부정어도 품사가 있습니다. No는 형용사로 명사를 수식하고 Not은 부사로 동사를 수식합니다. None이 명사입니다. (해석: 그녀의 오랜 친구들 중에 누구도 그녀에게 어떤 일이 있었는지 몰랐다.)

Chapter 3
관사

관사는 명사 앞에 써서 **명사의 의미를 '한정'** 시키는 역할을 합니다. 그냥 plant(공장)보다 a plant, the plant를 쓰면 어떤 plant를 의미하는지 뜻이 더 명확해지지요. 관사는 우리나라 사람들이 매우 어려워하는데, 우리말에는 이 관사에 대응되는 것이 없기 때문입니다. 그러나 걱정하지 마십시오. 가장 중요한 것을 뽑아 정리해 드립니다. 관사의 의미와 쓰임을 학습해 볼까요?

01 관사와 명사의 관계

관사와 명사의 관계는 밀접합니다. 명사가 셀 수 있을 때와 없을 때, 또 명사의 발음이 모음으로 시작할 때와 자음으로 시작할 때 쓸 수 있는 관사가 달라지기 때문입니다. 이렇게 관사는 명사에 따라 결정됩니다.

1. 명사의 수와 관사

Ⓐ 셀 수 있는 명사

》 단수형

셀 수 있는 명사의 단수형 앞에는 **a(n)나 the가 필요**합니다. 그렇지 않을 경우 **my, his, her와 같은 대명사의 소유격이 필요**합니다. 셀 수 있는 명사의 단수형 앞에 이런 것들이 없으면 아예 복수형으로 씁니다.

*13쪽 참고

a university, a uniform, my book, the house, this girl

》 복수형

셀 수 있는 명사의 복수형 앞에는 **a(n)를 쓸 수 없습니다**.

children, apples, computers　　　cf. a children (✗), an apples (✗), a comptuers (✗)

특정한 것을 가리키는 경우에는 the를 쓸 수 있습니다.

the children, the apples, the computers

Ⓑ 셀 수 없는 명사

셀 수 없는 명사 앞에는 **a(n)를 쓸 수 없고** 아무 관사를 쓰지 않아도 됩니다.

information, money　　　cf. an information (✗), a money (✗)

하지만 **특정한 것을 가리킬 때는 the를 쓸 수 있습니다**.

the information, the money

✅ 핵심체크

▍다음 문장을 영작하시오.

(A) 당신은 방법을 찾을 것이다.

(B) 당신은 변명을 찾을 것이다.

> **정답** (A) - You'll find a way. / (B) - You'll find an excuse.

2. a와 an

A 발음이 자음으로 시작되는 단어 앞에 a

a university(대학교), a uniform(유니폼), a car(자동차), a school(학교), a book(책), a week(주), a house(집)

university, uniform에서 u는 '유'로 발음이 됩니다. 이것은 반자음으로 자음에 속합니다. 그래서 그 앞에는 a가 옵니다.

▶ We can't afford to buy **a** house. 우리는 집을 살 형편이 안됩니다.

B 발음이 모음으로 시작 되는 단어 앞에 an

an apple(사과), an umbrella(우산), an onion(양파), an uncle(삼촌), an hour(시간), an honest man(정직한 남자), an MP3 player(엠피스리 플레이어), an ugly dog(못생긴 개), an angel(천사)

▶ Did it hurt when you fell from heaven? Because you look like **an** angel to me.
   하늘에서 떨어져 아팠어? 내 눈에 너는 천사 같아 보이거든.
▶ If you really want to do something, you'll find **a** way. If you don't, you'll find **an** excuse. 당신이 무언가를 하고 싶다면 방법을 찾을 것이다. 원하지 않으면 변명을 찾을 것이다.

주의해야 할 발음

u와 y는 발음 기호상 '반자음[j]'으로 표기되면 모음이 아니므로 앞에 a를 씁니다.
▶ **A** year has twelve months. 일 년에는 열두 달이 있다.

h는 자음이지만 hour를 읽을 때는 h 소리가 나지 않습니다. 따라서 앞에 an을 씁니다.
▶ The train arrived **an** hour late. 그 기차는 한 시간 늦게 도착했다.

✅ **핵심체크**

▎다음 a와 an 중 알맞은 것을 고르시오.

(A) (a/an) MP3 player

(B) (a/an) university student

> 정답 (A) an - MP3는 '엠피스리'로 발음하는데 '에'는 발음이 모음이므로 an이 정답입니다.
> (B) a - '유' 발음은 반자음입니다. 자음과 마찬가지이므로 그 앞에는 a가 옵니다.

02 부정관사와 정관사

1. 부정관사의 의미와 용법

a(n)는 많은 것 중에 '**정해지지 않은 불특정한 하나**'를 나타내기 때문에 부정관사라고 합니다. **셀 수 있는 명사의 단수형 앞에 쓰며**, 별도로 '**하나의**'라고 해석할 필요는 없습니다. 부정관사는 기본적인 뜻 이외에 다양한 의미로 사용할 수 있습니다.

Ⓐ 하나의, 한 개의 = one

- **An** hour in the morning is worth two in the evening.
  아침의 한 시간은 저녁 두 시간의 가치가 있다.
- He is one of **a** kind.   그는 한 종류에 하나뿐인 사람이다. (그는 매우 독특한 사람이다.)

Ⓑ 같은 = same

- Birds of **a** feather flock together.   같은 깃털의 새가 함께 모인다. (끼리끼리 모인다.)
- The children all seemed of **an** age.   그 어린이들은 모두 같은 나이로 보였다.

Ⓒ 어떤 = certain

- **A** Mr. Smith called.   Smith 씨인가 하는 사람이 전화를 걸었다.
- There's **a** Ms Lee to see you.   당신을 보러 Lee 씨라는 분이 왔어요.

Ⓓ ~마다, ~당 = per

- They go to church once **a** week.   그들은 일주일에 한 번 교회에 간다.
- An apple **a** day keeps the doctor away.   하루에 사과 하나를 먹으면 의사가 멀어진다.

E 종족 전체를 대표

▶ **A** dog is a faithful animal.   개는 충실한 동물이다.
  = **The dog** is a faithful animal.
  = **Dogs** are faithful animals.

F ~의 작품 (고유명사 앞에 붙는 경우)

▶ I'm reading **a** Shakespeare.   나는 셰익스피어의 작품을 읽고 있다.
▶ They are looking at **a** Picasso.   그들은 피카소의 그림을 보고 있다.

✅ **핵심체크** ···

l 다음 중 빈칸에 가장 알맞은 것은?

He works 5 days _____ week.

(A) a   (B) the

> **정답** (A) – 이 문장에서 a는 per(~마다, ~당)의 뜻으로 쓰입니다.
> (그는 일주일에 5일 일한다.)

2. 정관사의 의미와 용법

'책장에서 a book을 꺼내 와라'라고 할 때는 보통 책장에 책이 여러 권이 있고 그중에 아무거나 한 권을 가져오면 됩니다. 하지만 '책장에서 the book을 꺼내 와라'라고 하면 '바로 그 책'이라는 의미가 되고, 책장에 책이 한 권이 있든지 여러 권이 있든지 바로 '그 책'을 찾아와야 합니다. 정관사 the는 '그'라는 의미를 가지고 있으며, 정관사의 '정'은 정해져 있다는 뜻입니다. 정관사는 다음과 같은 상황에 사용합니다.

Ⓐ 앞에 나온 명사 또는 서로 알고 있는 명사 앞

- The life of **the** novelist was difficult. 그 소설가의 인생은 어려웠다.
- I have a bag. **The** bag is black. 나는 가방 하나를 가지고 있다. 그 가방은 검은색이다.
- Open **the** door. 문을 열어라. (말하는 사람과 듣는 사람 모두 어떤 문인지 아는 경우)

Ⓑ 세상에 하나밖에 없는 자연물 앞

the sun(태양), the moon(달), the earth(지구), the sky(하늘), the world(세상)

- **The** earth moves around **the** sun. 지구가 태양 주변을 돈다.
  (정관사 the는 모음 앞에서 '디'로 발음)
- I love you to **the** moon and back. 너를 하늘만큼 땅만큼 사랑해.

Ⓒ 최상급, 서수, same 앞

- Honesty is **the** best policy. 정직은 최선의 정책이다.
- You just need to make **the** first move. 네가 먼저 데이트 신청해 봐.
- We're all on **the** same page. 우리는 생각과 의견이 같다.
- **The** best is yet to come. 아직 전성기는 오지 않았다.
- **The** best or nothing. 최고거나 아무것도 아니거나.
- These first few steps are **the** hardest. 이 첫 몇 걸음이 가장 힘듭니다.

Ⓓ 종족 대표 앞

- **The** early bird catches the worm. 일찍 일어나는 새가 벌레를 잡는다.

E 악기나 방향 앞

the piano(피아노), the north(북쪽), the east(동쪽), the left(왼쪽)

▶ Mary can play **the** piano.   Mary는 피아노를 연주할 수 있다.

F 신체의 일부분을 나타내는 명사 앞

▶ He grabbed me by **the** hand.   그는 나의 팔을 잡았다.
  (He grabbed my hand.와 비슷한 의미)
▶ We are going to take the bull by **the** horns.   우리는 정면 돌파할 것입니다.

G the 비교급, the 비교급

▶ **The** sooner, **the** better.   빠를수록 좋다.
▶ **The** more, **the** better.   많을수록 좋다.
▶ **The** more, **the** merrier.   많을수록 즐겁다.

H the + 형용사 = 복수 명사

the young(젊은이들), the rich(부자들), the sick(아픈 사람들), the old(노인들), the poor(가난한 사람들), the disabled(장애자들), the unemployed(실직자들), the dead(죽은 사람들), the deaf(귀가 안 들리는 사람들)

▶ A word is enough to **the** wise.   현명한 사람들에게 한마디면 충분하다.
▶ **The** rich are not always happy.   부자가 늘 행복한 것은 아니다.
▶ Among **the** blind the one-eyed man is king.   장님들 중에는 눈 하나 있는 사람이 왕이다.

✅ **핵심체크**

다음 문장을 영작하시오.
문 닫아라!

정답 Close the door. – 말을 듣는 사람이 어떤 문인지 확실히 아는 바로 그 문을 나타내는 것이므로 the를 넣어서 문장을 만들어야 합니다.

03 주의해야 할 관사의 쓰임

1. 관사를 쓰지 않는 경우 (zero article)

보통명사와 집합명사처럼 셀 수 있는 명사(C)는 관사와 잘 어울립니다. 그런데 고유명사, 물질명사, 추상명사는 셀 수 없기 때문에 앞에 부정관사를 쓸 수 없고, 특정적이지 않으면 정관사 없이 쓰는 경우도 많이 있습니다. 이것들은 기본이고, 이제 보너스로 관사를 쓰지 않는 경우를 더 깊이 있게 정리해 드립니다.

Ⓐ 아침, 점심, 저녁 등 식사 앞

breakfast(아침 식사), lunch(점심 식사), dinner(저녁 식사)

▶ Eat **breakfast** like a king, **lunch** like a prince, and **dinner** like a pauper.
아침은 왕처럼, 점심은 왕자처럼, 저녁은 거지처럼 먹어라.

그러나 형용사가 이 단어들 앞에 있는 경우에는 a나 an을 쓸 수 있습니다.

▶ All happiness depends on **a leisurely breakfast**.
모든 행복은 여유 있는 아침 식사에 달려 있다.

Ⓑ 언어 이름 앞

English(영어), Korean(한국어), French(프랑스어), Japanese(일본어) 등

▶ Can you speak **English**? 영어를 할 줄 아세요?

그러나 the와 함께 쓰여 '국민'을 가리키는 단어들도 있습니다. (the ~ch, the ~sh, the ~ese)
the French(프랑스 국민), the English(영국 국민), the Chinese(중국 국민) 등

Ⓒ 운동, 과목, 학문명 앞

baseball(야구), soccer(축구), art(미술), music(음악), mathematics(수학), economics(경제학), history(역사) 등

▶ Let's play **volleyball** together. 같이 배구 하자.
▶ **History** repeats itself. 역사는 스스로 반복한다.
▶ Where words fail, **music** speaks. 말이 실패하는 곳에서 음악은 말한다.
(말이 표현 못하는 것을 음악은 표현한다.)

ⓓ 본래 목적으로 쓰이는 건물 앞

학교나 교회 등이 공부, 예배처럼 본래 목적으로 쓰이는 경우에는 앞에 관사를 쓰지 않습니다.

- ▸ My brother goes to **bed** around 11 o'clock.   우리 형은 11시경에 잠을 자러 간다.
- ▸ I was in **class** for 7 hours today.   나는 오늘 7시간 수업을 들었다.
- ▸ Jane is in **prison**.   Jane은 수감되어 있다.
- ▸ **School** begins at 8 o'clock.   수업은 8시에 시작한다.
- ▸ She is in **hospital**.   그녀는 입원 중이다.

하지만 다른 목적으로 쓸 때에는 관사를 씁니다.

- ▸ He went to **the hospital** to meet her.   그는 그녀를 만나기 위해서 병원에 갔다.
- ▸ John went to **the church** to meet his brother.   John은 형을 만나러 교회에 갔다.

ⓔ 교통, 통신 수단의 by와 어울리는 명사 앞

by bus(버스로), by train(기차로), by taxi(택시로), by plane [air](비행기로), by bicycle(자전거로), by car(자동차로), by subway(지하철로), by mail(우편으로), by telephone(전화로)

- ▸ I usually go to school **by bus**.   나는 주로 버스를 타고 학교에 간다.
- ▸ Did you come **by train**?   기차 타고 왔니?

그러나 「by + the + 수량을 나타내는 말」의 형태로도 쓰이니 주의하세요.

by the hour(시간 단위로), by the pound(파운드 단위로)

ⓕ 직책이나 호칭 앞

- ▸ **Father**, please call me.   아빠, 나한테 전화주세요.
- ▸ **Waiter**, we are ready.   웨이터, 우리는 (주문할) 준비 되었어요.

ⓖ 페이지, 공항 게이트, 방, 거리 앞

Gate 7(7번 게이트), Room 209(209호), Third Street(3번가), Page 30(30쪽), Platform 3(3번 승강장), Question 3(3번 문제)

- ▸ Jay's house is in **Third Street**.   Jay의 집은 3번가에 있다.

H 서로 대구 또는 대조를 이루는 단어들 앞

hand in hand(손을 맞잡고), day by day(날마다), from east to west(동에서 서까지), from hand to mouth(하루 벌어 하루 사는), face to face(얼굴을 맞대고), arm in arm(팔짱을 끼고), husband and wife(남편과 아내)

- ▶ He meditates on it **day and night**. 그는 밤낮으로 그것을 명상한다.
- ▶ Do you like to talk **face to face**? 너는 얼굴을 맞대고 이야기하는 것을 좋아하니?

I 관용 표현

by accident(우연히), in fact(사실상), on foot(걸어서), on time(정각에), in time(제시간에), on business(사업상)

- ▶ She deleted the file **by accident**. 그녀는 실수로 그 파일을 지웠다.
- ▶ I am here **on business**. 나는 업무상 여기 왔다.

» 관사를 외우는 공식

관사 참 어렵죠? 전체 이해를 돕기 위해 한 가지 팁을 드립니다. 저명한 영어학자 '오토 예스페르센(Otto Jespersen)'의 〈The Modern English Grammar〉에서 발췌한 관사 공식입니다.

공식1 a(n)는 원래 생소한 것 앞에 쓴다.
공식2 특정적인 것 앞에 the를 쓴다.
공식3 너무나 뚜렷해서 익숙한 것 앞에는 the를 쓰지 않는다.
　　　　(그래서 우리가 늘 먹고 행동하는 식사, 운동 이름에 관사를 쓰지 않는 것입니다.)
공식4 간결하고 친숙한 것 앞에는 관사를 쓰지 않는다.
　　　　(그래서 엄마, 아빠, 식사, 요일, 계절처럼 너무나 친숙한 것에 관사를 쓰지 않습니다.)

✅ **핵심체크**

1 다음 중 빈칸에 가장 알맞은 것은?

It is easy to learn _____.

(A) English　　　(B) the English　　　(C) an English　　　(D) Englishs

정답 (A) - 언어 앞에는 the를 쓰지 않습니다.
(영어를 배우는 것은 쉽다.)

2. 주의해야 할 관사의 위치

관사는 대체로 명사나 형용사 앞에 쓰지만 위치가 달라질 때도 있으니 주의하세요.

🅐 관사 앞에 나오는 단어

what a, all the, both the, half a, double the, such a, many a
와　　 올　　 버스가　　 반이냐　 둘이냐　 그렇게　 많냐

→ '앞으로 올 버스가 반이냐 둘이냐 그렇게 많냐?'로 통암기하세요.

» what a

- **What a** wonderful world!　얼마나 아름다운 세상인가!

» all the

- They drank **all the** water they had.　그들은 모든 물을 다 마셨다.

» both the

- **Both the** women are singers.　그 여자들은 둘 다 가수이다.

» half a

- If you'd only listen for **half an** hour, I could explain everything.
  네가 삼십 분만 들어 준다면 나는 전부 설명할 수 있다.

» double the

- The new house is **double the** size of the old one.　새집이 옛날 집의 두 배 크기이다.

» such a

- That's **such a** good film.　그것은 너무 좋은 영화다.
- Don't be **such a** grand-father.　너무 어른인 척하지 마세요.
- John is **such a** cheeseball.　John은 정말 썰렁해.

> **many a**

many a(n)는 문어체로 주로 신문에서 볼 수 있으며 단수 취급을 합니다.

▶ It remained a mystery for many a year[= for many years].
그것은 수년간 미스테리로 남아 있었다.
▶ I've been there many a time[= many times]. 나는 거기 여러 번 가 봤다.
▶ **Many a** politician has[= Many politicians have] promised to make changes.
많은 정치가들이 변화를 하겠다고 약속했다.

B so/too + 형용사 + a + 명사

▶ I have never seen **so beautiful a sunset**. 나는 이렇게 멋진 일몰을 본 적이 없다.

➡ 부사 so가 형용사 beautiful을 수식하고 관사 a가 명사 sunset을 꾸민다고 이해하세요.

▶ This is **too good a chance** to lose. 이것은 잃기에는 너무나 좋은 기회이다.

➡ 부사 too가 형용사 good을 수식하고 관사 a가 명사 chance를 꾸민다고 이해하세요.

TIP the number of 와 a number of

■ the number of + 복수 명사 + 단수 동사: ~의 수

| The number of students in the class is fifteen. 학급에 학생들의 수는 15명이다.
| The number of people here has increased since this morning.
여기 사람들의 수는 오늘 아침 이래로 늘었다.

■ a number of + 복수 명사 + 복수 동사: 수많은 ~

| A number of students were late for class. 수많은 학생이 수업에 지각했다.
| A number of people are waiting for the bus. 많은 사람들이 버스를 기다리고 있다.

✅ 핵심체크

I 다음 중 빈칸에 가장 알맞은 것은?

Jay and I have talked about it _____ time.

(A) a many   (B) many a

정답 (B) – many a + 단수 명사 구문으로, many 다음에 a가 오고 그 뒤에는 단수 명사가 오며 단수 취급합니다. (many a time = many times)
(Jay와 나는 그것에 대해 몇 번이고 이야기를 했다.)

확인 문제

1~4 다음 중 빈칸에 가장 올바른 것은?

1. Women love _____ honest man.

   (A) a   (B) an

2. All I wanted was to be _____ university teacher.

   (A) a   (B) an

3. I work all the time. Seven days _____ week.

   (A) a   (B) the

4. _____ rich don't work for money – they invent money.

   (A) A   (B) The

5~6 다음 우리말을 영작하시오.

5. 나는 피아노도 치고 작곡도 한다.

6. 나는 농구와 야구를 좋아한다.

7~8 다음 중 빈칸에 가장 올바른 것은?

7. _____ can buy you a fine dog, but only love can make him wag his tail.

   토익 유형

   (A) A money
   (B) Monies
   (C) Money
   (D) The monies

8. _____ best way out of a difficulty is through it. 토익 유형

   (A) A
   (B) An
   (C) These
   (D) The

정답

1. (B) 2. (A) 3. (A) 4. (B) 5. I play the piano and write music. 6. I love basketball and baseball. 7. (C) 8. (D)

해설

1. honest에서 h는 발음이 안됩니다. 모음 o부터 발음이 되므로 그 앞에는 an이 옵니다. (해석: 여자들은 정직한 남자를 사랑한다.)
2. university의 u는 발음이 '유'로 반자음입니다. 그래서 그 앞에는 a가 옵니다. (해석: 내가 원하는 전부는 대학 강사가 되는 것이었다.)
3. 일주일마다 7일의 의미로 a = per입니다. the에는 이런 의미가 없습니다. (해석: 나는 늘 일한다. 1주일에 7번.)
4. The + 형용사 = 복수 보통명사입니다. (해석: 부자들은 돈을 위해서 일 하지 않는다. 그들은 돈을 발명한다. – 즉, 새로운 돈을 버는 방법을 만든다.)
5. 악기 이름 앞에는 the가 붙습니다. music은 셀 수 없는 명사로 관사 없이 많이 씁니다.
6. 운동 경기 이름 앞에는 관사가 붙지 않습니다.
7. money는 셀 수 없는 명사로 그 앞에 a가 올수 없습니다. 복수형도 쓰지 않습니다. love도 셀 수 없는 명사입니다. (해석: 돈은 당신에게 멋진 개를 사게 할 수 있다. 그러나 사랑만이 개가 꼬리를 흔들게 한다.) wag: 흔들다
8. 최상급 best 앞에는 The가 옵니다. (해석: 어려움에서 벗어나는 최선의 방법은 그 어려움을 돌파하는 것이다.)

Chapter 4
형용사

형용사는 **무언가의 상태, 모양, 성질 등을 나타내는 어휘**를 말하며 **명사를 수식**합니다. 형용사는 명사를 수식하는 기본 기능이 있고 어휘도 풍부합니다. 기본 형용사의 형태부터 의미상 혼동하기 쉬운 형용사, 특별한 형용사의 위치 등도 자세하게 다루어 드립니다. 형용사의 형태와 쓰임에 대해 알아보도록 합시다.

01 형용사의 형태

형용사는 상태, 모양, 성질 등을 나타내는 어휘를 말하며, 명사를 그 앞에서 수식합니다. 또는 be동사 뒤에서 주어인 명사를 설명합니다. 보통 형용사는 단어의 끝부분인 어미를 보고 구별할 수 있습니다.

-ful (~로 가득찬)	beautiful 아름다운, careful 조심스러운, delightful 기쁜, helpful 도움이 되는, hopeful 희망찬, colorful 화려한, successful 성공적인
-y (~으로 가득찬, ~으로 덮인)	rainy 비가 많이 오는, windy 바람이 많이 부는, guilty 죄책감이 드는, bloody 피투성이의
-like (~의 특성을 지닌)	childlike 천진난만한
-ly (~의 특성을 지닌)	lonely 외로운, friendly 친절한, lovely 사랑스러운, costly 값이 비싼, manly 남자다운
-ible, -able (~할 수 있는)	edible 먹을 수 있는, comfortable 편안한, respectable 존경할 만한
-ive, -ous, -ic, **-al, -ish**	creative 창의적인, attractive 매력적인, dangerous 위험한, various 다양한, dramatic 극적인, natural 자연의, traditional 전통적인, childish 유치한 * -ic로 끝나는 재미있는 단어: photogenic 사진 잘 받는, telegenic 화면이 잘 받는
-en (~로 만든)	wooden 나무로 만든, golden 금으로 만든
-less (~가 없는)	careless 부주의한, meaningless 의미 없는
-ing, -ed (분사형)	missing 잃어버린, interesting 흥미로운, demanding 까다로운, limited 제한된

> **대균's comment!** **부사로 착각하기 쉬운 형용사**
>
> 명사에 -ly를 붙이면 기본 형용사입니다. 형용사에 -ly를 붙여야 부사가 되니 주의하세요.
>
> ▶ a friendly clerk 친절한 직원   ▶ timely advice 시기적절한 조언
> ▶ elderly people 어르신   ▶ costly procedures 비용이 많이 드는 절차
> ▶ lonely people 외로운 사람들   ▶ leisurely breakfast 한가로운 식사
>   (leisurely는 부사도 됨)
>
> * 시간 관련 단어들인 daily, weekly, monthly, quarterly, yearly는 형용사도 되고 부사도 됩니다.

✅ 핵심체크

┃ 다음 문장을 영작하시오.

(A) 그는 천진난만하다.

(B) 그는 유치하다.

정답 (A) He is childlike. / (B) He is childish.

02 수량 형용사

many, a few, much, a little 등은 명사 앞에서 명사의 수나 양을 나타내기 때문에 수량 형용사라고도 합니다. a few, a little의 경우 a 없이 쓰이면, 수나 양이 '거의 없는'이란 부정의 의미를 가집니다.

셀 수 있는 명사의 수를 셀 때	many[a lot of, lots of, plenty of] 많은, a few 약간 있는, few 거의 없는
셀 수 없는 명사의 양을 셀 때	much[a lot of, lots of, plenty of] 많은, a little 약간 있는, little 거의 없는

- **Few** people attended the meeting. 매우 적은 수의 사람들이 그 회의에 참석했다.
- She's lived here for 5 years but has **few** friends.
  그녀는 여기에서 5년 동안 살았지만 친구가 거의 없다.
- There is **little** information on the new laptop.
  그 새로운 노트북에 관한 정보가 거의 없다.
- Mr. Lee had **little** experience in business. 이 씨는 사업 경험이 거의 없다.
- I have **a little** money with me. 나는 돈이 약간 있다.
- They don't have **many** books. 그들은 많은 책을 가지고 있지 않다.
- They don't earn **much** money. 그들은 많은 돈을 벌지 못한다.
- She eats **lots of** fruit. 그녀는 많은 과일을 먹는다.
- There were **a lot of** [= **lots of**] people there. 그곳에 많은 사람들이 있었다.
- She does **a lot of** [= **lots of**] travelling in her job. 그녀는 업무상 많은 여행을 한다.
- We've got **plenty of** time before we finish the report.
  우리는 보고서를 끝내기 전에 충분한 시간이 있다.

✅ 핵심체크

다음 중 빈칸에 가장 알맞은 것은?

I need to get _____ things in town.

(A) much   (B) a few

정답 (B) - things는 복수 명사입니다. a few는 복수를 수식합니다. much는 셀 수 없는 명사를 수식합니다.
(나는 시내에서 몇 가지 물건들을 살 필요가 있다.)

03 혼동하기 쉬운 형용사

1. 시험에 잘 나오는 형용사 문제 유형

Ⓐ 명사 앞은 형용사 자리, 즉 「관사/한정사 + _____ + 명사」에서 빈칸은 형용사

▶ I saw a very _____ young woman.

(A) attract   (B) attractive

정답: (B) 나는 매우 매력적인 젊은 여성을 보았다.

Ⓑ be동사 뒤 빈칸은 형용사 자리

▶ I am _____ after 3 p.m.

(A) avail   (B) available

정답: (B) 나는 3시 이후 시간이 된다.

불완전자동사(remain/become/sound/look 등) 뒤 빈칸은 형용사가 정답일 확률이 높습니다.

Ⓒ 「make/find/keep/deem + (대)명사 + _____」에서 빈칸은 형용사일 가능성 (목적 보어 역할)

▶ I just want to make you _____.

(A) happy   (B) happily

정답: (A) 나는 그저 너를 행복하게 만들고 싶다.

Ⓓ 현재분사(-ing)와 과거분사(-ed)가 형용사로 굳어진 단어들도 자주 출제

▶ a missed call   놓친 전화 (부재중 전화)
▶ a missing child   행방불명된 어린이 (-ing이지만 '~된'으로 의미가 새겨지는 특이한 경우)
▶ an interesting book   재미있는 책
▶ a demanding boss/client   까다로운 사장/고객
▶ a limited time   제한된 시간
▶ You can smoke only in a designated place.   지정된 장소에서만 흡연할 수 있다.

2. 모양이 비슷한 형용사

Ⓐ comparable 비슷한 / comparative 비교의, 비교급의

▶ Our prices are **comparable** to those in other department stores.
우리 가격은 다른 백화점들의 가격과 필적할 만하다.
▶ "Better" is the **comparative** of "good". better는 good의 비교급이다.

Ⓑ considerable 상당한 / considerate 사려 깊은

▶ A **considerable** amount of time and effort has gone into this project.
상당한 양의 시간과 노력이 이 프로젝트에 들어갔다.
▶ He is a **considerable** person. 그는 대단한 사람이다.
▶ You should be **considerate** of your mother. 당신은 당신의 어머니를 배려해야 한다.

Ⓒ economic 경제의 / economical 절약하는 (money-saving), 경제적인

▶ The **economic** forecast for next year is not good. 내년 경제 전망은 좋지 않다.
▶ Hybrid cars are very **economical**. 하이브리드 차는 매우 경제적이다.

Ⓓ respectable 존경할 만한 / respectful 정중한 / respective 각각의

▶ Jane is a **respectable** young woman from a good family.
Jane은 훌륭한 가문의 존경할 만한 젊은 여성이다.
▶ Jane said in a **respectful** tone of voice. Jane은 공손한 어조로 말했다.
▶ They chatted about their **respective** childhoods.
그들은 그들 각각의 어린 시절에 대해 담소를 나누었다.

Ⓔ short 짧은 / shortly 곧(부사)

▶ She has **short** blond hair. 그녀는 짧은 금발 머리다.
▶ The flight was hijacked **shortly** after takeoff.
그 비행기는 이륙하자마자 공중 납치를 당했다.

F sensible 분별 있는 / sensitive 민감한 / sensual 관능적인

▶ A **sensible** woman can never be happy with a fool.
 분별 있는 여성은 어리석은 사람과 행복할 수 없다.
▶ I'm **sensitive**. I overthink little things.   나는 예민하다. 작은 일에도 너무 생각이 많다.
▶ The woman is curvy and **sensual**.   그녀는 몸매가 좋고 육감적이다.

G broken 부서진, 망가진 / broke 파산한 (without money)

▶ My watch is **broken**.   내 시계가 고장 났다.
▶ He was a **broken** man after she dumped him.   그는 그녀가 그를 차버린 후에 망가졌다.
▶ He is flat **broke**.   그는 완전히 파산했다.

H low 낮은, 낮게 / lowly 저질의

▶ A coffee table is a small **low** table in a living room.
 커피 테이블은 거실에 있는 키가 작은 테이블을 말합니다.
▶ These **lowly** cottages offer rustic accommodation for families and groups.
 이 저급한 오두막은 가족과 단체를 위한 시골풍의 숙박을 제공한다.

✅ 핵심체크

다음 우리말에 맞게 빈칸에 가장 가장 알맞은 것은?

Mary is very _____. Mary는 매우 사려 깊은 사람이다.

(A) considerate   (B) considerable

정답 (A) considerate는 '사려 깊은', considerable은 '상당한'입니다.

3. 뜻이 비슷한 형용사

Ⓐ ill 아픈 / sick 아픈

ill과 sick은 모두 형용사로 건강이 나쁠 때 쓰며 be, become, feel, look, seem 다음에 많이 씁니다.

- ▶ She was **ill**/**sick** for a time last year.   그녀는 작년에 한동안 아팠다.
- ▶ He felt **sick** and had to go home at lunchtime.
  그는 아파서 점심시간에 집에 가야 했다.

sick은 명사 앞에 쓰지만 ill은 명사 앞에 잘 쓰지 않습니다.

- ▶ She's been looking after a **sick** child this week.
  그녀는 이번 주에 아픈 아이를 돌봐 왔다.
  cf. She's been looking after an **ill** child this week. (✗)

ill이 명사 앞에 오는 경우 '나쁜'의 의미로 속담에서 쓰입니다.

- ▶ **Ill** news runs apace.   나쁜 소문은 빨리 퍼진다.

Ⓑ good 좋은 / well 건강한

- ▶ Jane's English is very **good**.   Jane의 영어 실력은 매우 좋다.
- ▶ A: How are you today?   오늘 몸 상태 어떠니?
  B: I am very **well**, thanks.   난 아주 좋아, 고마워. (건강이나 컨디션이 좋다는 의미)
  cf. Sue speaks English very **well**.   Sue는 영어를 참 잘한다. (여기서 well은 부사)

✅ **핵심체크**

▍다음 중 빈칸에 가장 알맞은 것은?

There are _____ cows in the farm.

(A) ill   (B) sick

> 정답 (B) - ill은 명사 앞에서 수식할 때 사람이나 동물을 수식하지 않습니다.
> (그 농장에는 병든 암소들이 있다.)

04 형용사의 위치

1. 위치에 따라 의미가 달라지는 형용사

형용사는 기본적으로 명사 앞 또는 be동사 뒤에 위치합니다. 같은 형용사라도 이 위치에 따라 의미가 달라지는 것들이 있으니 주의해야 합니다.

Ⓐ late: 명사 앞에서 '고(故), 돌아가신' / be동사 뒤에서 '늦은'

late는 보통 30~40년 전에 돌아가신 분까지 많이 씁니다. 100여년 전에 돌아가신 분에게는 잘 쓰지 않으니 과거의 역사적인 인물에게 the late Shakespeare라고 쓰면 어색한 표현이 됩니다.

▶ The **late** mayor was very wise. 돌아가신 시장은 매우 현명했다.
▶ He was **late** for work. 그는 직장에 늦었다.

Ⓑ certain: 명사 앞에서 '어떤' / be동사 뒤에서 '확실한'

▶ **Certain** bacteria cause serious diseases.
　어떤 박테리아들은 심각한 병들을 야기한다.
▶ One thing is **certain** — I love you. 한 가지는 확실하다. 나는 당신을 사랑한다.

Ⓒ present: 명사 앞에서 '현재의' / be동사 뒤에서 '참석한'

▶ I don't have her **present** address. 나는 그녀의 현주소가 없다.
▶ The mayor was **present**. 시장이 참석했다.

✅ 핵심체크

▍다음 문장을 해석하시오.

Your present circumstances don't determine where you can go.

정답 당신의 현재 상황이 당신이 어디로 갈 수 있는지를 결정하지 않습니다.

2. 형용사의 나열 순서

형용사를 여러 개 나열할 때는 의견을 나타내는 형용사가 먼저 오고 그 다음에 사실을 묘사하는 형용사가 나옵니다.

① 관사	② 수	③ 대소	④ 신구	⑤ 색	⑥ 출처	⑦ 재료
a/the	How many?	How big?	How old?	What color?	Where from?	What is it made of?

an interesting old woman(재미있는 할머니), a nice tall guy(멋진 키 큰 남자)

▶ There are **three large old red wood** tables in the room.
방 안에 세 개의 큰 오래된 빨간 나무 탁자가 있다.

순서가 중요!

인칭도 보통 2, 3, 1인칭의 순으로 순서를 맞춰서 씁니다.

▶ Just the two of us, **you** and **I** 그저 우리 둘만, 당신과 나
▶ From now on, **you**, **Mr. Kim** and **I** will work together.
지금부터 당신과 김 씨 그리고 내가 함께 일할 것이다.

✅ 핵심체크

I 다음 우리말에 맞게 빈칸에 가장 알맞은 것은?

She has _____ daughters. 그녀는 두 명의 예쁜 딸이 있다.

(A) pretty two   (B) two pretty

정답 (B) - 숫자를 나타내는 형용사는 다른 형용사들보다 먼저 옵니다.

3. 특정 위치에만 쓸 수 있는 형용사

Ⓐ 한정형용사: 어떤 단어 앞에서만 뒤의 단어를 수식

drunken(술 취한), live(살아 있는, 생생한), former(앞의), inner(내부의), living(살아 있는), main(주요한), mere(단순한), only(유일한), outer(외부의), utter(전적인), wooden(목재의), woolen(모직의), chief(주요한), total(완전한) 등

▶ **Inner** happiness is the fuel of success. 내적인 행복이 성공의 연료가 된다.
▶ I am a **total** stranger here myself. 나는 이곳이 완전히 처음입니다.

Ⓑ 서술형용사: 어떤 단어 뒤에서만 서술적으로 앞의 단어를 수식

afraid(두려워하는), alike(비슷한), alive(살아 있는), alone(고독한), ashamed(부끄러워하는), asleep(잠든), awake(깨어 있는), aware(알고 있는), content(만족한), unable(할 수 없는) 등

▶ A man's true character comes out when he's **drunk**.
한 사람의 진정한 성격은 그가 취했을 때 나온다.
▶ Always do what you're **afraid** to do. 항상 당신이 하기를 두려워하는 것을 하세요.

대균's comment! -thing, -body + 형용사

일반적으로 한정 용법의 형용사는 명사를 앞에서 수식하지만 something, anything, somebody, anybody처럼 -thing, -body로 끝나는 경우에는 뒤에서 꾸며 줍니다.

▶ I need something durable. 나는 내구성이 있는 튼튼한 것이 필요하다.
▶ I want something new [exciting]. 나는 무언가 새로운 [흥미진진한] 것을 원한다.
▶ I don't want anything dangerous [boring]. 나는 어떤 위험한 [지루한] 것도 원하지 않는다.

✅ 핵심체크

다음 중 빈칸에 가장 알맞은 것은?

He must be 100 if he's still _____.

(A) live　　　　　　(B) alive

정답 (B) - alive는 be동사 뒤에 서술적으로 쓰입니다. live는 live music처럼 사용됩니다.
(그가 아직 살아 있다면 100살일 것이다.)

05 숫자

구체적인 숫자가 형용사 역할을 할 때는 뒤에 나오는 명사에 -s를 붙이지 않습니다.

- This is a **two-hour** movie.   이것은 두 시간짜리 영화이다. (two hours가 아님)
  cf. It will take about **2 hours**.   그것은 약 2시간 걸릴 것이다.
- Can you break this **ten-dollar** bill.   이 10달러 지폐를 잔돈으로 바꿔 주실래요?
  (ten-dollars가 아님) cf. Your total is **twenty dollars**.   당신의 총액은 20달러입니다.

보통 hundred, thousand, million은 앞에 숫자가 구체적으로 나올 때 뒤에 -s를 붙이지 않습니다.
three **hundred** books(300권의 책), 5 **thousand** people(5천 명의 사람들)

- The jobless total reached four **million** this week.
  실직자 총계가 이번 주 4백만 명에 달했다.

그러나 수백, 수천, 수백만으로 막연할 때는 -s가 붙습니다.
hundreds of books(수백 권의 책), **thousands** of students(수천 명의 학생들), **millions** of people (수백만 명의 사람들)

또 한 가지! 왜 영어에는 숫자 10,000이나 억이 없고 10억이 있을까요? 쉼표(,)를 세 자리수 단위로 표시하는 것이 영어식입니다. 그래서 thousand(천=1,000), million(100만=1,000,000), billion(10억=1,000,000,000), trillion(조=1,000,000,000,000)이 됩니다.

> **TIP** 산수 표현하기
>
> ■ 우리 적어도 산수 네 가지는 영어로 말할 수 있어야죠!
>
> | 3 + 5 = 8   Three plus five equals[=is] eight. / Three and five makes eight.
> | 7 - 1 = 6   One from seven leaves six. / Seven minus one is[=equals] six.
> | 7 × 4 = 28   Seven times four is twenty eight. / Seven multiplied by four is twenty eight.
> | 25 ÷ 5 = 5   Twenty five divided by five is five.

✓ 핵심체크

■ 다음 중 빈칸에 가장 알맞은 것은?

This is a _____ movie.

(A) two-hour   (B) two-hours

정답 (A) - 구체적인 숫자가 형용사 역할을 할 때는 뒤에 나오는 명사에 -s를 붙이지 않습니다.
(이것은 두 시간짜리 영화다.)

확인 문제

1~4 다음 중 빈칸에 가장 올바른 것은?

1. I gave a dinner party for _____ close friends.

   (A) a few   (B) a little

2. I know _____ adults who act like teenagers.

   (A) plenty   (B) plenty of

3. Jazz is progressive, and it's _____.

   (A) live   (B) alive

4. A small car is more _____ to run.

   (A) economical   (B) economic

5. 다음 빈칸에 공통으로 들어갈 단어를 쓰시오.

   a. He was _____ at the wedding.

   b. I don't have John's _____ address.

6. 다음 우리말을 영작하시오.

   나는 덩치 큰 나이 든 로맨티스트다.

7~8 다음 중 빈칸에 가장 올바른 것은?

7. Everyone will have a weekly meeting and then afterwards go to our _____ offices. [토익 유형]

   (A) respect
   (B) respectful
   (C) respectable
   (D) respective

8. I think she's the most charming, most _____ woman I've ever known. [토익 유형]

   (A) consider
   (B) considerable
   (C) considerate
   (D) considered

정답

1. (A) 2. (B) 3. (B) 4. (A) 5. present 6. I'm a big old romantic. 7. (D) 8. (C)

해설

1. 「a few + 복수 명사」입니다. a little 다음에는 셀 수 없는 명사의 단수 형태가 옵니다. (해석: 나는 친한 친구들을 위해 저녁 파티를 했다.)

2. 「plenty of + 셀 수 있는 복수 명사」 또는 「plenty of + 셀 수 없는 명사」가 맞습니다. 그냥 plenty가 명사를 수식하지는 않습니다. (해석: 나는 10대처럼 행동하는 많은 성인들을 안다.)

3. alive는 be동사 다음에 나오고 live(라이브)는 명사 앞에 live music(생음악)처럼 쓰입니다. (해석: 재즈 음악은 진보적이다. 재즈 음악은 살아 있다.)

4. '경제적인, 절약하는'은 economical입니다. economic은 그냥 '경제의'라는 의미입니다. (해석: 작은 차가 굴리기에 경제적이다.)

5. a 문장에서 present는 '참석한', b 문장에서 present는 '현재의'의 의미입니다. present는 명사로 '선물'[=gift]의 의미도 됩니다. (해석: a. 그는 결혼식에 참석했다. / b. 나는 John의 현주소가 없다.)

6. 형용사가 나열되는 데도 순서가 있습니다. 대소(big or old)를 가리키는 단어 다음에 신구(new or old)가 옵니다. * romantic = a romantic person, romanticist

7. '각각, 따로따로'는 respective입니다. respect(존경), respectful(공손한), respectable(존경할 만한) (해석: 모두는 주간 회의를 하고 나서 각자의 사무실로 갈 것입니다.)

8. considerate(사려 깊은)가 정답. cf. considerable: 상당한 (해석: 내 생각에 그녀는 내가 이제껏 알아 온 사람들 중에 가장 매력적이고 가장 사려 깊은 사람이다.)

Chapter 5
부사

부사는 영어로 adverb입니다. **ad(d) + verb로 동사의 의미를 더한다는 의미**입니다. 부사는 동사뿐 아니라 형용사, 자기 아닌 다른 부사, 문장 전체를 수식하기도 합니다. 부사는 ly로 끝이 나기 때문에 쉽게 알아볼 수 있지만 전혀 부사같이 생기지 않은 부사들도 있습니다. 다양한 부사들과 함께 특별한 부사들의 의미와 용법들을 정리해 드립니다. 퍼센트로 재미있게 정리해 드리는 빈도부사도 즐겁게 공부해 주세요!

01 부사의 형태

1. 부사의 기본 형태

A 형용사 + ly

definite – definitely(확실한 – 확실하게), useful – usefully(유용한 – 유용하게), productive – productively(생산적인 – 생산적으로), dramatic – dramatically(극적인 – 극적으로), systematic – systematically(체계적인 – 체계적으로)

> ▶ I have **definitely** decided to go to New York again.
> 나는 다시 뉴욕에 가기로 확실하게 결정했다.
> ▶ Your health has improved **dramatically**.   당신의 건강은 엄청나게 좋아졌다.

B 개별적인 형태의 부사

very(매우), well(잘), soon(곧)

> ▶ The river rose **very** quickly.   강이 매우 빨리 불어났다.
> ▶ The whole team played **well**.   전체 팀원이 경기를 다 잘했다.
> ▶ Everyone will **soon** know the truth.   모두가 그 진실을 곧 알게 될 것이다.

☑ 핵심체크

▎다음 문장에서 부사를 찾으시오.

Jane got a job directly after graduating from the university.

정답 directly

2. 주의해야 할 부사의 형태

Ⓐ 형용사에 -ly가 붙어 의미가 변하는 부사

» **hard** 열심인, 열심히 / **hardly** 좀처럼 아니게

- ▸ She is a **hard** worker.   그녀는 열심히 일하는 사람이다. (형용사)
- ▸ She works **hard**.   그녀는 열심히 일한다. (부사)
- ▸ Work **hard**, stay humble, dream big.   열심히 일하고, 겸손하고, 크게 꿈을 꾸시오.
- ▸ She **hardly** works. (= almost not at all)   그녀는 거의 일하지 않는다.

» **late** 늦은, 늦게 / **lately** 최근에

- ▸ The best conversations always happen **late** at night.
  가장 좋은 대화는 항상 밤 늦게 벌어진다.
- ▸ He hasn't been too well **lately**.   그는 최근에 건강이 좋지 않았다.

» **high** 높은, 높게 / **highly** 아주, 매우

- ▸ The new laptop is being sold at a **high** price.
  그 새로운 노트북은 높은 가격에 팔리고 있다.
- ▸ I **highly** recommend it.   저는 그것을 강력히 추천드립니다.

» **short** 짧은, 짧게 / **shortly** 곧

- ▸ I will take a **short** trip to Tokyo.   나는 도쿄로 짧은 여행을 갈 것이다.
- ▸ He will be there **shortly**.   그는 곧 거기에 도착할 것이다.

» **near** 가까운, 가까이, ~의 가까이에 / **nearly** 거의

- ▸ This man could be a famous actor in the **near** future.
  이 남자는 곧 유명 배우가 될 수도 있었다.
- ▸ The stock has **nearly** doubled in 2 years.   주식이 2년 만에 거의 두 배로 뛰었다.

» close 가까운, 가깝게 / closely 면밀히, 밀접하게

▶ Iris is my **close** friend.   Iris는 나의 친한 친구이다.
▶ English and German are **closely** related.   영어와 독일어는 긴밀하게 관련되어 있다.

» deep 깊은, 깊게 / deeply 몹시

▶ The well is so **deep** I can't see the bottom.   그 우물이 너무 깊어서 그 밑바닥을 볼 수 없다.
▶ I am **deeply** grateful to you.   나는 당신에게 매우 감사합니다.

B 형용사와 같은 형태의 부사

early(일찍), hourly(시간마다), daily(매일), weekly(주마다), monthly(매월), quarterly(분기마다), yearly(해마다), late(늦은, 늦게), straight(곧바로), hard(열심인, 열심히), short(짧은, 짧게), long(긴, 길게), fast(빠른, 빠르게) 등과 같은 단어는 형용사도 되고 부사도 됩니다.

▶ An **early** morning walk is a blessing for the whole day.
  이른 아침 걷기는 하루 전체를 위한 축복이다. (형용사)
▶ I hate waking up **early** for school.   나는 학교에 가려고 일찍 일어나는 것이 싫다. (부사)

✅ 핵심체크

▎ 다음 중 빈칸에 가장 알맞은 것은?

The two companies collaborate _____.

(A) close   (B) closely

> 정답 (B) - '긴밀하게'는 closely입니다. close는 형용사로 '가까운, 가까이'의 의미입니다.
> (두 회사는 긴밀하게 협력한다.)

02 부사의 위치와 역할

동사 앞이나 뒤는 부사의 보금자리이고 형용사 앞은 부사의 단골집이라고 볼 수 있습니다. 부사의 위치는 시험에서도 잘 다룹니다. 예를 들어 「주어 + 부사 + 본동사」의 형태를 묻는 문제는 자주 출제됩니다. 부사의 위치를 잘 알아야 정확하게 말을 하고 이메일과 편지를 쓸 수 있으며 각종 시험도 잘 볼 수 있습니다.

1. 동사 수식

A 동사 + (목적어) + 부사

- I <u>study</u> English **hard** every day. 나는 매일 열심히 영어를 공부한다.
- I'll <u>send</u> the results **immediately**. 즉시 그 결과를 보내겠습니다.

B 부사 + 동사 + (목적어)

- They **finally** <u>decided</u> to reform the law. 그들은 결국 그 법을 개정하기로 결정했다.

C 조동사 + 부사 + 본동사

- We <u>will</u> **completely** <u>finish</u> the analysis. 우리는 분석을 완전히 끝낼 것이다.

D have + 부사 + p.p.

- I <u>have</u> **always** <u>dreamed</u> of becoming a professor.
  나는 언제나 교수가 되기를 꿈꾸어 왔다.

✅ 핵심체크

다음 중 빈칸에 가장 알맞은 것은?

Jay read the book _____.

(A) careful   (B) carefully

정답 (B) - 3형식 동사 + 목적어 + 부사 구문입니다.
(Jay는 그 책을 주의 깊게 읽었다.)

2. 형용사, 부사, 문장 수식

Ⓐ 형용사 수식: 부사 + 형용사

부사는 형용사 앞에 위치하여 형용사를 수식합니다.

- ▶ This book is **very** heavy.　이 책은 매우 무겁다.
- ▶ Each relationship between two persons is **absolutely** unique.
  두 사람 사이의 관계들은 절대적으로 독특하다.

-ed로 끝난 단어들은 부사가 수식합니다.

- ▶ The mistake was made by a **newly** hired worker.
  그 실수는 새로 고용된 직원에 의해 저질러졌다.
- ▶ The job is **well**-paid.　그 일은 봉급이 좋다.
- ▶ She is **well**-dressed.　그녀는 옷을 잘 입는다.

Ⓑ 부사 수식: 부사 + 부사

부사는 자기 아닌 다른 부사를 수식합니다.

- ▶ Language is **very** closely related to culture.
  언어는 문화와 매우 긴밀하게 연결되어 있다.
- ▶ The lawyer knows civil law **very** well.　그 변호사는 민법을 아주 잘 안다.

Ⓒ 문장 수식: 부사 + 주어 + 동사

부사는 문장 맨 앞에서 전체를 수식합니다.

- ▶ **Actually**, he quit the job.　사실, 그는 일을 그만두었다.

✅ **핵심체크**

❙ 다음 중 빈칸에 가장 알맞은 것은?

I bought a _____ priced radio.

(A) reasonable　　　(B) reasonably

정답 (B) - ed로 끝난 단어는 부사가 수식합니다.
(나는 적절한 가격의 라디오를 샀다.)

03 빈도부사

빈도부사는 횟수를 나타내는 부사입니다. 일반적으로 **be동사나 조동사 뒤, 일반동사 앞에 위치**합니다.

0%	10%	25%	40%	50%	75%	90%	95%	100%
never	hardly ever / scarcely ever	rarely / seldom	occasionally	sometimes	often / frequently	usually / normally / regularly	nearly always / almost always	always

- A negative mind will **never** give you a positive life.
  부정적인 정신은 절대 당신에게 긍정적인 삶을 주지 못할 것이다. `0%`
- Human beings **hardly** ever learn from the experience of others.
  인간은 다른 사람들의 경험으로부터 좀처럼 잘 배우지 못한다. `10%`
- He **rarely** goes to church.   그는 한달에 한번 정도 교회에 간다. (좀처럼 가지 않음) `25%`
- We met up **occasionally** for coffee.   우리는 종종 커피를 마시러 만났다. `40%`
  (occasionally는 문장 맨 앞 또는 동사 뒤에 자유롭게 쓸 수 있음)
- Success doesn't come from what you do **occasionally**. It comes from what you do consistently.
  성공은 당신이 이따금씩 하는 것에서 오지 않는다. 성공은 당신이 꾸준히 하는 것에서 온다. `40%`
- I **sometimes** go to the movies.   나는 종종 영화를 보러 간다. `50%`
- She **often** goes to school by bus.   그녀는 자주 버스를 타고 학교에 간다. `75%`
- Success **usually** comes to those who are too busy to be looking for it.
  성공은 대개 그것을 좇을 겨를도 없이 바쁜 사람에게 온다. `90%`
- Mistakes are **almost always** forgivable if you have the courage to admit them.
  실수는 당신이 그것들을 인정할 용기가 있다면 거의 항상 용서할 만하다. `95%`
- Life goes on. **Always** remember that.   인생은 계속된다. 항상 그것을 기억해라. `100%`

cf. 그러나 명령문에서는 빈도부사가 일반동사 뒤에 나오는 경우도 있습니다.

- Love **always** and laugh **often** and thank God every day.
  항상 사랑하고, 자주 웃고, 신에게 매일 감사하라.

✅ 핵심체크

▎다음 중 더 빈번함을 의미하는 문장은?

(A) I sometimes see John in the street.

(B) I occasionally see John in the street.

> **정답** (A) - 50%의 비율 sometimes, 40%의 비율 occasionally를 씁니다.
> (나는 거리에서 종종 John을 본다. / 나는 거리에서 이따금씩 John을 본다.)

04 주의해야 할 부사

1. very / much

A very

very는 정도를 알려 주는 부사로 형용사나 부사를 꾸며 줍니다.

- I am **very** fond of Star Wars. 나는 스타워즈를 너무나 좋아한다.
- This book is **very** interesting. 이 책은 매우 재미있다.
- We can respond to orders **very** quickly.
  저희는 주문에 매우 신속하게 응답해 드릴 수 있습니다.

일반적으로 very는 본동사를 수식하지 않습니다. <mark>very는 동사를 수식하지 못하는 특별한 부사</mark>입니다.

- I **very** thank you. (✗)

-ed로 끝난 단어가 완전히 형용사가 된 경우 very가 수식합니다.

- The children were **very** bored. 그 아이들은 매우 지루해했다.
- John was **very** surprised when he heard the news.
  John은 그 소식을 들었을 때 매우 놀랐다.

B much

much는 very와 달리 <mark>동사를 수식</mark>합니다.

- Mary cares too **much**. Mary는 걱정을 너무 많이 한다.

much는 -ed로 끝나는 과거분사형과 비교급, 최상급도 수식합니다.

- Best friends make life so **much** better. 절친한 친구들은 삶을 더욱 더 좋게 만든다.

✅ **핵심체크**

▌ 다음 중 빈칸에 가장 알맞은 것은?

I've been feeling _____ healthier.

(A) very   (B) much

> 정답 (B) - much는 비교급을 수식하고 very는 형용사 원급을 수식합니다. very healthy, much healthier가 옳은 표현입니다.
> (나는 더욱 더 건강해지는 것을 느낀다.)

2. too / enough

A too (너무)

too는 **부정의 의미를 가지고 있으며 형용사와 부사 앞**에 위치합니다.

▶ The present office is **too** small. 지금 사무실은 너무 작다. (너무 작아서 나쁘다는 의미)

B enough (충분히)

enough는 **긍정의 의미를 가지고 있으며 형용사나 부사 뒤**에 위치합니다.

▶ Be brave **enough** to live creatively. 창의적으로 살 만큼 충분히 용감하시오. (형용사 수식)
▶ John is not tall **enough** to play basketball.
John은 농구를 할 정도로 키가 크지 않다. (형용사 수식)
▶ I couldn't run fast **enough** to catch up with her.
나는 그녀를 따라잡을 만큼 충분히 빠르게 달릴 수 없었다. (부사 수식)

cf. 형용사로 쓰인 enough는 명사 앞에 위치합니다.

▶ Have you got **enough** money? 너는 충분한 돈이 있니?
▶ There's **enough** food for everyone. 모두를 위한 충분한 음식이 있다.

TIP 전치사가 필요 없는 부사들

■ home, downtown, abroad, overseas, downstairs, upstairs, indoors는 모두 부사들이어서 그 앞에 전치사가 필요 없습니다.

| go home (O) / go to home (X) | go downtown (O) / go to downtown (X) |
| go abroad (O) / go to abroad (X) | go overseas (O) / go to overseas (X) |
| go indoors (O) / go to indoors (X) |
| go upstairs[downstairs] (O) / go to upstairs[downstairs] (X) |

✅ 핵심체크

■ 다음 중 빈칸에 가장 알맞은 것은?

Our present house is _____.

(A) enough big   (B) big enough

정답 (B) - enough는 형용사나 부사 뒤에 위치합니다.
(우리의 현재 집은 충분히 크다.)

3. 시간을 나타내는 부사들

A already (이미)

already는 긍정문에 쓰이며 이미 한 일을 묘사하는 경우가 많아서 「have + p.p.」 또는 현재 시제와 잘 어울립니다.

- ▶ The agreement has **already** been signed.   그 합의가 이미 체결되었다.
- ▶ Amy has suffered a great deal **already**.   Amy는 이미 많이 고생했다.

B yet (아직)

yet은 부정문이나 의문문에 쓰이며 보통 문장 끝에 옵니다.

- ▶ A: Have you signed the contract **yet**?   그 계약서에 이젠 서명했니?
  B: Yes, but I haven't sent it back **yet**.   그래, 그런데 아직 돌려보내진 않았어.

have yet to + 동사원형: 아직 ~하지 못하다

- ▶ We **have yet to receive** your transcript.
  = We haven't received your transcript **yet**.
  우리는 아직 당신의 성적 증명서를 받지 못했다.

C still (여전히)

still은 현재부터 지금까지(up to this time) 또는 과거 어느 시점까지(up to that time) 여전히 계속되는 것을 의미합니다.

- ▶ A man isn't poor if he can **still** laugh.
  사람이 여전히 웃을 수 있다면 가난한 것이 아니다.
- ▶ That matter is **still** under discussion.   그 문제는 여전히 토론 중이다.
  (지금까지 up to this time)
- ▶ I did everything right, but it **still** wasn't enough.
  나는 모든 일을 올바로 했다. 그러나 여전히 충분하지 않았다.
- ▶ Last week I was **still** trying to find a suitable gardener.
  지난주까지 여전히 나는 적합한 정원사를 찾으려 하고 있었다. (과거 어느 시점까지 up to that time)

D again (다시)

again은 보통 문장 끝부분에 옵니다.

▶ Try **again**. Fail **again**. Fail better.   다시 시도하라, 다시 실패하라, 더 잘 실패하라.

E since (이래로)

since는 주로 접속사, 전치사로 사용되는 단어이지만 부사로도 사용되는 변화무쌍한 단어입니다.

▶ Emma went to work in Tokyo a year ago, and we haven't seen her **since**.
  Emma는 1년 전에 도쿄에 일하러 갔다. 그때 이래로 우리는 그녀를 보지 못했다.
  cf. I have been studying English **since** I entered elementary school.
  나는 초등학교에 들어간 이래 계속 영어를 공부해 오고 있다. (접속사)
  cf. I have been studying English **since** 2010.
  나는 2010년부터 영어를 공부해 오고 있다. (전치사)

F ago, before (전에)

단순 과거에는 ago를 쓰고 현재완료형(have + p.p.)이나 과거 시점에서 더 과거를 이야기할 때(had + p.p.)는 before를 씁니다.

▶ I met her in Busan two months **ago**.   나는 그녀를 두 달 전에 부산에서 만났다.
▶ Haven't we met **before**?   우리 전에 만난 적 있지 않아요?

✅ 핵심체크

I 다음 중 빈칸에 가장 알맞은 것은?

She graduated four years ago and has _____ married.

(A) ago   (B) since

> 정답 (B) – since는 '그때 이래로'의 의미로 동사 사이에 위치합니다.
> (그녀는 4년 전에 졸업했고 그 이래로 결혼해서 살고 있다.)

4. 섬세한 차이를 보이는 부사들

🅐 very와 so

》 very

very는 일반적으로 처음 정보를 전달할 때 사용합니다.

- ▶ You are **very** late again.   당신은 또 매우 늦었군요.
  (처음 정보를 주면서 상대방에게 늦은 것을 인식시킴)
- ▶ It was **very** hot in Sydney.   시드니는 너무 더웠다. (처음 정보를 주면서 하는 말)

》 so

so는 이미 알려진 정보를 이야기할 때 사용합니다.

- ▶ I am sorry. I am **so** late.   미안합니다. 너무 늦었어요. (이미 알려진 사실)
- ▶ I didn't think it was **so** hot.   나는 이렇게 더울 거라 생각하지 못했다. (이미 알려진 정보)

🅑 so do I와 so I do

》 so + 동사 + 주어

「so + 동사 + 주어」는 주어 역시 그렇다는 also의 의미입니다. '소동이 일어나면 옳소'와 같은 식으로 암기하세요.

- ▶ A: I just saw a bumper sticker that said: "Don't Touch Me."
  '나를 건드리지 마'라는 범퍼스티커를 봤어.
  B: **So did I**.   나도 봤어.
- ▶ A: I have lost her address.   나는 그녀의 주소를 잃어버렸어.
  B: **So have I**.   나도 그래.

》 so + 주어 + 동사

「so + 주어 + 동사」는 정말 그렇다는 yes의 의미입니다. '소주 먹을래, yes'로 암기해 보세요.

- ▶ A: It is raining heavily.   비가 정말 많이 온다.
  B: **So it is**.   정말 그렇네.

C so와 such

» so

so는 형용사나 부사를 앞에서 수식하는 부사입니다.

- I like Jay and Sue. They are **so** nice.   나는 Jay와 Sue가 좋다. 그들은 매우 멋지다.
- This book was **so** interesting that I couldn't put it down.
  이 책은 너무 재미있어서 내려놓을 수가 없었다.

「so + many/much/few/little + 명사」 구문은 별도로 기억해야 합니다.

- There are **so many** possibilities in every new day.
  새로운 매일 매일 너무나도 많은 가능성들이 있다.
- You have eaten **so much** meat.   너는 고기를 너무 많이 먹었다.
- **So many** gemstones, **so little** time!   보석은 너무 많고 시간은 너무 적다.

» such

such 뒤에는 명사가 옵니다. such 다음에 단어 나열 순서는 「such + a/an + 형용사 + 명사」입니다.

- No **such** agreement was made.   어떤 그런 합의도 되어지지 않았다.
- You are so lucky to have **such** a lovely mom.
  당신은 그렇게 사랑스러운 어머니가 계시니 행운아다.
- This was **such** an interesting book that I couldn't put it down.
  이 책은 너무 재미있어서 내려놓을 수가 없었다.

✅ 핵심체크

I 다음 중 빈칸에 가장 알맞은 것은?

I didn't know she had _____ many children.

(A) so   (B) such

> 정답 (A) – many, much, few, little 앞에는 so가 옵니다.
> (나는 그녀가 아이가 그렇게 많은 줄 몰랐다.)

확인 문제

1~4 다음 중 빈칸에 가장 올바른 것은?

1. Sue _____ folded the letter.

   (A) careful   (B) carefully

2. Go big or go _____.

   (A) to home   (B) home

3. Be _____ to be your true self.

   (A) brave enough   (B) enough brave

4. The president has _____ to make a formal announcement.

   (A) not   (B) yet

5~6 다음 문장을 해석하시오.

5. A: I'm hungry. B: So am I.

6. A: You're Korean, right?

   B: So I am.

7~8 다음 중 빈칸에 가장 올바른 것은?

7. I _____ recommend getting your career established first and then having children. 토익 유형

   (A) recently
   (B) high
   (C) very
   (D) highly

8. The Japanese were producing _____ 100 million tons of steel then. 토익 유형

   (A) along
   (B) from
   (C) over
   (D) throughout

정답

1. (B) 2. (B) 3. (A) 4. (B) 5. A: 나 배고파. B: 나도 배고파.
6. A: 당신 한국인이죠? B: 네. 7. (D) 8. (C)

해설

1. 주어-부사-본동사 구문을 잘 익혀 두세요. (해석: Sue는 그 편지를 조심스럽게 접었다.)

2. home은 여기서 부사로 '집으로'라는 의미입니다. 이와 마찬가지로 go downtown(시내에 가다), go abroad/overseas(해외로 가다)도 「go + 부사」 구문입니다. (해석: 과감하게 하라. 아니면 집에 가라. 즉, 과감하게 하든지 아니면 하지 말라는 의미)

3. enough는 형용사나 부사 뒤, 명사 앞에 위치합니다. (해석: 진정한 자기가 될 만큼 충분히 용감하십시오.)

4. 「have yet to + 동사원형」은 '아직 ~하지 못하다'의 의미입니다. has not to는 단어의 순서도 틀립니다. 「does not have to + 동사원형」 형태가 있지만 그렇다하더라도 의미상 이상합니다. (해석: 그 회장은 정식 발표를 아직 하지 않았다.)

5. 「so + 동사」가 나오면 '또한'의 의미입니다. 소동(so + 동사) = 올소(also)!

6. 「so + 주어」는 yes/that's right의 의미입니다. 소주(so + 주어) = yes!

7. '강력히 추천하다'는 highly recommend입니다! highly는 '매우', high는 '높은/높게'의 의미입니다. (해석: 우선 직장이 자리 잡히고 나서 아이를 낳으시는 것을 강력히 권합니다.)

8. 숫자를 수식하는 단어 over는 토익에서는 문제가 너무너무 많이 출제되어 이 문제 유형을 정리해 드립니다. over/approximately(대략)/nearly(거의)/almost(거의)/about(약)/roughly(대략)/more than(~이상)/less than(~이하)등이 숫자를 수식하는 정답들로 출제된 바 있습니다. (해석: 그 당시 일본은 1억 톤 이상의 강철을 생산하고 있었다.)

Chapter 6
비교급과 최상급

비교급은 둘을 비교할 때, 최상급을 셋 이상을 비교할 때 사용하는 형식입니다. 기본적인 비교급과 최상급은 짧은 단어는 단어 끝에 -er, -est를 붙이고 긴 단어는 그 단어 앞에 more, the most를 붙여 만듭니다. 그런데 -or로 끝나는 prior(이전에), superior(뛰어난) 등의 단어는 그 뒤에 than 대신 전치사 to를 씁니다. 본 챕터에서 기본 비교급뿐 아니라 다양한 비교급의 형태도 정리해 보죠.

01 비교급과 최상급의 형태

1. 규칙 변화

Ⓐ -er / -est

비교급은 형용사, 부사 원형에 -er을 붙여 만들고 최상급은 -est를 붙여 만듭니다. 아래 표의 음절 단위는 모음이 한 번 발음되는 것이 기준입니다.

형용사 / 부사의 형태		원급 - 비교급 - 최상급
1음절의 짧은 단어	-er/-est를 붙임	young - younger - youngest
-e로 끝나는 단어	-r/-st만 붙임	large - larger - largest
단모음 + 단자음의 단어	자음을 하나 더 붙이고 -er/-est를 붙임	big - bigger - biggest
자음 + y로 끝나는 단어	y를 i로 고치고 -er/-est를 붙임	easy - easier - easiest

》 원급

▶ Don't wait too **long**. You might miss your chance.
너무 오래 기다리지 말라. 기회를 놓칠 수 있다.

▶ Do what is right, not what is **easy**.   옳은 일을 해라. 쉬운 일을 하지 말고.

》 비교급

▶ The **longer** we dwell on our misfortunes, the **greater** is their power to harm us.
우리가 불행에 대해 오래 생각할수록 그 불행이 우리에게 끼치는 해는 크다.

▶ It is **easier** to prevent bad habits than to break them.
나쁜 습관을 깨뜨리는 것보다 예방하는 것이 더 쉽다.

▶ Take risks. If you win, you will be happy. If you lose, you will be **wiser**.
모험을 하라. 이기면 행복할 것이다. 지면 더 현명해진다.

》 최상급

▶ People with many interests live, not only **longest**, but **happiest**.
많은 관심사를 가진 사람들이 가장 오래 살뿐 아니라 가장 행복하게 산다.

▶ The **easiest** way of making money is to stop losing it.
돈을 버는 가장 쉬운 방법은 돈을 잃는 것을 그만 두는 것이다.

ⓑ more + 원급 / the most + 원급

2음절 단어와 더 긴 형용사들은 비교급의 경우 more를 그 앞에 붙이고 최상급의 경우 the most를 그 앞에 붙입니다.

》 원급

▶ Be simple and **reliable**. 단순하고 믿을 만한 사람이 되라.

》 비교급

▶ I need a **more reliable** source. 나는 좀 더 믿을 만한 정보가 필요하다.

》 최상급

▶ **The most reliable** way to predict the future is to create it.
미래를 예측하는 가장 믿을 만한 방법은 그것을 창조하는 것이다.

TIP 최상급의 기본 두 가지

■ 형용사의 최상급 앞에는 the를 붙이지만 부사의 최상급은 대부분 the를 생략합니다.

| Jane is the most successful businesswoman in America.
    Jane은 미국에서 가장 성공한 사업가이다. (형용사)
| John talks most loudly of all the students.
    John은 모든 학생들 가운데 가장 큰 소리로 말한다. (부사)

■ 최상급은 「in + 장소」, 「of + 기간」과 잘 어울려 씁니다.

| The Great Wall is the longest wall in the world. 만리장성은 세계에서 제일 긴 벽이다.
| Today is the happiest day of my life. 오늘이 내 생에 가장 행복한 날이다.

✅ 핵심체크

Ⅰ 다음 중 빈칸에 가장 알맞은 것은?

_____ important thing in the world is family and love.

(A) More　　　　(B) The most

정답 (B) - important의 최상급은 그 앞에 the most를 넣어 만듭니다.
(세상에서 가장 중요한 것은 가족과 사랑이다.)

2. 불규칙 변화

원급	비교급	최상급
good 〔형〕 좋은 well 〔부〕 잘, 〔형〕 건강한	better	best
many 〔형〕 많은 (가산명사에 사용) much 〔형〕 많은 (불가산명사에 사용)	more	most
little 〔형〕, 〔부〕 약간(의) (불가산명사에 사용)	less	least
late 〔형〕, 〔부〕 늦은, 늦게	later (시간) 더 늦은 latter (순서) 더 나중에	latest last
far 〔형〕, 〔부〕 먼, 멀리	farther (거리) 더 먼 further (정도) 더 멀리, 더 깊이	farthest furthest

Ⓐ good - better - best

▶ So far, so **good**. 지금까지는 아주 좋다.
▶ Crying is not the solution but crying makes you feel **better**.
우는 것이 해결책은 아니지만 당신의 기분을 나아지게 한다.
▶ Success is the **best** revenge. 성공이 가장 좋은 복수다.

Ⓑ farther / further

둘 다 '(거리가) 더 먼'의 의미로 같이 쓰입니다.

▶ The **farther** backward you can look, the **farther** forward you can see.
(Winston Churchill) 과거를 멀리 돌아볼수록 먼 미래를 볼 수 있다.
▶ The **more** you dream, the **further** you get. (Michael Phelps)
더 많이 꿈꿀수록 더 멀리 도달할 수 있다.

그러나 명사를 그 앞에서 수식하는 경우에는 further를 쓰며 '추가로(extra, additional)' 또는 '더 높은 수준의(a higher level)'라는 의미를 나타냅니다. 또한 further는 more의 의미를 나타내기도 합니다.

▸ For **further** information, please call me at 02-556-0582.
　더 정보를 알고 싶으시면 02-556-0582로 연락주세요.
▸ This requires **further** study.　이것은 심화 학습을 필요로 한다.
▸ I do not want to discuss it any **further**.(any further = any more)
　나는 더 이상 그것에 대해 토론하고 싶지 않다. (이 자리에 farther를 쓰지 않음)

ⓒ farthest / furthest

farthest와 furthest는 거리를 나타낼 때 모두 쓸 수 있고 의미상 큰 차이가 없습니다. furthest를 더 흔하게 자주 씁니다.

▸ Men, like bullets, go **farthest** when they are smoothest. (Jean Paul)
　사람은, 마치 총알처럼 가장 부드러울 때 가장 멀리 간다.
▸ Humble voices always carry the **furthest**.　겸손한 목소리가 가장 멀리까지 간다.

ⓓ older(oldest) / elder(eldest)

older, oldest는 사람이나 사물에 대해 모두 사용됩니다.

▸ The city hall is the **oldest** building in the whole region.
　시청은 이 전체 지역에서 가장 오래된 건물이다.

elder, eldest는 가족 관계에 대해 말할 때 쓰며 명사를 그 앞에서 꾸며 줍니다.
my elder sister/brother/daughter/son 등 (He is my elder.는 쓰지 않습니다.)

▸ My **eldest**/**oldest** son is 17 years old.　우리집 첫째 아이는 17살이다.
▸ Are you the **eldest**/**oldest** in your family?　너는 가족 중에 첫째니?

✅ 핵심체크

▌다음 중 빈칸에 가장 알맞은 것은?

Pluto is the _____ planet from the sun.

(A) far　　　　　　　(B) furthest

> **정답** (B) - 거리가 먼 것도 farthest보다 furthest를 더 많이 사용합니다.
> (명왕성은 태양에서 가장 먼 행성이다.)

3. 비교급과 최상급 강조

Ⓐ 비교급 강조

even, much, still, far, a lot, any, slightly(약간), a little bit, significantly(상당히), substantially(상당히)와 같은 단어들은 비교급을 수식하는 부사로 시험에 자주 출제됩니다.

- ▶ Nobody knows what will happen in the future. Something **even** better might happen tomorrow.
  아무도 미래에 어떤 일이 벌어질지 모른다. 심지어 더 좋은 어떤 것이 내일 벌어질지도 모른다.
- ▶ **Still** more snow fell overnight.   더 많은 눈이 밤새 내렸다.
- ▶ This car is **far** better than our old one.   이 차가 우리 오래된 차보다 훨씬 더 좋다.
- ▶ The world needs **a lot** more people.   세상은 훨씬 더 많은 사람들을 필요로 한다.
- ▶ This day couldn't get **any** better.   오늘이 이보다 더 좋을 수는 없다.
- ▶ I actually feel **slightly** better.   나는 사실 조금 더 기분이 좋다.
- ▶ Get **a little bit** better every day and **significantly** better every year.
  매일 조금씩 좋아지세요. 그래서 매년 훨씬 더 좋아지세요.
- ▶ I'm a **substantially** better player than I was two years ago.
  나는 2년 전보다 훨씬 더 훌륭한 선수이다.

Ⓑ 최상급의 강조

최상급의 강조는 「by far + the 최상급」, 「the very + 최상급」, 「the 최상급 + ever」의 형태로 씁니다.

- ▶ Thank you, Jay. This is **by far the best** present I've ever received.
  Jay 고마워. 이건 내가 지금까지 받은 것 중에서 단연 최고의 선물이야.
- ▶ Why worry? If you've done **the very best** you can, worrying won't make it any better.(Walt Disney)
  왜 걱정하세요? 당신이 최선을 다했다면 걱정한다고 해서 결코 더 좋아지지 않습니다.
- ▶ Being contented is **the best** feeling **ever**.   만족하는 것이 진정 최고의 감정이다.

✅ **핵심체크** ··

다음 중 빈칸에 가장 알맞은 것은?

Best friends make life so _____ better.

(A) very   (B) much

정답 (B) - much는 비교급을 수식합니다.
(좋은 친구들은 삶을 훨씬 더 좋게 만든다.)

02 비교급의 여러 종류들

1. 원급 비교

Ⓐ as ~ as ... (...만큼 ~한)

▶ Jay is **as tall as** Jordan.　Jay는 Jordan만큼 키가 크다.

Ⓑ two/three times as ~ as ... (...보다 두/세 배 ~한)

▶ Twice **as expensive**, **three times as** good.　두 배 비싸고 세 배로 좋다.
▶ My phone bill is **twice as big as** it usually is.　내 전화 요금이 평상시의 두 배가 나왔다.
▶ That's more than **15 times as many as** there was just 10 years ago.
그것은 불과 10년 전의 15배가 넘을 정도로 많은 것이다.

Ⓒ as soon as possible (가능한 한 빨리), as best as one can (할 수 있는 한 최선을 다해)

▶ I'll be back **as soon as possible**.　가능한 한 빨리 돌아오겠다.
▶ Do your part **as best as you can**.　당신 역할에 할 수 있는 한 최선을 다하시오.
▶ It is very important to generate a good attitude **as much as possible**.
(Dalai Lama) 가능한 한 좋은 태도를 만드는 것이 매우 중요하다.

☑ **핵심체크** ··

❚ 다음 중 빈칸에 가장 알맞은 것은?

You'll get paid twice as _____ now.

(A) much　　　　(B) more

정답 (A) - as와 as 사이에는 비교급이 같이 올 수 없고 원급이 와야 합니다.
(당신은 지금보다 두 배 더 봉급을 받을 것이다.)

2. 비교급

A -er ~ than ... (...보다 더 ~한)

> ▶ Jay is **taller than** Sue.　Jay는 Sue보다 키가 크다.
> ▶ She is **more beautiful than** every rose.　그녀는 모든 장미보다 더 아름답다.

B less ~ than ... (...보다 덜 ~한)

> ▶ Steel is often **less expensive than** wood.　종종 철이 나무보다 덜 비싸다.

C the 비교급, the 비교급 (~할수록 더 ~한)

> ▶ **The more** we talk about it, **the better** we can understand it.
>   그것에 대해 더 많이 얘기할수록 우리는 그것에 대해 더 잘 이해할 수 있다.
> ▶ **The harder** the pain and the challenge, **the better**.　고통과 도전이 클수록 더 좋다.

D 반복 강조 비교급 (더욱더 ~한)

> ▶ Your English is getting **better and better**.　당신의 영어는 갈수록 좋아지고 있다.
> ▶ It's getting **warmer and warmer** these days.　요즘 날씨가 갈수록 따뜻해지고 있다.

E the 비교급 + of the two [A and B]

> ▶ Sue is **the taller** of the two.　Sue가 둘 중에 더 크다.
> ▶ You made **the better** of two choices.　당신은 두 개의 선택 중에 더 나은 선택을 했다.

✅ 핵심체크

Ⅰ 다음 중 빈칸에 가장 알맞은 것은?

The more a man knows, _____ he forgives.

(A) more　　　　　(B) the more

정답 (B) - the more, the more 비교급입니다.
(사람은 알면 알수록 더 용서를 잘한다.)

3. 라틴어 비교

단어 끝부분이 -or인 형용사의 비교급은 than 대신에 to를 사용하며, 이때 to는 「전치사 to + 목적격」으로 씁니다.
superior(뛰어난), inferior(열등한), senior(나이가 많은), junior(나이가 어린), major(주요한), minor(적은), prior(앞선) + 전치사 to + 목적격

▶ No one is **superior to** anyone and no one is **inferior to** anyone. All are equal and must be equally treated.
아무도 누구보다 우월하지 않고 누구보다 열등하지 않다. 모두는 평등하고, 평등하게 대우를 받아야 한다.

TIP 주의해야 할 비교급

■ no more than / no less than: 단지

| Mary has no more than 5 books. 메리는 단지 5권의 책을 가지고 있다.

■ no less than (=as much as): ~만큼, 족히

| You will have to wait no less than two months. 당신은 족히 두 달은 기다려야 할 것이다.

■ know better than to + 동사원형: ~할 만큼 어리석지 않다

| You should know better than to say so. 그런 말을 할 만큼 어리석어서는 안 된다.

■ no longer = not ~ any longer: 더 이상 ~아니다, 이제는 ~아니다

| You are no longer a child. 당신은 이제 아이가 아니다.
| This building is no longer used. 이 건물은 더 이상 사용되지 않고 있다.
| She doesn't work here any longer. 그녀는 더 이상 여기서 일하지 않는다.

✅ 핵심체크

■ 다음 중 빈칸에 가장 알맞은 것은?

Never feel inferior _____ everyone else.

(A) than (B) to

정답 (B) - or로 끝난 단어는 그 뒤에 전치사 to가 옵니다.
(다른 누구보다 열등하다고 느끼지 마라.)

확인 문제

1~4 다음 중 빈칸에 가장 올바른 것은?

1. Because of your smile, you make life _____.

   (A) beautifuler   (B) more beautiful

2. The _____ company in Silicon Valley is Apple.

   (A) most successful
   (B) successfulest

3. The _____ natural, the better.

   (A) more   (B) most

4. Debate is so _____ better than denial.

   (A) very   (B) much

5~6 다음 우리말에 맞게 빈칸에 알맞은 단어를 쓰시오.

5. This cheese is _____ to the other.

   (이 치즈는 다른 것보다 뛰어나다.)

6. I no _____ run barefoot.

   (나는 더 이상 맨발로 달리지 않는다.)

7~8 다음 중 빈칸에 가장 올바른 것은?

7. The museum is closed to the public until _____ notice. [토익 유형]

   (A) later
   (B) further
   (C) late
   (D) last

8. Things have become _____ better for men of colour since I was born. [토익 유형]

   (A) very
   (B) well
   (C) considerably
   (D) not

정답
1. (B)   2. (A)   3. (A)   4. (B)   5. superior   6. longer   7. (B)
8. (C)

해설
1. beautiful은 3음절의 긴 단어입니다. 이런 단어는 more를 써서 비교급을 만듭니다. (해석: 당신의 미소 때문에 당신은 삶을 더욱 아름답게 만든다.)
2. successful은 3음절의 긴 단어입니다. 이런 단어는 the most를 써서 최상급을 만듭니다. (해석: 실리콘밸리에서 가장 성공적인 회사는 애플 사이다.)
3. the more ~, the better ~ 구문입니다. (해석: 더 자연스러울수록 더 좋다.)
4. 비교급을 수식하는 부사는 much입니다. very는 형용사 원급을 수식합니다. even, much, still, far, a lot, any, significantly, considerably, substantially, slightly가 비교급을 수식합니다. 꼭 복습합시다! (해석: 토론이 거부보다 훨씬 낫다.)
5. superior처럼 -or로 끝나는 단어는 그 뒤에 than 대신에 to가 옵니다.
6. no longer는 '더 이상 ~하지 않다'라는 의미입니다. 한 덩어리로 암기합시다.
7. '더 이상의 통보가 있을 때까지'라는 표현은 until further notice입니다. 우리말로는 later가 맞을 것 같지만 이런 문장 쓰지 않습니다. (해석: 그 박물관은 더 이상의 통보가 있을 때까지 일반 대중에게 폐쇄될 것이다.)
8. 비교급 강조 부사는 considerably입니다. 위의 4번을 다시 강조드립니다. (해석: 유색인종 남성들의 상황은 내가 태어난 이래로 상당히 많이 좋아졌다.)

Chapter 7
동사와 문장의 5형식

영어 공부의 50% 이상을 차지하는 **동사는 영문법의 가장 중요한 비중을 차지합니다.** 기본 동사들, 동사의 의미를 보조해 주는 조동사들, to v, -ing, 과거분사 형태의 단어들, 수동태 모두 동사에 속해 있습니다. 문장의 5형식은 우리가 영어를 이해할 때 중요한 기본 뼈대가 됩니다. 5형식의 정리를 비판하는 사람들도 있지만 우리나라와 일본 등 동양인들에게 특히 단어의 순서가 어떻게 다른지를 관찰하고 비교하여 익히는 것은 매우 중요합니다.

01 be동사

영어에서 동사의 형태는 크게 be동사, 일반동사(love, hate, play, listen, go, come, run 등 본동사 역할), 조동사(will, shall, must, may 등 본동사 보조 역할) 이렇게 세 가지로 분류됩니다. be동사 구문을 포함하여 모든 영어의 문장을 5형식으로 정리해 보는 것은 영어의 문장 구성을 이해하는 데 매우 중요합니다. 본서는 기본 be동사를 정리한 다음 be동사를 포함한 영어 문장의 5형식을 순서대로 총정리해 드립니다.

1. be동사의 형태와 변화

	수	주어	be동사	축약형	과거형
사람	단수	나 I	am	I'm	was
		너 You	are	You're	were
		그 He	is	He's	was
		그녀 She	is	She's	
	복수	우리들 We	are	We're	were
		너희들 You		You're	
		그들 They		They're	
사물	단수	그것 It	is	It's	was
	복수	그(것)들 They	are	They're	were

be동사의 현재형은 주어의 인칭과 수에 따라 am, are, is의 형태로 쓰입니다.

▶ I am healthy.   나는 건강하다.
▶ In life you are either a passenger or a pilot.   인생에서 당신은 승객이거나 조종사이다.
▶ When we are asleep, we are all equal.   우리가 잠들어 있을 때 우리는 모두 동등하다.
▶ He is tall and handsome.   그는 키도 크고 잘 생겼다.
▶ She is so lovely when she sleeps.   그녀는 잘 때 매우 사랑스럽다.
▶ It is raining heavily now.   지금 비가 많이 온다.

✅ 핵심체크

∎ 다음 두 문장을 우리말로 해석하시오.
  (1) I think, therefore I am.
  (2) I am here to take care of you.

정답 (1) 나는 생각한다 고로 나는 존재한다. / (2) 나는 당신을 돌보려고 여기 있습니다.

2. be동사의 의미와 용법

Ⓐ be동사의 의미

》 '있다'

be동사는 '있다'라는 의미로 사용하며 이때는 1형식 문장으로 분류합니다.

- I**'m** at school, can you pick me up?   나는 학교에 있어. 나 차 좀 태워 줄래?
- To have or to **be**?   소유냐 존재냐?
- Enjoy every moment you have. Because in life, there **are** no rewinds.
  매 순간을 즐기시오. 왜냐하면 인생에 다시감기가 없기 때문입니다.

》 '이다'

be동사 다음에 형용사나 명사가 오면 be동사는 '(보어)이다'의 의미를 가집니다. 이 때는 문장을 2형식으로 분류합니다.

- I **am** a teacher.   나는 선생이다.
- You **are** very energetic.   당신은 에너지가 넘친다.
- She **is** my sweetheart.   그녀는 나의 애인이다.

Ⓑ be동사의 용법

》 현재진행형: be동사 + ~ing

- I **am studying** English at a university.   나는 대학에서 영어를 공부하고 있다.

》 수동태: be동사 + 과거분사

- My phone **was stolen** yesterday.   어제 전화기를 도둑맞았다.

☑ **핵심체크**

다음 중 빈칸에 가장 알맞은 것은?

We _____ very, very happy for your success.

(A) is   (B) are

정답 (B) - We는 be동사로 are를 씁니다.
(우리는 네 성공에 매우 매우 기쁘다.)

02 일반동사(문장의 형식)

본래 문장을 다섯 가지 형식으로 구분한 원조는 영국의 영어학자 C. T. Onions입니다. 이것을 일본 학자 호소에 이츠키 씨가 1917년에 최초 출간된 영문법 책 〈영문법 범론〉에서 처음으로 일본에 소개했고 우리나라에 자연스럽게 들어왔습니다. 문장을 5형식으로 구분하는 나라는 한국과 일본이 대표적이고 영어 원서 교재도 소수의 책들이 이렇게 구분하고 있습니다. **5형식의 장점은 영어의 여러 문장을 다섯 가지 종류로 단순화시켜 영어 문장의 구성과 단어들의 순서를 익히는 데 기본이 된다는 점입니다.** 언어학자에 따라 문장의 형식은 다양하게 분류가 된다는 점을 기억하시고 5형식을 통해 영어의 모든 문장을 단순화시켜 익힐 수 있다는 장점을 잘 활용해 봅시다!

1. 문장의 1형식

스스로 완전한 문장을 이룬다는 의미에서 1형식 동사를 완전자동사라고 합니다. 「주어 + 동사」만으로도 문장이 이루어지며 appear(나타나다), come(오다), disappear(사라지다), fail(실패하다), go(가다), happen(발생하다), live(살다), occur(발생하다), rise(오르다), graduate(졸업하다), arrive(도착하다) 등의 동사들이 있습니다.

Ⓐ 주어 + 완전자동사

- The train **arrived**.   기차가 도착했다.
- He **died**.   그가 죽었다.

Ⓑ 주어 + 완전자동사 + 수식어

「주어 + 동사」 문장에 추가적으로 수식어가 들어가 문장이 만들어질 수도 있습니다.

- He **died** young.   그는 젊을 때 죽었다.
- The princess **lived** in the castle.   공주는 그 성에 살았다.

Ⓒ There[Here] + 동사 + 주어

There[Here]는 형식적인 주어이기 때문에 따로 해석을 하지 않습니다.

- There **is** a hole in your trousers.   당신의 바지에 구멍이 있다.
  cf. There **are** holes in your trousers.
- Here **comes** the sun.   해가 뜬다.

주어가 대명사인 경우에는 「There[Here] + 주어 + 동사」의 어순으로 씁니다.

▶ Here you are!   여기 있어요.

D 주의해야 할 완전자동사

work(효과가 있다 = be effective), matter(중요하다 = be important), do(충분해서 더 필요 없다 = be enough)는 1형식으로 쓰일 때 의미에 주의해야 합니다.

▶ This medicine **works**.   이 약은 효과가 있다.
▶ This method **works**.   이 방법은 효과가 있다.
▶ Size does **matter**.   크기가 중요하다.
▶ That will **do**.   그거면 충분해.

progress(전진하다), proceed(나아가다), graduate(졸업하다) 등은 그 뒤에 바로 명사 목적어가 나올 것 같지만 목적어를 쓰지 않는 스스로 완전한 1형식 완전자동사들입니다.

▶ As the war **progressed**, more and more countries became involved.
전쟁이 계속 진행되면서 더 많은 나라들이 참전했다.
▶ Preparations for the festival are now **proceeding** smoothly.
축제 준비가 지금 원활하게 진행되고 있다.
▶ After he **graduated** from high school, he joined the army.
고등학교 졸업 후에 그는 군에 입대했다.

✅ 핵심체크

I. 다음 중 빈칸에 가장 알맞은 것은?

There _____ two new buildings next to the school.

(A) is   (B) are

> 정답 (B) - there is 구문은 주어가 그 뒤에 옵니다. 그래서 그 주어가 단수인지 복수인지에 따라 be동사의 수를 일치시킵니다.
> (학교 옆에는 두 개의 새 건물이 있다.)

2. 문장의 2형식

2형식 동사를 불완전자동사라고 부르며, 불완전하기 때문에 뒤에 보어(명사, 형용사)가 필요합니다. 「주어 + 동사 + 명사 또는 형용사」의 어순으로 씁니다. (주어 = 보어)

Ⓐ be동사류(~이다) 불완전자동사

be동사는 2형식의 대표 동사입니다. 또한 상태를 나타내는 동사들 remain(여전히 ~하다), keep(계속 있다), feel(느끼다), seem(보이다, ~인 것 같다) 등도 2형식 동사로 많이 쓰입니다.

- ▶ Acting **is** pleasure.　연기는 즐거움이다.
- ▶ Any job **is** wonderful.　어느 직업이나 굉장하다.
- ▶ I **feel** lucky and happy.　나는 운이 좋고 행복하다고 느낀다.
- ▶ Please **remain** calm.　침착하십시오.

Ⓑ become 동사류(~로 되다) 불완전자동사

상태의 변화를 나타내는 동사로 grow(~하게 되다), turn(변하다), prove(드러나다, 입증되다), run(되다, 변하다), come(되다) 등이 있습니다.

- ▶ Her dream finally **came** true.　그녀의 꿈이 결국 실현되었다.
- ▶ The operation **proved** a complete success.　그 수술은 완전한 성공임이 입증되었다.
- ▶ The rumor **proved** (to be) false.　그 소문이 거짓임이 입증되었다.

> **대균's comment!**
>
> **2형식 동사 + 형용사**
>
> look, seem, appear, sound, smell, feel, taste와 상태의 변화를 나타내는 동사 grow, turn, prove, run, come 등이 2형식으로 쓰일 때는 해석상(~하게) 보어로 부사가 올 것 같지만 형용사가 보어로 온다는 점을 주의하세요!
>
> ▶ He looks happy. (O) 그는 행복하게 보인다. (happily를 쓰면 틀림)
> ▶ That dress looks nice on you. (O) 그 옷은 당신에게 잘 어울린다. (nicely를 쓰면 틀림)

✅ 핵심체크

1 다음 중 빈칸에 알맞은 것은?

She is _____.

(A) wise　　　　(B) wisely

> 정답 (A) - 불완전자동사는 형용사를 보어로 갖습니다. 부사는 2형식 동사의 보어가 될 수 없습니다.
> (그녀는 현명하다.)

3. 문장의 3형식

3형식 동사는 뒤에 목적어가 필요한 완전타동사입니다. 3형식은 「주어 + 동사 + 목적어」의 어순으로 이루어집니다. 2형식과의 가장 큰 차이는, 2형식은 '주어 = 동사 뒤에 나오는 명사 또는 형용사'이지만 3형식은 '동사 뒤의 단어 = 주어' 관계가 아니라는 점입니다.

Ⓐ 다양한 형태의 목적어

3형식 동사는 뒤에 목적어로 명사, 대명사, 동명사, to 부정사 등을 씁니다.

- **Stop** shouting and let's **discuss** this reasonably.
  소리 그만 지르고 이 문제를 이성적으로 논의하자.
- You must **check** your e-mail right now.   이메일을 지금 즉시 확인해라.
- **Enjoy** your life. Be happy – it's all that matters. (Audrey Hepburn)
  인생을 즐기시고 행복하세요! 그것이 중요한 전부입니다.
- I just **want** to be good enough.   나는 그저 충분히 착하기를 원합니다.

Ⓑ 주의해야 할 3형식 동사들

우리말로는 뒤에 전치사가 나올 것 같지만 전치사를 쓰면 안되는 3형식 동사들을 주의해야 합니다.
answer(~에 대답하다), approach(~로 다가가다), marry(~와 결혼하다), attend(~에 출석하다), resemble(~와 닮다), enter(~에 들어가다), discuss(~을 토론하다), reach(~에 도착하다) 등

- Don't **marry** the person you want to live with. **Marry** the one you cannot live without.
  함께 살고 싶은 사람과 결혼하지 마시오. 없이는 못 사는 사람과 결혼하시오.
- I didn't **attend** the funeral.   나는 그 장례식에 참석하지 않았다.
- Without dreams, we **reach** nothing.   꿈이 없으면 우리는 어디에도 도달하지 못한다.

✅ **핵심체크**

┃ 다음 중 빈칸에 가장 알맞은 것은?

I _____ the room.

(A) entered   (B) entered to

> 정답 (A) – enter는 뒤에 전치사가 나올 것 같지만 3형식 동사로 전치사를 쓰지 않습니다.
> (나는 그 방에 들어갔다.)

4. 문장의 4형식

4형식 동사를 수여동사라고 합니다. 수여동사는 '상장을 수여한다'의 그 '수여'와 같은 의미로 give, grant, offer, award와 같은 동사들이 있습니다. 이 동사는 「주어 + 동사 + 명사(간접목적어) + 명사(직접목적어)」의 형태로 많이 쓰입니다. (명사 ≠ 명사)

Ⓐ 4형식 문장의 구조

▸ They **gave** her a grant to study abroad for one year. (her ≠ a grant)
그들은 그녀에게 1년 동안 해외에서 공부하게 보조금을 주었다.

▸ The university **has awarded** her a $500 travel grant.
(her ≠ a $500 travel grant) 그 대학은 그녀에게 500달러의 여행 지원금을 상으로 줬다.

▸ I'll **buy** my brother a new English grammar book.
(my brother ≠ a new English grammar book)
나는 동생에게 새 영문법 책을 사 줄 것이다.

Ⓑ 4형식 문장의 3형식 전환

동사 뒤에 나오는 두 개의 목적어는(간접목적어와 직접목적어) 순서를 바꿔 쓸 수도 있습니다. 이때는 간접목적어 앞에 전치사를 써야 합니다.

》 간접목적어 앞에 to를 쓰는 동사: give, send, tell, show, bring, offer, sell 등

▸ I'll **send** her a letter next week.
= I'll **send** a letter **to** her next week.   나는 다음 주에 그녀에게 편지를 보낼 것이다.

▸ I **sold** him my car for $6,000.
= I **sold** my car **to** him for $6,000.   나는 그에게 내 차를 6천 불에 팔았다.

▸ Having my car stolen really **taught** me a lesson.
= Having my car stolen really **taught** a lesson **to** me.
차를 도둑맞은 것이 나에게 진정 교훈을 주었다.

» 간접목적어 앞에 for를 쓰는 동사: get, find, buy, make, cook 등

암기법: get find buy make cook
　　　　계피를　사서　만들어 요리한다

▶ Can I **get** you a drink? = Can I **get** a drink **for** you?　마실 것 좀 가져다줄까?

▶ He **has found** himself a place to live.
　= He **has found** a place to live **for** himself.　그는 스스로 살 집을 찾았다.

▶ He **made** us some coffee. = He **made** some coffee **for** us.
　그는 우리를 위해 커피를 좀 만들어 줬다.

» 간접목적어 앞에 of를 쓰는 동사: ask

▶ Can I **ask** you a question? = Can I **ask** a question **of** you?
　제가 질문 하나 해도 될까요?

대균's comment! 간접목적어와 직접목적어 자리를 바꿀 수 없는 동사

cost, envy, save와 같은 동사는 두 개의 직접목적어를 취하기 때문에 위의 문장들처럼 간접목적어와 직접목적어의 자리를 바꾸는 것이 불가능합니다.

▶ The trip will cost you $1,000. 그 여행은 당신에게 1,000달러의 비용이 들게 할 것이다.
▶ Save me a place at your table, OK? 테이블에 내 자리 하나 마련해 둬, 알겠지?

✅ 핵심체크

┃ 다음 중 빈칸에 들어갈 수 <u>없는</u> 것은?

They never _____ me a chance.

(A) gave　　　　　(B) granted　　　　　(C) offered　　　　　(D) discussed

> 정답 (D) - gave, granted, offered 뒤에는 명사 목적어 두 개가 올 수 있지만 discussed는 목적어가 한 개만 올 수 있습니다.

Chapter 7 동사와 문장의 5형식

5. 문장의 5형식

「주어 + 동사 + 목적어」로는 문장이 완전하지 않아서 그 뒤에 보어를 추가해야 하는 5형식 동사를 불완전타동사라고 합니다. 「주어 + 동사 + 목적어 + 보어」의 형태로 쓰며 '목적어 = 보어'로 볼 수 있습니다. 5형식 문장에서는 보어로 명사, 형용사, (to) + 동사원형 등이 쓰입니다.

Ⓐ 목적보어 자리에 명사가 필요한 5형식 동사

appoint(임명하다), call(부르다), consider(여기다, 생각하다), declare(선언하다), elect(선출하다), make(만들다)

▶ The board of directors **appointed** Mr. Kim vice president.
  이사회는 김 씨를 부사장으로 임명했다.

Ⓑ 목적보어 자리에 형용사가 필요한 5형식 동사

drive(몰아가다), get(사다), find(발견하다), keep(유지하다), make(시키다), deem(여기다)

▶ Loud music **drives** me crazy. 시끄러운 음악이 나를 미치게 한다. (me = crazy)
▶ I **got** some shoes cheap in the sale. 나는 그 세일에서 몇몇 신발들을 싸게 샀다. (shoes = cheap)
▶ I **found** the rumor true. 나는 그 소문이 사실임을 발견했다. (the rumor = true)
▶ He **kept** me waiting for 30 minutes. 그는 나를 30분 동안 기다리게 했다. (me = waiting 내가 기다린다)
▶ This medicine can **make** you feel sleepy. 이 약은 졸음을 유발할 수 있다. (you = feel sleepy 내가 졸립다)
▶ I **deem** it right. 나는 그것이 옳다고 여긴다. (it = right 그것이 옳다)

Ⓒ 목적보어 자리에 동사원형이 필요한 5형식 동사

see(보다), hear(듣다), feel(느끼다), watch(주의 깊게 보다), make(시키다), have(시키다), let(허용하다)

▶ I **saw** him **repair** the roof. 나는 그가 지붕을 수리하는 것을 보았다.
▶ **Let** me **introduce** myself. 저를 소개합니다.
▶ You **make** me **smile** like the sun. 당신은 나를 해처럼 웃게 한다.
▶ I will **have** someone **clean** my house. 누군가에게 집을 청소시킬 것이다.

have는 「have + 목적어 + 과거분사형」도 많이 사용됩니다.

▶ The volleyball player **had** her hair **cut** short.   그 배구 선수는 머리를 짧게 잘랐다.

Ⓓ 목적보어 자리에 「to + 동사원형」이 필요한 5형식 동사

enable(할 수 있게 하다), encourage(권장하다), persuade(설득하다), urge(촉구하다), force(강요하다), get(시키다), want(원하다), expect(기대하다), ask(요구하다), allow(허용하다)

▶ This money **enabled** me **to buy** a new car.   이 돈이 내가 그 새 차를 살 수 있게 했다.
▶ My parents **encouraged** me **to try** again.   내 부모님은 나에게 다시 할 용기를 주셨다.
▶ We managed to **persuade** her **to come** with us.
   우리는 그녀가 우리와 함께 오도록 설득해냈다.

help + 목적어 + (to) 동사원형

help는 그 뒤에 동사원형도 올 수 있고 「to + 동사원형」도 올 수 있습니다.
▶ The loan helped him (to) start his own business. 대출받은 것이 그가 창업하는 데 도움을 줬다.

» 동사에서 패턴이 중요한 이유!

동사 패턴을 모르고 의미만 알아서는 영어 문장을 정확히 쓸 수 없습니다. 예를 들어, hope나 want 모두 '원하다, 희망하다'의 뜻이지만 패턴이 같은 경우도 있고 다른 경우도 있습니다. 의미와 함께 패턴도 외우는 연습을 합시다.

패턴1) They hope to visit us next year. (O) 그들은 우리를 내년에 방문하고 싶어 한다.
   They want to visit us next year. (O)

패턴2) Do you want me to take you to the airport? (O) 내가 당신을 공항까지 데려가기를 원하세요?
   Do you hope me to take you to the airport? (X)

패턴3) She's hoping (that) she won't be away too long. (O) 그녀는 너무 오래 부재중이지 않길 바란다.
   She's wanting (that) she won't be away too long. (X)

✅ 핵심체크

다음 중 빈칸에 가장 알맞은 것은?

She saw me _____ the plants in the garden.

(A) water   (B) to water

정답 (A) - see는 목적 보어로 to + 동사원형을 쓸 수 없습니다.
(그녀는 내가 정원에서 식물에 물을 주는 것을 보았다.)

확인 문제

1~4 다음 중 빈칸에 가장 올바른 것은?

1. What time will your train _____?

   (A) arrive   (B) reach

2. You look _____.

   (A) happy   (B) happily

3. Without dreams, we _____ nothing.

   (A) arrive   (B) reach

4. You _____ me feel happy.

   (A) make   (B) give

5~6 다음 빈칸에 알맞은 단어를 쓰시오.

5. He _____ it wise to go slow.

   (그는 천천히 하는 것이 현명하다고 여겼다.)

6. I want to send a card _____ them.

   (나는 그들에게 카드를 보내고 싶다.)

7~8 다음 중 빈칸에 가장 올바른 것은?

7. My parents _____ me to go back to college. 토익 유형

   (A) attended
   (B) gave
   (C) encouraged
   (D) come

8. A positive attitude can really _____ dreams come true. 토익 유형

   (A) cause
   (B) urge
   (C) force
   (D) make

정답

1. (A) 2. (A) 3. (B) 4. (A) 5. deemed 6. to 7. (C) 8. (D)

해설

1. arrive는 자동사로 그 뒤에 목적어가 필요없습니다. reach는 타동사로 그 뒤에 목적어가 필요합니다. (해석: 몇 시에 당신 기차가 도착할까요?)

2. look, seem, taste, sound, smell 등이 오면 그 뒤에 대부분 형용사 보어가 옵니다. 부사는 보어가 될 수 없습니다. (해석: 당신은 행복해 보인다.)

3. reach는 그 뒤에 명사 목적어가 바로 올 수 있고, arrive는 보통 arrive at, arrive in의 형태로 씁니다. (해석: 꿈이 없이는 우리는 아무 데도 도달할 수 없다.)

4. make는 「make + 목적어 + 목적보어」 형태로 사용될 수 있습니다. give는 4형식 동사로 빈칸에 넣으면 의미도 형태도 맞지 않습니다. (해석: 당신은 나를 행복하게 느끼게 해 준다.)

5. deem은 I deem it right.처럼 5형식 문장에 많이 쓰입니다.

6. send는 give, tell, show, bring, offer, sell처럼 4형식을 3형식으로 바꿀 때 전치사가 to입니다.

7. 「encourage + 목적어 + to + 동사원형」 구문을 기억합시다. 「enable, encourage, persuade, cause, inspire, urge, force + 목적어 + to + 동사원형」 (해석: 내 부모님은 내가 다시 대학에 가도록 용기를 주셨다.)

8. make는 사역동사로 「make + 목적어 + 동사원형」 구문으로 쓰입니다. cf. 「cause, urge, force + 목적어 + to + 동사원형」 (해석: 긍정적인 태도가 진정 꿈이 실현되게 할 수 있다.)

Chapter 8
시제

영어의 기본 12가지 시제 중에 어떤 시제가 중요한지를 중심으로 다루어 드립니다. 잘 쓰이지 않는 시제는 간단하게 정리해 넘어가고 비중 있는 시제를 집중해서 설명해 드립니다. 훌륭한 영어 원서들을 참고하면서 정리했기 때문에 여러분이 처음 보시는 참신한 설명들도 있으니 재미있게 공부해 주세요!

01 시제의 12가지 형태

영어의 시제는 기본 시제인 (1) **현재**, (2) **과거**, (3) **미래**, 진행 시제인 (4) **현재진행**, (5) **과거진행**, (6) **미래진행**, 완료 시제인 (7) **현재완료**, (8) **과거완료**, (9) **미래완료**, 그리고 완료형과 진행형을 합친 (10) **현재완료진행**, (11) **과거완료진행**, (12) **미래완료진행**, 이렇게 총 12가지 입니다. 이 중에서 과거완료진행, 미래완료진행은 자주 쓰이지 않아 다루지 않습니다.

과거시점	현재시점	미래시점
과거 rained	현재 rain	미래 will rain
과거완료 had rained	현재완료 has rained	미래완료 will have rained
과거진행 was raining	현재진행 is raining	미래진행 will be raining
과거완료진행 had been raining	현재완료진행 has been raining	미래완료진행 will have been raining

시제 이름이 길어지면 어려워하는 분들이 계십니다. 그러나 간단합니다. 기본 시제인 과거, 현재, 미래는 각각 rained, rain, will rain입니다. 그리고 과거완료, 현재완료, 미래완료는 처음 단어 have/has/had, will 등이 현재나 과거 또는 미래를 나타내고 그 뒤에 단어 rained 또는 have rained가 완료형을 나타내어 과거완료형 had rained, 현재완료형 have/has rained, 미래완료형 will have rained가 되는 것입니다. 과거진행, 현재진행, 미래진행도 각각 was raining, is raining, will be raining의 형태를 갖습니다. 가장 긴 이름인 과거완료진행, 현재완료진행과 미래완료진행 역시 첫 단어 had been/have been/will have been이 과거완료, 현재완료, 미래완료를 나타내고 그 뒤에 -ing형이 진행형을 나타내어 had been raining(과거완료진행), has been raining(현재완료진행), will have been raining(미래완료진행)이 되는 것입니다. 영어의 12가지 시제 중에 과거완료진행과 미래완료진행은 자주 쓰이지 않고 비중이 아주 작습니다.

✅ 핵심체크

다음 중 빈칸에 가장 알맞은 것은?

I usually _____ shopping every Friday.

(A) going (B) go

정답 (B) - usually는 일반적이고 지속적인 의미의 현재 시제와 잘 어울립니다.
(나는 대개 매주 금요일에 쇼핑을 하러 간다.)

02 각 시제의 특징

1. 현재 시제

현재 시제는 현재의 사실, 습관적 행동, 일반적 사실에 사용하는데, **규칙적이고(regular), 일반적이며(general), 영구적인(permanent) 상황**에서 쓴다는 것을 기억하시면 됩니다. 현재 시제는 미래를 표현할 수도 있습니다.

A 현재 시제의 형태

「주어 + 동사원형」의 형태로 쓰며 주어가 3인칭 단수(he/she/it)일 경우 동사에 -(e)s를 붙입니다.

- I **work** for Kinglish Co.   나는 Kinglish사에 다닌다.
- He **works** so hard.   그는 아주 열심히 일한다.

부정문은 「do + not + 동사원형」으로 쓰며, 주어가 3인칭 단수일 때는 「does + not + 동사원형」의 형태로 씁니다.

- I **don't**[= **do not**] **know**.   나는 몰라.
- He **doesn't**[= **does not**] **work** so hard.   그는 열심히 일하지 않는다.

의문문은 「Do + 주어 + 동사원형」으로 쓰며, 주어가 3인칭 단수일 때는 「Does + 주어 + 동사원형」의 형태로 씁니다.

- **Do** you **have** a car?   너는 차를 가지고 있니?
- **Does** he **work** so hard?   그는 열심히 일하니?

B 현재 시제의 쓰임

현재 시제는 현재의 사실을 나타내는 것이 기본이고 꾸준히 계속 있는 사실을 나타내는 데 많이 쓰입니다. 그래서 현재 시제를 공부할 때 꼭 기억할 단어는 permanent(영구적인)입니다. 꾸준히 일어나는 일, 습관적인 일, 불변의 진리는 모두 한마디로 영구적인 상황(permanent situation)을 묘사합니다. 이것을 규칙적이고(regular), 반복적인(repeated) 상황으로도 묘사할 수 있습니다.

- She **reads** the Bible before she goes to bed.   그녀는 자기 전에 성경을 읽는다. (습관)
- My parents **live** in Seoul.   내 부모님은 서울에 산다. (안정적 상황)
- The earth **goes** around the sun.   지구는 태양 주위를 돈다. (일반적 사실)

》 빈도부사 + 현재 시제

현재 시제는 일반적이고 지속적인 상황을 나타내기 때문에 usually(대개), generally(일반적으로), always(늘), normally(보통), routinely(일상적으로), typically(전형적으로)와 같이 빈도를 나타내는 부사들과 잘 어울립니다.

- ▶ I usually go to church every Sunday. 나는 보통 일요일마다 교회에 간다.
- ▶ Safety rules are routinely ignored. 안전 규정이 늘상 무시된다.
- ▶ Vegetables are generally low in calories. 채소는 일반적으로 칼로리가 낮다.

》 미래 시제

주로 '오다, 가다, 출발하다, 도착하다'를 의미하는 동사들은 '왕래발착동사'라고 표현하는데 현재 시제 형태이지만 미래를 나타내기도 합니다. 이때 시간표(time table)란 말을 기억합시다. 시간표로 일정에 정해진 미래는 현재 시제로 쓸 수 있습니다.

* 왕래발착동사의 예: go(가다), come(오다), leave(떠나다), move(이사가다), depart(떠나다), arrive(도착하다), return(돌아오다) 등

- ▶ Jane comes back next week. Jane은 다음 주에 돌아올 것이다.
- ▶ The train departs at 9:00 p.m. 기차는 오후 9시에 출발한다.
- ▶ The bus leaves in five minutes. 버스는 5분 후에 떠난다.

》 때나 조건의 부사절

때나 조건의 부사절에서는 현재 시제로 미래를 나타냅니다.

* 주어 + will + 동사원형 + when, as soon as, if, unless + 주어 + 동사의 현재형

- ▶ I will not go there if it rains tonight. 오늘 밤에 비가 오면 거기 가지 않을 것이다.
- ▶ Unless she apologizes, I will never see her again.
  그녀가 사과하지 않으면 나는 다시는 그녀를 보지 않을 것이다.
- ▶ Who will be in charge of the department when Jane leaves?
  Jane이 떠나면 누가 그 부서를 맡지?

✓ 핵심체크

┃ 다음 중 빈칸에 가장 알맞은 것은?

I'll pay you double if you _____ the work finished by Friday.

(A) will get   (B) get

정답 (B) - 때나 조건의 부사절에서는 현재로 미래를 대신합니다.
(당신이 금요일까지 그 일을 끝내면 봉급을 두 배로 주겠다.)

2. 과거 시제

A 과거 시제의 형태

「주어 + 동사의 과거형」의 형태로 쓰며 동사의 과거형은 주어에 상관없이 대부분 동사 끝에 -(e)d를 붙입니다. 하지만 동사마다 과거형의 모양이 다양하니 불규칙 동사표를 꼭 참고해야 합니다.

▶ Last month I/you/she/he/we/they **worked** in Busan.
  지난달 나는/너는/그녀는/그는/우리는/그들은 부산에서 일했다.

부정문은 「did + not + 동사원형」으로 씁니다.

▶ At that time I/you/she/he/we/they **didn't know** anything about this.
  그때 나는/너는/그녀는/그는/우리는/그들은 이것에 대해 아무것도 알지 못했다.

의문문은 「Did + 주어 + 동사원형」으로 씁니다.

▶ **Did** I/you/she/he/we/they **fill** in the form correctly?
  나는/너는/그녀는/그는/우리는/그들은 그 양식을 올바르게 채웠니?

B 과거 시제의 쓰임

과거 시제는 특정 과거 시점의 활동을 묘사할 때 사용하며, 과거를 나타내는 단어들과 잘 어울립니다.

▶ I am a different person now than I **was** a year ago.
  나는 지금 1년 전의 나와 다른 사람이다.
▶ He **contacted** us last night.　그는 지난밤에 우리에게 연락했다.
▶ I **heard** about their marriage last week.
  나는 지난주에 그들의 결혼에 대해 소식을 들었다.
▶ I **was** born in 2010.　나는 2010년에 태어났다.

과거를 나타내는 단어들은 다음과 같으며 현재 시제나 현재완료 시제와는 함께 사용할 수 없습니다.
on + 날짜, yesterday(어제), then(그때), at that time(그 당시), last month(지난달), a few weeks ago(몇 주 전), in the late 1940s(1940년대 말에), in + month/year

▶ The store **reduced** the price of the item then. 그 상점은 그때 그 제품의 가격을 내렸다.
 cf. The store **has reduced** the price of the item then. (✗)

already는 미국 영어에서는 과거 시제와, 영국 영어에서는 현재완료 시제와 함께 쓰입니다. recently는 단순 과거 시제, 현재완료 시제와 모두 잘 어울립니다.

▶ We already **appointed** a new sales manager.
  우리는 새 세일즈 매니저를 이미 임명했다.
▶ I **talked** to your father recently. 당신의 아버지와 최근에 얘기했다.
▶ Until very recently he **worked** as a teacher. 가장 최근까지 그는 선생님으로 일했다.

✅ 핵심체크

I 다음 중 빈칸에 가장 알맞은 것은?

During the Korean War, students _____ under the trees.

(A) study　　　　　(B) studied

> 정답 (B) – 한국 전쟁은 1950년도라는 과거에 발생한 일이기 때문에 명백한 과거 시제를 써야 합니다.
> (한국 전쟁 때에 학생들은 나무 아래에서 공부했다.)

3. 미래 시제

Ⓐ will/shall + 동사원형

shall은 주로 의문문으로 상대방의 의견을 물을 때 씁니다.

- **Shall** I open the window?　창을 열까요?
- **Shall** we dance?　춤을 추실래요?

그 외의 경우에는 will을 주로 사용해 앞으로 일어날 일에 대한 추측이나 즉흥적인 결정 및 의지를 나타내며 문장 내에 미래를 나타내는 부사(구)를 같이 쓰기도 합니다.

- I **will** give you a lift[ride].　너를 태워 줄게.
- He **will** submit the report by <u>next Monday</u>.
  그는 다음 주 월요일까지 그 보고서를 제출할 것이다.

미래 시제와 잘 어울리는 단어들은 다음과 같습니다.
soon(곧), tomorrow(내일), next month(다음 달에), this Friday(오는 금요일에), in the coming week(다가오는 주에), before long(머지않아), in two weeks(2주 후에), by the end of the month(이달 말까지), towards the end of the year(연말쯤)

Ⓑ be going to + 동사원형

확실히 정해진 계획의 경우 「be going to + 동사원형」으로 표현할 수 있으며, 이때에는 사전에 계획된 의도가 담겨 있는 것으로 이해해야 합니다.

- I **am going to attend** the meeting next week.　나는 다음 주 그 회의에 참석할 것이다.
- **Are** you **going to go** to Jane's party?　너 Jane의 파티에 갈 예정이니?
- They**'re going to have** a baby in the spring.　그들은 봄에 아이를 낳을 예정이다.

✅ **핵심체크**

▎다음 중 빈칸에 가장 알맞은 것은?

A: Jane's mother died. B: I know. I _____ visit her tonight.

(A) will　　　　　　(B) am going to

> **정답** (B) - 이미 알고 작정한 것은 be going to로 표현하고 will은 주로 즉석에서 결정하는 미래를 표현합니다.
> (A: Jane의 어머니가 돌아가셨어. B: 알아. 오늘 밤에 그녀를 방문할 계획이야.)

4. 현재진행형

현재를 나타내는 be동사의 현재형과 진행을 나타내는 ing형이 합쳐져 현재진행형이라는 이름이 붙었습니다.

A 현재진행형의 형태

「am/are/is + 동사의 ing형」의 형태로 씁니다.

I am + ing	I am riding a bicycle.
You/They/We are + ing	They are riding a bicycle.
It/He/She is + ing	She is riding a bicycle.

- ▶ I **am checking** the schedule. 나는 스케줄을 확인하고 있다.
- ▶ She **is not expecting** a reply today. 그녀는 오늘 답장을 기대하지 않고 있다.
- ▶ **Am** I **doing** it correctly? 제가 그걸 올바르게 하고 있습니까?

B 현재진행형의 쓰임

현재진행형은 일시적인(temporary) 상황을 묘사하거나 지금 일어나는 동작을 묘사할 때 사용합니다. 이 경우에 잘 어울리는 부사들은 at the[this] moment(지금, 이 순간), currently(현재, 지금), at present(현재는, 지금은), now(지금) 등 입니다.

- ▶ A: What **are** you **doing**? 지금 뭐 하고 있니?
  B: I'**m writing** a letter. 편지를 쓰고 있어.

현재진행형은 미래에 이미 정해진 약속(fixed arrangements in the future)을 나타낼 때에도 쓴다는 것을 꼭 기억합시다.

- ▶ Which project **are** you **working** on next month?
  다음 달에 어떤 프로젝트를 할 거죠?
- ▶ They **are coming** back tomorrow. 그들은 내일 돌아올 것이다.

진행형에 always가 함께 쓰이면 부정적인 습관을 나타냅니다.

- ▶ He **is always losing** things. 그는 늘 물건을 잃어버리는 습성이 있다.

ⓒ 진행형을 쓰지 못하는 동사들

possess(소유하다), include(포함하다), want(원하다), love(사랑하다), like(좋아하다), own(소유하다), need(필요로 하다), hate(싫어하다), seem(~인 듯하다), appear(~처럼 보인다)는 진행형을 쓰지 못합니다.

- ▶ She **is possessing** a car. (✗)　그녀는 차를 소유하고 있다.
  She **possesses** a car. (○)
- ▶ I **am liking** you. (✗)　나는 당신을 좋아합니다.
  I **like** you. (○)

have는 여러 의미를 갖고 있는 동사입니다. 소유(possess)의 의미가 될 때에는 진행형을 쓸 수 없지만, '먹다(eat), 경험하다(experience)' 등의 다른 의미로 사용될 때는 진행형이 가능합니다.

- ▶ I **am having** two cars. (✗)　나는 차 두 대를 가지고 있다.
  I **have** two cars. (○)
- ▶ I **am having** dinner. (○)　나는 저녁을 먹고 있다.
- ▶ I **am having** a birthday party on Friday. (○)　나는 금요일에 생일 파티를 열 것이다.

✅ 핵심체크

I 다음 중 빈칸에 가장 알맞은 것은?

We _____ our house.

(A) own　　　　　(B) are owning

정답 (A) - own은 소유의 의미로 진행형을 쓰지 않습니다.
(우리는 집을 소유하고 있다.)

5. 과거진행형

be동사의 과거형과 동사의 -ing형이 붙어서 과거진행형이라는 이름이 붙었습니다.

Ⓐ 과거진행형의 형태

「was/were + 동사의 ing형」의 형태로 씁니다.

- I **was working** out. 나는 운동 중이었다.
- I **was not**[= **wasn't**] **expecting** a delivery. 나는 배달을 기다리고 있지 않았다.
- What **was** she **doing** at this time last week?
  지난주 이 시간에 그녀는 무엇을 하고 있었지?

Ⓑ 과거진행형의 쓰임

과거진행형은 과거에 일어난 동작을 묘사할 때 사용합니다. 진행형의 특성상 오래 지속되는 상황에는 쓰지 않습니다.

- I **was working** with Jane for 3 years. (✗)
  I **worked** with Jane for 3 years. (○) 나는 Jane과 3년 동안 일했다.
- I **was working** with Jane when the fire broke out. (○)
  나는 화재가 일어났을 때 Jane과 일하고 있었다.

> **TIP 미래진행형**
>
> ■ 미래진행형(will be + 동사의 ing형)은 기본 형태만 이해하고 넘어갑니다. 미래에 진행되는 일시적인 상황을 묘사하는데, 많이 쓰이지 않아 기본 개념만 이해하면 됩니다.
>
> | It will be raining heavily and there will still be heat at the same time.
> 비가 많이 올 것이고 이와 동시에 매우 더울 것입니다.

✅ 핵심체크

▎다음 중 빈칸에 가장 알맞은 것은?

She _____ her family.

(A) visit (B) was visiting

정답 (B) - 주어가 3인칭 단수여서 현재 시제를 쓸 경우 visits로 해야 합니다. 그게 아닌 이상 과거진행형이 어울립니다.
(그녀는 그녀의 가족을 방문 중이었다.)

6. 현재완료

Ⓐ 현재완료의 형태

보통 「have/has + 과거완료형」을 현재완료라고 합니다. have/has가 현재를 표현하고 그 뒤에 나오는 과거완료형(p.p.)이 완료를 나타내서 현재완료라는 이름이 붙었습니다.

- ▶ I **have finished** the paper. 나는 그 과제를 마쳤다.
- ▶ It's absurd to talk about paintings that you **haven't finished**.
  당신이 아직 완성하지 않은 그림에 대해 이야기하는 것은 터무니없다.
- ▶ **Have** you **finished**? 다 끝냈니?

Ⓑ 현재완료의 쓰임

현재완료는 말 그대로 현재까지 시제가 포함되어 과거에 시작된 일이 현재에 완료되는 것을 의미합니다. 과거부터 사건이 이어져 반드시 현재와 연관이 있을 때 현재완료형을 사용합니다. 많이 사용하는 시제이기 때문에 각종 시험에서 다양하게 많이 출제됩니다.

》 시점

완료형은 한 시점이 아니라 두 개의 시점을 고려합니다. 과거에 일어난 일이 현재에도 영향을 미치는 것을 나타냅니다.

- ▶ I **have lost** my watch. 나는 시계를 잃어버렸다.
  (과거에 잃어버렸고 지금도 잃어버린 상태로 과거 시제와 현재 시제가 모두 들어가 있음)
  cf. I **lost** my watch. 나는 시계를 잃어버렸다.
  (과거의 사실만 나타내는 과거 시제이므로, 지금은 찾았는지 여전히 잃어버린 상태인지 모름)
- ▶ I **have lived** here for twelve years. 나는 12년 동안 이곳에서 살고 있다.
  (지금까지 12년 동안 계속 살고 있다는 의미)
  cf. I **lived** here for twelve years. 나는 12년 동안 이곳에서 살았다.
  (지금은 어떤지 모르고, 언제 살았는지도 모르고, 막연히 과거에 언젠가 12년 동안 살았다는 의미)

》 현재완료와 함께 자주 사용되는 부사(구)

현재완료는 「since + 과거시점(the starting point)」, 「for + 기간(the period)」과 함께 쓰이며, 이럴 때는 '~해 오고 있다'라는 의미의 '계속'을 나타냅니다.

- ▶ She **has worked** as sales manager **since 2015**.
  그녀는 판매부장으로 2015년에 일을 시작하여 지금도 하고 있다.
- ▶ Darren **has worked** here **for 5 years**. Darren은 이곳에서 5년 동안 일하고 있다.

또 ever, never, before 등의 부사와 함께 쓰이면 '~한 적이 있다/없다'라는 의미의 '경험'을 나타냅니다.

▶ A: **Have you** ever **been** to New York? 뉴욕에 가 본 적이 있으신가요?
   B: No, I **have** never **been** there. 아니요, 난 그곳에 가 본 적이 없어요.
▶ **Haven't** we **met** before? 우리가 전에 만난 적이 없나요?

just, already, yet 등의 부사와 함께 쓰이면 '막 ~했다(끝냈다)'라는 의미의 '완료'를 나타냅니다.

▶ I **have** just **moved** here. 나는 이제 막 이곳으로 이사 왔다.

단순 과거를 나타내는 last year, ago, in 2017 등은 현재완료와 함께 사용할 수 없습니다. 현재완료는 현재를 포함하는 시제이기 때문입니다.

▶ We **have recruited** seven new workers.
   우리는 새 직원 7명을 채용했다. (현재 그 결과 7명의 새 직원이 있다.)
   cf. We **recruited** 7 new workers at the beginning of May.
   우리는 5월 초에 7명을 채용했다. (지금은 몇 명인지 알 수 없다.)
▶ Quality **has improved** this year. 품질이 올해 좋아졌다. (올해도 좋아지고 있다.)
   cf. Quality **improved** last year. 품질이 작년에 개선되었다. (작년에 끝난 일이다.)

have gone to + 장소 / have been to + 장소

「have gone to + 장소」는 누군가가 어디를 가서 돌아오지 않는 것을 의미합니다.

▶ He's **gone to the bank**. **He should be back soon**. 그는 은행에 갔다. 그는 곧 돌아올 것이다.
▶ Where **has** Tom **gone to**? Tom은 어디 갔니?

「have been to + 장소」는 어디를 갔다가 지금은 돌아와서 여기 있다는 것을 의미합니다.

▶ He's **been to London** many times. 그는 여러 번 런던에 다녀왔다.
▶ I've **been to Disneyland** twice. 나는 디즈니랜드에 두 번 다녀왔다.

✅ 핵심체크

┃ 다음 중 빈칸에 가장 알맞은 것은?

I have known David _____ many years.

(A) for   (B) since

> 정답 (A) - for 다음에는 기간, since 다음에는 과거 시점이 옵니다. many years는 기간이므로 for가 정답입니다.
> (나는 오랫동안 David를 알아 왔다.)

7. 현재완료진행

Ⓐ 현재완료진행의 형태

현재완료진행은 「have + been + 동사의 ing형」이 기본 형태입니다.

- I **have been using** the phone. 나는 그 전화기를 사용해 오고 있다.
- I **haven't been sleeping** for 3 days. 나는 3일 동안 한숨도 못 잤다.
- **Have** we all **been using** chopsticks wrong?
  우리 모두가 젓가락을 잘못 사용해온 건가요?

Ⓑ 현재완료진행의 쓰임

현재완료진행형은 현재완료에 진행의 의미를 더한 것입니다. 당연히 과거부터 현재까지 연결된 시제를 표현하고, 지금도 진행 중이라는 것을 강조하는 표현입니다.

- We **have been studying** English for 3 months.
  우리는 영어를 3개월간 공부해 오고 있다.
  cf. We**'ve just finished** reviewing this book. 우리는 이 책을 검토하는 일을 마쳤다.
  (행동이 완료되어 더 이상 동작이 진행되지 않는다는 것을 의미)
- We **have been testing** three new applications since February.
  2월부터 우리는 지금까지 3개의 새로운 어플을 시험해 오고 있다.
  (시험을 지금 해 오고 있는 동작에 중점을 두고 있으므로 끝난 것이 아니라는 의미)
  cf. Since February we **have tested** three new applications.
  2월부터 지금까지 3개의 어플을 시험해 봤다.
  (이미 실험을 완료해서 이제 결론에 도달했거나 새로운 단계로 넘어간다는 의미)

✅ 핵심체크

다음 문장을 올바르게 영작한 것은?

얼마나 오랫동안 영어를 공부해왔죠?

(A) How long have you studied English?   (B) How long have you been studying English?

정답 (B) - 영어 공부를 지금까지 해 왔고 계속 한다는 의미로 쓰기 때문에 (B)가 일반적으로 많이 쓰는 옳은 문장입니다.

8. 과거완료

A 과거완료의 형태

「had + 과거분사」가 과거완료의 기본 형태입니다.

- I **had finished** reading that magazine. 나는 그 잡지를 읽는 것을 마쳤다.
- He realized that he **had not copied** the address.
  그는 주소를 복사해 오지 않은 것을 나중에 알게 되었다.

B 과거완료의 쓰임

과거보다 더 이전에 일어난 일을 묘사할 때 사용합니다.

- He found out that she **had taken** wrong pills.
  그는 그녀가 엉뚱한 약을 먹었다는 것을 알았다.
- Before we launched this new service, our share prices **had been** very low.
  이 새로운 서비스를 시작하기 전에 우리 주가는 매우 낮았다.

인용된 문장이 앞에 있는 동사의 시제보다 이전에 일어난 일을 묘사할 때 다음과 같이 사용될 수 있습니다.

- The president said, "We have had a good year."
  = The president said that they **had had** a good year.
  "우리는 좋은 한 해를 보냈다"고 사장은 말했다.

연속적으로 일어나는 일에 대해서는 같은 과거 시제를 쓸 수 있습니다.

- After we **launched** the new service, our image definitely **improved**.
  새 서비스를 시작한 후 우리 회사 이미지는 분명히 개선되었다.

✅ **핵심체크**

┃ 다음 중 빈칸에 가장 알맞은 것은?

I _____ Irish history until 2017.

(A) have studied   (B) had studied

정답 (B) - 2017년은 과거입니다. 그 이전부터 그때까지 공부를 해 왔으니 과거완료 시제가 정답입니다. 현재완료는 의미상 틀립니다.
(나는 2017년까지 아일랜드 역사를 공부했다.)

9. 미래완료

Ⓐ 미래완료의 형태

미래완료는 「will have + 과거분사」의 형태를 띕니다.

> By this time next year, he **will have worked** for this company for ten years.
> 내년 이맘 때면 그가 이 회사를 위해 일해 온지 10년이 된다.

Ⓑ 미래완료의 쓰임

미래완료(will have + 과거분사)는 어떤 일이 미래에 완료되는 것을 나타냅니다. 미래완료 시제는 어떤 사건이나 동작이 미래의 특정한 시점에 이르러 완료될 것임을 말할 때 사용합니다. 특히 「by + 전치사구」와 함께 잘 쓰입니다.

> I **will have lived** here for 12 years **by next month**.
> 나는 다음 달이면 이곳에서 12년간 산 게 된다.
> I **will have moved** to a new house **by September**.
> 나는 9월까지 새집으로 이사를 마칠 것이다.

TIP By the time 주어 + 동사

■ 「By the time 주어 + 동사의 현재형」은 미래완료 will have p.p.와 어울립니다.

> By the time he retires next year, he will **have worked** for the company for 30 years.
> 내년에 은퇴할 즈음이면 그는 회사를 위해 일한 지 30년이 된다.

■ 「By the time 주어 + 동사의 과거형」은 과거완료와 어울립니다.

> By the time the guests arrived, Mr. Kim **had prepared** the food.
> 손님들이 도착했을 즈음에 김 씨는 음식을 이미 준비했다.

✅ 핵심체크

다음 중 빈칸에 가장 알맞은 것은?

Next month my parents _____ together for thirty years.

(A) will have been   (B) have been

> 정답 (A) – next를 근거로 미래 시제가 어울리고 for + 기간을 근거로 완료형이 어울리며, 미래와 완료가 합쳐지면 미래완료가 됩니다.
> (다음 달이면 우리 부모님이 함께 하신 지 30년이 될 것이다.)

확인 문제

1~4 다음 중 빈칸에 가장 올바른 것은?

1. I usually _____ swimming in the morning.
   (A) going   (B) go

2. Water _____ at 100°C.
   (A) boiled   (B) boils

3. If you _____, you will be blessed.
   (A) give   (B) will give

4. Experts often _____ more data than judgment.
   (A) possess   (B) is possessing

5~6 다음 우리말을 영작하시오.

5. 너 도쿄 가 봤니?

6. 얼마나 영어를 공부해 오셨나요?

7~8 다음 중 빈칸에 가장 올바른 것은?

7. By the time Jane realized she had cancer, it _____. 토익 유형
   (A) already spread
   (B) will already spread
   (C) already spread
   (D) had already spread

8. The sun _____ by the time I get home. 토익 유형
   (A) set
   (B) sets
   (C) will have set
   (D) had set

정답
1. (B)   2. (B)   3. (A)   4. (A)   5. Have you ever been to Tokyo?   6. How long have you been studying English?   7. (D)   8. (C)

해설

1. usually는 일반적이고 지속적인 의미의 현재 시제와 잘 어울립니다! 규칙적인 상황에는 현재 시제를 사용합니다. (해석: 나는 보통 아침에 수영하러 간다.)

2. 불변의 진리 같은 영구적인 상황에는 현재 시제를 사용합니다. 100°C는 one hundred degrees Celsius라고 읽습니다. (해석: 물은 100도에서 끓는다.)

3. 때나 조건의 부사절에서는 현재로 미래를 대신하고 주절은 미래를 씁니다. (해석: 당신이 주면, 당신은 복을 받을 것이다.)

4. possess, belong, have(가지고 있다)는 소유의 의미로 진행형을 쓸 수 없습니다. (해석: 전문가들은 판단력보다 더 많은 데이터를 가지고 있다.) expert: 전문가

5. 다녀와서 여기 있으면 have been to를 씁니다. have gone to는 가서 아직 여기 오지 않은 것을 의미합니다.

6. 이 문장은 외웁시다! 과거부터 공부해서 지금도 공부하고 앞으로도 한다는 느낌은 현재완료진행형이 맞습니다. How long have you studied?는 지금 끝내고 안 한다는 느낌을 줘서 이상합니다.

7. 「by the time + 주어 + 과거 시제, 주어 + had + 과거분사」가 기본 과거완료시제입니다. (해석: Jane이 암에 걸린 것을 알았을 때에는, 이미 암이 널리 퍼졌다.)

8. 「by the time + 주어 + 현재 시제, 주어 + will + have + 과거분사」가 기본 미래완료 형태입니다. (해석: 내가 집에 도착할 즈음에 해는 이미 떴을 것이다.)

116 김대균 영문법

Chapter 9
조동사

조동사는 '**동사를 보조하는 동사**'라는 의미입니다. 시험 영어에서는 '조동사 뒤에 동사원형이 온다'와 '부정어 not은 조동사 다음에 온다' 정도의 기본 사항 외에 자세하게 다루지 않지만 **동사의 섬세한 의미 차이를 만드는 것이 바로 조동사**이기 때문에 제대로 기본을 정리해 드립니다. 조동사를 잘 구분해서 쓸 줄 아는 사람이 진정한 영어의 고수입니다. 우리 모두 영어의 고수가 되기 위해 조동사를 제대로 공부해 봅시다!

01 have, do

1. have의 쓰임

Ⓐ 일반동사

have는 일반동사로도 많이 쓰이는 단어입니다. 보통 '가지고 있다'는 의미에서는 have, have got이 같은 의미로 쓰입니다. **일반동사로 쓰는 have는 부정문이나 의문문을 만들 때 do/does가 필요합니다.**

- I **have** a new car. = I **have got** a new car.　나는 새 차를 가지고 있다.
- She **does not have** a daughter. (O)　그녀는 딸이 없다.
  She **hasn't** a daughter. (X)
- **Does** she **have** a daughter? (O)　그녀는 딸이 있니?
  Hasn't she a daughter? (X)

> **대균's comment!**　**have와 have got의 차이점**
>
> have가 소유의 의미(가지고 있다)일 때는 have got으로 바꿔 쓸 수 있지만 다음의 경우에는 have 자리에 have got을 절대 쓸 수 없습니다!
> have breakfast/lunch/dinner/difficulty/fun, have a party/an accident, have a baby(아이를 낳다)

Ⓑ 조동사(have + 과거분사)

have는 동사를 보조해서 쓸 때 조동사로 그 뒤에 과거분사형을 동반합니다.

- Sue **has written** a novel.　Sue가 소설을 썼다.
- **Has** Jay **written** a novel?　Jay가 소설을 한 권 썼니?
- **Have** you **finished** the term paper?　기말 논문 다 썼니?
- I **have finished** the term paper.　나는 기말 논문을 다 썼다.

✅ **핵심체크**

▎다음 중 빈칸에 가장 알맞은 것은?

Let's _____ dinner together.

(A) have　　　　(B) have got

> 정답 (A) - 이 문장에서는 '저녁을 먹다'의 의미이므로 have가 정답입니다. 소유의 의미가 아니므로 have got을 쓸 수 없습니다.
> (저녁 같이 먹자.)

2. do의 쓰임

A 일반동사

do도 have처럼 일반동사로 많이 사용됩니다.

- ▶ He has already **done** his homework. 그는 이미 숙제를 마쳤다.
- ▶ That'll **do**, John! Please just sit down and keep quiet.
  존, 이제 그만해! 앉아서 조용히 있어라.
- ▶ That'll **do** nicely, thank you. 잘했다. 고마워.

B 조동사 (do + 동사원형)

do가 동사를 보조하여 쓰일 때도 많습니다. 이때 do는 조동사이고 그 뒤에는 동사원형이 옵니다.

- ▶ They/I/You/We **do** not know it. 그들은/나는/너는/우리는 그것을 모른다.
  She/He **does** not know it. 그녀는/그는 그것을 모른다.
- ▶ I **do** love you! 너를 정말 사랑해! (강조 용법)
- ▶ **Do** you know him? 너 그를 아니?
- ▶ Never **did** I see such a pretty woman. 그렇게 예쁜 여자를 본 적이 없다.
  (부정어가 앞에 올 때)
- ▶ I love her as much as you **do**. 네가 사랑하는 것만큼 나는 그녀를 사랑한다.
  (love를 대신해서 쓰는 대동사)

» 조동사로 쓰이는 have 뒤에는 과거분사형이 오고 do 뒤에는 동사원형이 오는 것을 비교해서 꼭 기억하세요!

✅ 핵심체크

1. 다음 중 빈칸에 가장 알맞은 것은?

_____ she have a car?

(A) Do (B) Does

> **정답** (B) – she는 3인칭 단수로 조동사 does와 어울립니다.
> (그녀는 차가 있니?)

02 can, could, be able to

1. can과 could의 의미

can은 어떤 일을 할 수 있는 능력을 보여 주는 조동사로, 「can + 동사원형」의 형태로 사용됩니다. 그 의미와 용법을 세분해 보면 다음과 같습니다.

A 가능 (~할 수 있다)

가능을 나타내는 can은 be able to와 바꿔 쓸 수 있습니다.

- **Can** you play the piano? 너는 피아노를 칠 수 있니?
  = **Are** you **able to** play the piano?
- One fake friend **can** do more harm than 10 enemies.
  가짜 친구는 10명의 적보다 많은 해를 끼칠 수 있다.

B 허가 (~해도 좋다)

허가를 나타내는 can은 may와 바꿔 쓸 수 있습니다.

- A: **Can** I leave now? 지금 떠나도 되나요?
  B: Yes, you **can**. / No, you **can't**. 응, 그래도 돼. / 아니, 안 돼.
- You **can't** park here. 너는 여기 주차할 수 없다.
  = You **may not** park here.

C 추측: cannot be (~일 리가 없다) / cannot have p.p. (~했을 리가 없다)

- It **cannot [can't] be** true. 그것은 사실일 리가 없다. (현재의 확실한 부정적 추측)
  ↔ It **must be** true. 그것은 사실임에 틀림없다.
- He **cannot be** innocent. 그는 무죄일 리가 없다. (현재의 확실한 부정적 추측)
- She **cannot have said** so. 그녀가 그렇게 말했을 리가 없다. (과거의 확실한 부정적 추측)

D could

can 보다 더 공손한 표현으로 could를 사용할 수 있습니다.

- **Could** I use your phone?   전화기 좀 빌려 주시겠습니까?
- **Could** you show me how to get to the airport?   공항까지 가는 길 좀 알려 주시겠어요?

E could have + p.p. (~할 수도 있었다)

- She **could have stayed** in the hotel.
  그녀는 호텔에 머물 수도 있었다. (그런데 그러지 않았다.)

✅ 핵심체크

다음 중 빈칸에 가장 알맞은 것은?

Anger _____ be dishonest.

(A) do   (B) cannot

> 정답 (B) - 주어가 3인칭 단수이므로 do는 문법상 틀립니다. cannot be는 '~일 리가 없다'라는 뜻입니다.
> (분노는 부정직할 수 없다. 즉 분노는 정직하다.)

2. can과 be able to 비교

A 공통점

둘 다 '할 수 있다'라는 능력을 나타낼 때 쓰이지만 can이 짧고 편리해서 더 자주 사용됩니다.

▶ I **can** speak English fluently.   나는 영어를 유창하게 할 수 있다.
  = I **am able to** speak English fluently.
▶ I **could** speak English fluently.   나는 영어를 유창하게 할 수 있었다.
  = I **was able to** speak English fluently.

B 차이점

can은 현재형(can)과 과거형(could) 두 가지밖에 없지만 be able to는 is able to, was able to, have been able to, had been able to처럼 다양한 형태의 시제로 쓸 수 있습니다.

▶ I **haven't been able to** sleep well since last week.
  나는 지난주 이후로 잘 잘 수 없다.

또한 could는 일반적인 능력을 표현할 때 쓰고, 특정 상황에 벌어지는 특별한 일에 대해서는 was able to나 managed to를 사용합니다.

▶ At that time I **could** still read without spectacles.
  그 당시 나는 안경 없이 책을 읽을 수 있었다. (일반적인 능력)
▶ When I was 15, I **could** stay up all night and not get tired.
  나는 15살 적에 밤을 새고도 피곤하지 않았다. (과거의 능력)
▶ After climbing for 5 hours, we **were able to** [= **managed to**] get to the top of the mountain.   5시간의 등산 후에 우리는 산 정상에 오를 수 있었다. (과거의 특별한 일)
  cf. After climbing for 5 hours, we **could** get to the top of the mountain. (×)

✅ 핵심체크

1 다음 중 빈칸에 가장 알맞은 것은?

Since the exam was difficult, only a few students _____ pass it.

(A) could   (B) were able to

> 정답 (B) – be able to는 특정 경우에 할 수 있는 것을 가리키는 표현이며 일반적인 능력을 나타낼 때는 could를 씁니다.
> (그 시험이 어려웠기 때문에 몇몇 학생들만 합격할 수 있었다.)

3. can의 관용표현

A cannot be too ~ (아무리 ~해도 지나치지 않다)

▶ You **can't be too** careful when a young child is near water.
아이가 물가에 있을 때 당신은 아무리 주의해도 지나치지 않다.

B cannot help ~ing = cannot but 동사원형 (~하지 않을 수 없다)

이때 help는 avoid의 의미로 쓰입니다.

▶ I **cannot help laughing**.   나는 웃지 않을 수 없다.
  = I **cannot but laugh**.

✅ **핵심체크** ··

▌다음 중 빈칸에 가장 알맞은 것은?

You cannot be _____ careful to drive a car.

(A) too　　　　　　　　(B) so

정답 (A) - cannot be too ~ 구문은 '아무리 ~해도 지나치지 않다'의 의미로 쓰입니다.
(당신은 운전을 할 때 아무리 주의해도 지나치지 않다.)

03 may, might

1. may와 might의 의미

Ⓐ 추측 (~일지 모른다)

may와 might은 '~일지 모른다, ~일 수 있다'라는 추측을 나타낼 때 많이 사용합니다.

- ▶ It **may**/**might** be true.   그것은 사실일지 모른다.
- ▶ He **may**/**might** be late for school.   그는 학교에 늦을지도 모른다.

Ⓑ 허가 (~해도 된다)

- ▶ **May** we come in now?   우리 지금 들어가도 되나요?
- ▶ **May** I use your phone?   당신 전화기를 써도 되나요?
- ▶ A: **May** I shut the window?   창 닫아도 되나요?
  B: Yes, you **may**. / No, you **may not**.   네, 됩니다. / 아니요, 안 됩니다.

Ⓒ 가능, 기원 (~하길)

기원을 나타내는 may는 문장 앞에 도치되어 사용됩니다.

- ▶ **May** God bless you!   하나님이 당신을 축복하시길!
- ▶ **May** you succeed in all that you do.   당신이 하는 모든 일에서 성공하길.
- ▶ **May** all your dreams come true.   당신의 모든 꿈이 이루어지길.

✅ 핵심체크

▌다음 중 빈칸에 가장 알맞은 것은?

_____ you succeed in every task.

(A) Can   (B) May

정답 (B) – May + 주어 + 동사원형 구문은 '~을 하기를 기원한다'라는 뜻의 기원문입니다.
(당신이 모든 일에 성공하기를 기원합니다.)

2. may의 관용 표현

Ⓐ may well ~ (~하는 것도 당연하다)

▶ She **may well** be proud of her son.   그녀가 아들을 자랑스러워하는 것도 당연하다.
▶ She **may well** not want to travel alone.
그녀가 혼자 여행가기를 원치 않는 것도 당연하다.

Ⓑ may as well ~ (~하는 게 좋겠다)

might as well과 may as well은 '다른 대안이 없으므로 그렇게 하는 게 좋겠다'라는 비슷한 의미로 쓰입니다. 일반적으로 원어민들은 might as well을 may as well보다 더 자주 사용합니다.

▶ We **may as well** start the meeting — the others will be here soon.
우리는 회의를 시작하는 게 좋겠다. 다른 사람들이 곧 여기 올 것이다.
▶ You **might as well** get a taxi from the station.
당신은 역에서 택시를 타는 편이 더 낫겠다.

Ⓒ so that 주어 may ~ (~할 수 있도록, ~하려고)

▶ We eat **so that** we **may** live.   우리는 살려고 먹는다.
▶ I will start early **so that** I **may** get a good seat.
나는 좋은 자리를 얻기 위해 일찍 출발할 것이다.

☑ **핵심체크**

❙ 다음 중 빈칸에 가장 알맞은 것은?

We might _____ walk there.

(A) as well   (B) be

정답 (A) - might as well + 동사원형은 '~하는 게 낫겠다'라는 의미이며, be동사 뒤에는 동사원형이 올 수 없으니 (B)는 오답입니다.
(우리는 거기서 걷는 게 좋겠다.)

04 must, have to

1. must의 의미

Ⓐ 의무 = have to (~해야 한다)

- Meat **must** be cooked thoroughly. 고기는 푹 익혀야 한다.
- You **must** sign here. 당신은 여기 서명해야 한다.
- A: **Must** I clean the room? 제가 방을 청소해야 하나요?
  B: Yes, you **must**. / No, you **don't have to**. 응, 해야 해. / 아니, 할 필요 없어.

Ⓑ 추측 (~임에 틀림없다)

- You **must** be angry. 너는 화가 나 있음에 틀림없다.
- Jay has been driving all day — he **must** be tired.
  Jay가 하루 종일 운전을 했다. 그는 피곤함에 틀림없다.

'~임에 틀림없다'의 과거시제는 「must + have + p.p.」를 취합니다.

- There's no food left — we **must have eaten** it all.
  남은 음식이 없다. 우리가 이미 다 먹었음에 틀림없다.
- She **must have stayed** in the hotel. 그녀는 그 호텔에 머물렀음이 분명하다.

✅ 핵심체크

다음 중 빈칸에 가장 알맞은 것은?

I _____ have been an annoying child.

(A) will   (B) must

> 정답 (B) - '~임에 틀림없다'는 must be, '~이었음에 틀림없다'는 must have been이 맞습니다.
> (나는 남을 짜증 나게 하는 어린이였음에 틀림없다.)

2. have to의 의미

Ⓐ 의무 = must (~해야 한다)

- I **have to** go to New York tomorrow. 나는 내일 뉴욕에 가야만 한다.
- A: **Does** Sue **have to** work on Saturday? Sue는 토요일에 일해야 하니?
  B: Yes, she **does** [= **has to**]. / No, she **doesn't** [= **doesn't have to**].
  응, 해야 해. / 아니, 할 필요 없어.

Ⓑ 불필요 = need not (~할 필요가 없다)

- You **don't have to** go there. 너는 그곳에 갈 필요가 없다.
  = You **need not** go there.

TIP must와 have to 비교

■ must, have to 모두 '~해야 한다'는 의미로는 비슷하게 사용됩니다. 그러나 '~임에 틀림없다'라는 강한 추측은 must만이 갖는 뜻입니다.

   | You must be tired. 당신은 피곤함에 틀림없다.

■ 부정문을 만드는 must not은 '~하면 안 된다'라는 의미이지만 don't have to는 '~할 필요가 없다'라는 의미로 쓰입니다.

   | You must not worry too much about this. 너는 이것에 대해 너무 걱정해서는 안 된다.
   | Don't work if you don't have to. 일할 필요 없으면 일하지 마.

✅ **핵심체크**

■ 다음 중 빈칸에 가장 알맞은 것은?

She _____ be at least 20.

(A) have to   (B) must

정답 (B) - '~임에 틀림없다'라는 의미는 must로 표현하며, have to에는 이런 의미가 없습니다.
(그녀는 적어도 20세임에 틀림없다.)

05 should

1. should의 의미

Ⓐ 의무 (~해야만 한다)

should는 '~해야만 한다'는 의미로 조언이나 의견을 줄 때 사용하며 I think ~ 등과 잘 어울립니다.

- You must be tired. You **should** go to bed now.
  너는 피곤함에 틀림없다. 지금 자러 가야 한다.
- I think I **should** go home.   나는 집에 가야 한다고 생각해.

Ⓑ should have + p.p. (~했어야만 했는데 하지 않았다)

- You **should have seen** her — she was very angry!
  당신은 그녀를 보았어야 했는데. 그녀는 무척 화가 났었어!
- You **shouldn't have**.   이러시면 안 되는데.
- You **should have seen** the size of the canyon. It was huge!
  당신은 그 협곡의 크기를 보았어야 했는데. 엄청 컸어!

Ⓒ lest 주어 should ~ (~하지 않도록)

lest에 부정적인 의미가 이미 들어가 있어서 not을 또 쓰면 틀립니다.

- Work hard **lest you should fail**.   실패하지 않게 열심히 일하시오.

✅ **핵심체크**

┃ 다음 중 빈칸에 가장 알맞은 것은?

I _____ have worked harder in my life.

(A) should   (B) shall

정답 (A) - '~했었다면 더 좋았는데'라는 표현은 should have +과거분사형을 씁니다.
(내가 평생 더 열심히 일했었다면 좋았는데.)

2. should와 ought to, must, have to, had better 비교

should, ought to, must, have to, had better 다 같은 것 아닌가? 뭘 쓰지? 헷갈리시죠? should부터 had better까지 총정리를 해 드립니다! 여러분이 회사에서 직책이 낮은데 had better를 자주 쓰면 상대방에게 불쾌감을 주는 실수를 할 수도 있습니다. 따라서 세세한 의미 차이를 잘 구분해야 합니다.

A should

우선 should가 제일 약한 표현입니다. 그저 개인적인 의견이나 조언을 제공할 때 should를 씁니다. should는 의무를 강하게 표현하는 must나 have to보다는 약한 의무를 나타냅니다. ought to보다도 약합니다.

- ▶ I think you **should** work harder.   나는 네가 좀 더 열심히 공부해야 한다고 생각한다.
- ▶ I think I **should** go home.   나는 집에 가야 한다고 생각해.

B ought to

ought to는 도덕적으로 바람직하다(morally desirable)는 판단이 들 때 씁니다.

- ▶ I **ought to** eat more fruits and vegetables.   나는 더 많은 과일과 채소를 먹어야 한다.

C must

should, ought to보다 강한 표현이 must입니다. must도 개인적인 의견을 나타냅니다.

- ▶ I **must** leave now. I want to go to bed early.
  나는 지금 떠나야 해. 일찍 자고 싶거든.
- ▶ I **must** get back to work: a deadline approaches.
  나는 다시 일하러 가야 해. 마감이 다가오고 있거든.

D have to

have to는 규정이나 상황상 꼭 그래야 하는 경우에 사용합니다.

- ▶ I **have to** get up early tomorrow. I am going to Busan and my flight leaves at 6:00 a.m.
  나는 내일 일찍 일어나야 한다. 나는 부산에 가는데 비행기가 오전 6시에 출발한다.

ⓔ had better

의무 중에 가장 강한 표현이 바로 had better입니다. had better는 만약에 그 일을 하지 않으면 문제나 위험이 있다는 것을 전제로 할 때 사용합니다.

▶ The movie starts at 7:00 p.m. You **had better** go now or you will be late.
영화는 오후 7시 시작이다. 지금 가는 게 나을 거다. 아니면 늦어서 영화를 못 볼 것이다.

총정리해 드리면 should, ought to, must, have to, had better 순서로 의무감이 강해집니다.

✅ 핵심체크

┃ 다음 중 상대방이 의무감을 더 느끼게 되는 문장은?

(A) You should go home now.

(B) You had better go home now.

 (B) - had better는 만약 그 일을 하지 않으면 불이익이나 피해가 있을 것이라고 경고하는 느낌이 강하며 should는 가장 약한 의무감을 표현합니다.

06 will, shall, be going to

1. will과 shall, be going to 비교

Ⓐ will과 shall

현대 영어에서는 shall의 특별 용법 이외의 모든 경우에 미래시제 조동사로 will이 쓰입니다. shall은 현대 영어에서는 의견을 제안할 때 의문문의 형태로 주로 활용됩니다.

- ▶ **Shall** we open the window?   창을 열까요?
- ▶ **Shall** we dance?   춤 추실래요?

Ⓑ will과 be going to

will은 즉석에서 앞으로 할 일을 결정하는 경우에 사용합니다. 하지만 be going to는 이미 하기로 결정한 미래를 나타냅니다. will과 be going to의 차이를 꼭 알고 사용해 주세요!

- ▶ A: There's no milk.   우유가 없네.
  B: Really? In that case, I **will** go and get some.   정말? 그렇다면 내가 가서 사 올게.
- ▶ A: There's no milk.   우유가 없네.
  B: I know. I**'m going to** go and get some when this TV program finishes.
  알고 있어. 이 방송 끝나면 가서 사 올거야.

✅ **핵심체크** ··

▌다음 중 대화의 빈칸에 가장 알맞은 것은?

A: Are you busy this evening?   B: Yes, I _____ go to the movies.

(A) will   (B) am going to

정답 (B) – 이미 오늘 저녁에 영화 보러 가기로 해서 바쁘다는 의미이므로 be going to가 옳습니다.
(A: 너 오늘 저녁 바쁘니? B: 응, 영화 보러 가기로 했어.)

2. will의 여러 가지 의미

Ⓐ 단순한 미래

- Clare **will** be 10 years old next month.　클레어는 다음 달에 10살이 된다.
- I **will** see him tomorrow.　나는 내일 그를 볼 것이다.

Ⓑ 주어의 의지

- I**'ll** give you a lift.　내가 태워 줄게.
- She **will** never come back.　그녀는 절대 돌아오지 않을 것이다.

Ⓒ 요청

- **Will** you give me her phone number?　나에게 그녀의 전화번호를 알려 줄래?
- **Will** you join us for a cup of coffee, Clara?　우리와 함께 커피 한잔할래, 클라라?

Ⓓ 고집이나 성향

- The car **won't** start.　차가 시동이 걸리려 하질 않아.
- The computer **won't** work.　이 컴퓨터는 작동하려 하지 않아.

Ⓔ 추측

- That**'ll** be Clara at the door.　아마도 문 앞에 Clara일 거야.
- Bury **will** help groups to organize parties.
  Bury가 그룹이 파티 준비하는 것을 도와줄 것이다.

F 늘상 일어나는 일

▶ Accidents **will** happen. 사고는 일어나게 마련이다.
▶ Fruit **will** keep longer in the fridge. 과일은 냉장고에 넣어 두면 더 오래간다.

G if S + V 와 어울려서 주절에 사용되는 will

▶ If he is late again, I **will** fire him. 그가 또 늦으면 해고할거야.
▶ If you don't start now, you **will** miss the train.
지금 출발하지 않으면 기차를 놓칠 것이다.

✅ **핵심체크**

▌다음 우리말에 맞게 빈칸에 가장 알맞은 것은?

He _____ see you again. 그는 다시는 너를 보지 않을 거야.

(A) can't   (B) won't

정답 (B) – 주어의 의지를 나타낼 때는 will을 씁니다.

07 need, dare, used to

1. need의 쓰임

need는 '필요로 하다'의 기본적인 의미로 조동사로도 쓰이고 본동사로도 쓰입니다.

Ⓐ 본동사 need

본동사로서는 다른 일반동사들처럼 need, needs, needed, will need 등의 변화가 가능합니다.

- ▶ The baby **needs** constant care.   그 아기는 끊임없는 관리가 필요하다.
- ▶ He **needs** to lose some weight.   그는 살을 뺄 필요가 있다.

Ⓑ 조동사 need

조동사 need는 변함없이 need 형태로만 쓰입니다. 즉 조동사 need는 그냥 need 형태만 있지 needs나 needed의 형태는 없습니다.

- ▶ You **needn't** worry.   너는 걱정할 필요가 없다.
- ▶ The trip **needn't** cost very much.   그 여행은 비용이 많이 들 필요가 없다.

✅ 핵심체크

다음 중 빈칸에 가장 알맞은 것은?

We _____ not destroy the past.

(A) need   (B) needed

> **정답** (A) - 조동사 need는 그 형태 그대로 쓰고 변함이 없으며 부정문은 need 뒤에 not을 씁니다.
> (우리는 지난 과거를 파괴할 필요가 없다.)

2. dare의 쓰임

dare는 '감히 ~ 하다'의 의미로 쓰입니다. 이 단어는 need처럼 조동사로도 쓰이고 본동사로도 사용됩니다.

Ⓐ 본동사 dare

미국식 영어에서는 본동사로 많이 사용됩니다.

- ▶ I **dare** you to ask her to dance.   저는 당신이 그녀에게 춤추자고 하기를 감히 요청합니다.
- ▶ Nobody **dares** to mention it to him.   아무도 감히 그것을 그에게 말하지 못한다.

본동사 dare 뒤에는 동사원형이 오기도 하고 「to + 동사원형」이 올 수도 있습니다.

- ▶ Do you **dare** (**to**) tell her the news?   당신은 감히 그녀에게 그 소식을 전할 수 있니?
- ▶ I don't **dare** think how much the car is going to cost.
  나는 감히 그 차가 얼마인지 생각하지 못한다.

Ⓑ 조동사 dare

주로 영국식 영어에서 조동사로 많이 사용됩니다.

- ▶ **Dare** you tell him the sad news?   감히 그에게 그 슬픈 소식을 전할래?
- ▶ How **dare** you use my car without asking!
  어찌 감히 요청하지도 않고 내 차를 사용할 수 있어!

✅ 핵심체크

▎다음 중 빈칸에 가장 알맞은 것은?

I _____ not let my children out of my sight in this area.

(A) dare   (B) make

> **정답** (A) - 빈칸은 조동사 자리입니다. dare는 이렇게 조동사로도 쓰입니다.
> (나는 감히 이 지역에서 내 아이들이 내 눈에 띄지 않는 곳에 있게 하지 않는다.)

3. used to의 쓰임

used to의 의미는 과거에는 했는데 지금은 아니라는 것입니다.

- ▶ I **used to** eat meat, but now I'm a vegetarian.
  나는 전에는 고기를 먹었지만 지금은 채식주의자다.
- ▶ I **used to** smoke, but I quit last year.   나는 담배를 피웠지만 작년에 끊었다.
- ▶ He **used to** play football, but he's too old now.
  그는 미식축구를 했었지만 지금은 너무 나이가 많다.

used to의 부정형은 didn't used to로 씁니다.

- ▶ I **didn't used to** like her.   나는 전에는 그녀를 좋아하지 않았다.
- ▶ I **didn't used to** like broccoli when I was younger.
  나는 어릴 때 브로콜리는 좋아하지 않았다. (그러나 지금은 좋아한다는 의미)

be used to + 동사원형 vs be used to + ~ing

be used to + 동사원형 : ~하기 위해서 사용되다

- ▶ The scissors are used to cut the rope.   그 가위는 로프를 자르는 데 사용된다.

이 때 used는 use의 과거분사형으로 '유즈드' [juːzd]로 발음이 됩니다.

be used to + ~ing : ~에 익숙하다

- ▶ He is used to working late at night.   그는 밤 늦게까지 일하는 데 익숙하다.
- ▶ She is used to living alone.   그녀는 혼자 사는 데 익숙하다.

이 때 used는 '유스트' [juːst]로 발음이 됩니다.

✅ **핵심체크**

▌다음 우리말에 맞게 빈칸에 가장 알맞은 것은?

I _____ fish here every day. 나는 전에 여기서 매일 낚시를 하곤 했다.

(A) used to   (B) am used to

정답 (A) – used to + 동사원형은 과거에는 했는데 지금은 아니라는 의미이며,
be used to + 동사원형은 '~하기 위하여 사용된다'라는 의미로 여기 적합하지 않습니다.

확인 문제

1~4 다음 중 빈칸에 가장 올바른 것은?

1. Only I _____ change my life. No one _____ do it for me.

   (A) can   (B) have

2. A: Do you have any plan this weekend?
   B: Yes, I _____ go swimming.

   (A) will   (B) am going to

3. I cannot help _____ that there has been a mistake.

   (A) to feel   (B) feeling

4. A reader _____ borrow up to 5 books at one time.

   (A) may   (B) ought

5~6 다음 우리말에 맞게 빈칸에 알맞은 단어를 쓰시오.

5. He fled the country _____ he should be captured. (그는 잡히지 않으려고 그 나라에서 도망쳤다.)

6. I may as _____ admit that I always underestimated Jay.

   (내가 늘 Jay를 과소평가했다는 사실을 인정하는 게 좋겠다.)

7~8 다음 중 빈칸에 가장 올바른 것은?

7. I should _____ been a jazz singer from the beginning. 토익 유형

   (A) is
   (B) am
   (C) had
   (D) have

8. We _____ go to the beach every summer when I was a kid. 토익 유형

   (A) used to
   (B) use to
   (C) are used to
   (D) are use to

정답

1. (A) 2. (B) 3. (B) 4. (A) 5. lest 6. well 7. (D) 8. (A)

해설

1. 조동사 can 다음에는 동사원형이 옵니다. have 다음에는 과거분사형 (changed, done)이 옵니다. (해석: 나만이 나의 인생을 바꿀 수 있다. 아무도 나를 대신해서 그 일을 할 수 없다.)

2. 이미 계획을 세워 놓았다는 의미로 be going to가 옳습니다. will은 즉석에서 결정할 때 쓰고 be going to는 이미 전에 결정한 내용을 말할 때 사용합니다. (해석: A: 이번 주말에 계획이 있니? B: 응, 나는 수영을 하러 갈 예정이야.)

3. cannot help ing는 '~를 피할 수 없다', 즉 '~하지 않을 수 없다'의 의미입니다. 여기서 help = avoid로 두 단어 모두 동명사를 목적어로 취합니다. cannot help feeling = cannot help but feel입니다. (해석: 나는 실수가 있었다는 느낌을 피할 수가 없다.)

4. 의미상으로도 도서관에서 책을 빌릴 수 있는 허용치를 나타내는 may가 맞습니다. (해석: 독자는 한 번에 최대 5권을 빌릴 수 있다.) up to ~: 최대 ~까지

5. 「lest 주어 should + 동사원형」: '~하지 않으려고'

6. may/might as well은 '~하는 게 좋겠다'라는 의미입니다.

7. 「should have + 과거분사」: '~했어야 했는데 하지 않았다' (해석: 나는 처음부터 재즈가수가 되었어야 했는데.)

8. 「used to + 동사원형」은 '과거에 ~하곤 했다'의 뜻입니다. cf. 「be used to + 명사/ing」: '~하는 데 익숙하다' (해석: 나는 어렸을 때 매년 여름에 그 해변에 가곤했다.)

Chapter 10
가정법

조동사와 긴밀한 관계가 있는 가정법은 조동사를 연습한 후에 정리하면 이해가 쉽습니다. **가정법은 말 그대로 가정하는 문장**을 가리킵니다. 가정법은 사실이 아닌 경우가 많이 때문에 **비현실적인 형태**를 취합니다. 한마디로 가정법은 거짓말입니다. 이 거짓말을 어떤 형태로 표현하는지 정리해 봅시다. 기본 조건문부터 가정법 과거, 가정법 과거완료, 가정법 미래, 혼합가정법, 기타 다양한 형태의 가정법까지 모두 정리해 드립니다. 가정법에서 가장 중요한 것을 하나 고르라면 저는 가정법 과거완료를 뽑습니다! 자 이제 시작해 볼까요?

01 조건문

1. 조건문의 형태와 의미

조건문은 가능성이 있는 상황을 가리킵니다.

A 조건의 부사절을 이끄는 if

if가 이끄는 조건을 나타내는 문장들은 if절에는 현재 시제를 쓰고 주절에는 동사원형이나 will이 들어간 동사를 쓰는 특징이 있습니다.

▶ **If** you have a complaint, write to me.   불만이 있으면 나에게 편지를 써 주세요.

➡ 이 문장은 you가 실제 불만이 있을 수도 있다는 어떤 조건(condition)을 생각하여 만든 문장입니다.

▶ Stay indoors **if** it rains.   비가 오면 실내에 머물러라.
▶ I'll go **if** you do.   네가 가면 나도 갈게.

➡ 첫 번째 문장은 비가 실제로 올 수도 있다는 조건, 두 번째 문장은 you가 실제로 갈 수도 있다는 조건을 바탕으로 만든 문장입니다.

if뿐 아니라 when, as soon as 등의 때를 나타내는 접속사도 같은 형식을 취합니다.

▶ Jane will be in charge of the department **when** Sophie leaves.
  소피가 떠날 때 제인이 그 부서를 담당할 것이다.
▶ **As soon as** we hear any news, we'll call you.   소식을 듣자마자 전화줄게.

B 미래의 조건을 표현하는 조동사 should

보통 가정법 미래로 표현하기도 하는 이 구문은 직설법에 가깝습니다. 다만 가능성이 적다는 것을 표현합니다. 가정법 미래는 if절에 should를 씁니다.

▶ If you **should** bump into Carol, call me.
  혹시 Carol을 우연히라도 보면 내게 전화해 줘.

➡ should를 빼고 If you bump into ~로 쓰면 가능성이 더 높고, should를 쓰면 가능성이 적다는 것을 표현합니다.

「If + 주어 + should」는 If를 생략해서 「Should + 주어」로 도치구문을 만들기도 합니다. 둘은 같은 의미입니다.

▶ **If anyone should** arrive late, admission is likely to be refused.
  = **Should anyone** arrive late, admission is likely to be refused.
  누가 혹시 늦게 도착하면 입장이 거절될 것 같다.

▶ **If anyone should** ask for me, I'll be in the break room.
  = **Should anyone** ask for me, I'll be in the break room.
  혹시라도 누가 나를 찾으면 나는 휴게실에 있을 것이다.

» 조건문 총정리

공식1 조건문 현재: if + 주어 + 현재 시제, 주어 + 현재 시제/will

If you have any comment, please tell me. 하실 말씀 있으면 해 주세요.

공식2 가정법 미래: if + 주어 + should + 동사원형, 주어 + 현재 시제/would/will

If you should decide not to go on the trip, you will get a full refund.
= Should you decide not to go on the trip, you will get a full refund.
여행 가지 않기로 결정하면 완전한 환불을 받을 것이다.

✅ 핵심체크

▍다음 중 빈칸에 가장 알맞은 것은?

_____ you have any problems, feel free to contact me.

(A) Should   (B) Will

정답 (A) - 가정법 미래의 조동사는 should를 쓰며 if를 생략하면 should가 문장 맨 앞으로 갑니다.
(혹시 문제 있으면 주저 없이 나에게 연락주세요.)

2. 조건문과 가정법

조건문과 가정법 문장은 다음 문장을 비교하면 이해하실 수 있습니다.

▶ **If** the weather **improves**, I**'ll go** for a walk.   날씨가 좋아지면 나는 산책을 갈 것이다.

➡ 이 문장은 날씨가 좋아질 가능성이 있다는 것을 표현하는 조건문입니다.

▶ **If** the weather **improved**, I **could go** for a walk.
날씨가 좋아지면 나는 산책을 갈 수 있을 텐데.

➡ 이 문장은 날씨가 좋아질 가능성이 없다는 것을 보여주는 가정법 문장입니다. 생긴 것은 과거 형태이지만 현재 상황을 반대로 가정해서 표현합니다.

▶ If the weather **had improved**, I **could have gone** for a walk.
날씨가 좋아졌다면 나는 산책을 갔을 텐데.

➡ 이 문장은 실제 날씨가 좋아지지 않아 못 갔다는 것입니다. 날씨가 좋아졌을 가능성은 전혀 없습니다. 생긴 것은 과거완료 형태이지만 과거 사실을 반대로 가정해서 표현합니다.

가정법은 이처럼 비현실적인 거짓말이기 때문에 가정법 과거는 현재 사실을, 가정법 과거완료는 과거 사실을 반대로 가정할 때 사용합니다. 이 형태 자체가 이 문장이 거짓말임을 보여 주고 있습니다. 가정법 과거에서 I 다음에 were가 오는 것을 본 적이 있지요? 처음 배우시는 분은 I 다음에 am/is/was가 안 오고 왜 were가 오는지 궁금해하거나 어려워합니다. 가정법은 비현실적인 상황을 보여 줘야 하기 때문에 I 다음에 were가 온 것입니다. 즉, I were로 쓰면 '이 말 거짓말입니다'라고 말하는 표시로 이해하면 됩니다! 현재 사실의 반대 가정을 가정법 과거로 쓰고 과거 사실의 반대 가정을 가정법 과거완료로 쓰는 이유도 '이 말 거짓말입니다'라는 표시로 이해하면 됩니다.

✅ **핵심체크**

┃ 다음 중 빈칸에 가장 알맞은 것은?

If I _____ an animal, I would be an eagle.

(A) was   (B) were

정답 (B) – 가정법은 비현실적인 상황을 표현합니다. 현실에서는 I 다음에 were가 올 수 없죠? I 다음에 were를 사용하여 이 문장이 비현실적인 가정이라는 것을 표현합니다. (내가 동물이라면 나는 독수리가 될 것이다.)

02 가정법

1. 가정법의 기본 형태와 의미

if가 들어가는 전형적인 가정법의 형태를 표로 정리하면 다음과 같습니다.

가정법 종류	의미	문장 구조
가정법 과거	현재 사실에 반대되는 가정	If + 주어 + 일반동사의 과거형, 주어 + would/should/could/might + 동사원형
		If + 주어 + were ~, 주어 + would/should/could/might + 동사원형
가정법 과거완료	과거 사실에 반대되는 가정	If + 주어 + had p.p., 주어 + would/should/could/might + have p.p.
혼합 가정법	과거 사실에 반대되는 가정 / 그 결과가 현재에 영향	If + 주어 + had p.p., 주어 + would/could + 동사원형

Ⓐ 가정법 과거

현재 사실에 반대되는 내용을 가정할 때 사용합니다. If절에 과거 시제를 쓰기 때문에 가정법 과거라고 불립니다.

▶ **If** she **came** here, she **would be** very happy. 그녀가 여기 오면 그녀는 매우 행복할 텐데.
(그녀가 여기 오지 않는다는 현재 사실과 반대되는 내용을 가정)

▶ **If** I **were** you, I **wouldn't do** that. 내가 너라면 그 일을 하지 않을 텐데.
(내가 너가 아니라는 현재 사실과 반대되는 내용을 가정)

Ⓑ 가정법 과거완료

과거 사실에 반대되는 내용을 가정할 때 사용하며 If절에 과거완료 시제를 쓰기 때문에 가정법 과거완료라고 불립니다. 가정법에서 제일 중요하고 시험에도 많이 출제되니 기본 구문을 꼭 암기합시다!

▶ **If** you **had invited** her, she **would have come**.
당신이 그녀를 초청했더라면 그녀가 왔을 텐데.
(그녀를 초청하지 않았다는 과거 사실과 반대되는 내용을 가정)

▶ **If** you **had asked** him, he **would have helped** you.
당신이 그에게 요청했더라면 그가 당신을 도왔을 텐데.
(그에게 요청하지 않았다는 과거 사실과 반대되는 내용을 가정)

ⓒ 혼합 가정법

▶ **If** I **had studied** hard, I **would have** a good grade.
과거에 공부 열심히 했으면 지금 학점이 좋을 텐데.

▶ **If** the train **had departed** on time, I **would be** there now.
= **Had** the train **departed** on time, I **would be** there now.
기차가 정시에 출발했다면 나는 지금 거기 있을 텐데.

혼합 가정법은 시제를 나타내는 단어가 함께 나오는 경우가 많습니다.

▶ **If** I **had worked** harder **then**, I **would be** a doctor **now**.
내가 그때 열심히 공부했더라면 지금 나는 의사일 텐데.

➡ then은 과거를 나타내고 now는 지금을 나타내서 If절과 주절의 시제가 다른 것을 보여 줍니다.

✅ 핵심체크

1 다음 중 빈칸에 가장 알맞은 것은?

If you _____ me, I could have helped you.

(A) asked (B) had asked

정답 (B) - 가정법은 과거완료가 1등으로 중요합니다.
If 주어 + had +과거분사, 주어+ would/could/have/might + have + 과거분사
(당신이 요청했다면 나는 도와줄 수 있었는데.)

2. if의 생략과 도치

가정법을 대표하는 단어가 바로 If이지요. 하지만 이 If가 생략될 수도 있답니다. 그런데 그냥 If만 사라져 버리고 끝난다면, '나는 가정법 문장이야'라는 표시를 낼 수 없으니 문장에 변형이 일어납니다.

Ⓐ 가정법 과거

가정법 과거에서 동사 자리에 be동사가 들어가야 하는 경우, 주어가 you나 they가 아니더라도 be동사는 were를 사용하는 것이 원칙입니다. (그러나 현대 문법에서는 was도 사용되고 있습니다.) 이러한 문장에서 if가 생략되는 경우 were가 맨 앞으로 나오게 됩니다.

> ▶ **If** I were you, I wouldn't do that.
> → **Were** I you, I wouldn't do that.   만약 내가 너라면 그런 짓은 하지 않을 텐데.

Ⓑ 가정법 과거완료

가정법 과거완료에서 If절에는 「had + p.p.」가 사용되는데, If가 생략되면 이 중 had가 맨 앞으로 나오게 됩니다.

> ▶ **If** he **had danced**, you would have laughed.
> → **Had** he **danced**, you would have laughed.
> 만약 그가 춤을 추었더라면 너는 웃었을 거야.

Ⓒ 가정법 미래

가정법 미래에서 If절에는 「should + 동사원형」이 사용되는데, If가 생략되면 이 중 should가 맨 앞으로 나오게 됩니다. 다음 문장은 일상에서 가장 자주 사용되는 가정법 도치문 중 하나입니다.

> ▶ **If** you **should have** any problems, call me.
> → **Should** you **have** any problems, call me.   만약 문제가 생긴다면 저에게 연락하세요.

✅ 핵심체크

l 다음 중 빈칸에 가장 알맞은 것은?

_____ I known you better then, I would have said those three old words 'I love you'.

(A) Had   (B) Have

> 정답 (A) - Had I known you better then은 If I had known you better then과 같은 의미입니다.
> (내가 그때 당신을 더 잘 알았더라면 'I love you'라는 오래된 세 단어를 말했을 텐데.)

3. 기타 가정법들

A if절 대용 구문

가정법의 의미를 갖는 전치사	if it were not for = without ~이 없다면
	if it had not been for = without ~이 없었더라면
	if not for = without = but for ~이 없다면, ~이 없었더라면
	barring ~가 발생하지 않는다면
	in case of = in the event of ~인 경우에
접속사로 쓰이는 표현들	providing (that) = provided (that) = if
	given (that) ~라는 조건하에서
	in case (that) = in the event (that) ~인 경우를 대비하여
	assuming (that) ~인 조건하에서

B I wish 가정법

wish는 일반적인 직설법에도 많이 사용됩니다.

- We **wish** you a merry Christmas. 즐거운 크리스마스 보내시길 빕니다.
- I **wish** you a happy birthday. 생일 축하합니다.

다음 문장들은 모두 가정법으로 쓰인 문장들입니다.

- I **wish** I **could stay** here longer. 나는 이곳에 더 머물면 좋겠다.
  (실제로는 지금 더 머물 수 없는 상황 – 가정법 과거형과 같은 의미)
- I **wish** I **had not married** him. 나는 그와 결혼을 하지 않았으면 하고 바란다.
  (실제로는 그와 결혼을 한 상황 – 가정법 과거완료형과 같은 의미)

C It is time + 주어 + 동사의 과거형

「It is time + 주어 + 동사의 과거형」은 현재의 의미입니다. 생긴 모양만 과거형입니다.

- **It is time** you **went** to bed. 자러 갈 시간이다.
- It's almost midnight. **It's time** we **went** home. 거의 자정이 되었다. 집에 갈 때다.
  It's time we **go** home. (✗) (동사의 과거형을 현재형으로 쓰면 틀립니다.)

D as if/as though

둘다 '마치 ~인 것처럼'의 의미인데 as if를 as though보다 더 많이 씁니다. as if나 as though 다음에는 직설법 시제도 오고 가정법도 옵니다. 하지만 그 의미는 각각 다릅니다.

▶ It looks like **as though** it is going to snow.   눈이 올 것 같다.
   (직설법: 실제 눈이 올 수 있는 상황에 쓰임)

▶ She talks **as if** she **was**/**were** rich.   그녀는 부자처럼 말한다.
   (가정법: 실은 그녀가 부자가 아닌 상황에 쓰임)

E without

without은 '~가 없다면' 또는 '~가 없었다면'의 의미로 사용됩니다.

» 가정법 과거

▶ **Without** the sun, we could not live on the earth.
   = **But for** the sun, we could not live on the earth.
   = **If it were not for** the sun, we could not live on the earth.
   = **Were it not for** the sun, we could not live on the earth.
   태양이 없다면 우리는 지구상에서 살 수 없을 것이다.

» 가정법 과거완료

▶ **Without** your help, I would not have succeeded.
   = **But for** your help, I would not have succeeded.
   = **If it had not been for** your help, I would not have succeeded.
   = **Had it not been for** your help, I would not have succeeded.
   당신의 도움이 없었다면 나는 성공하지 못했을 텐데.

» 혼합 가정법

▶ **Without** your support, I would not be here today.
   = **But for** your support, I would not be here today.
   = **If it had not been for** your support, I would not be here today.
   = **Had it not been for** your support, I would not be here today.
   당신의 도움이 없었다면 나는 지금 여기 없었을 것입니다.

4. (should) + 동사원형

다음과 같은 단어들은 뒤에 should가 생략된 동사원형을 쓰는 that절을 씁니다. 이런 문장도 영문법 원서에서 가정법으로 다루기 때문에 여기에 넣어 정리해 드립니다.

A 동사

demand(요구하다), require(요구하다), insist(주장하다), suggest(제안하다), propose(제안하다), recommend(추천하다), order(명령하다), command(명령하다), decide(결정하다), prefer(선호하다) 다음 that절에는 「(should) + 동사원형」이 옵니다. 요즘은 should를 생략해서 많이 사용합니다.

▶ I suggest (that) we (**should**) **wait** a while.   우리가 조금 더 기다리도록 제안합니다.

B 형용사

vital(중요한), essential(핵심적인), necessary(필요한), important(중요한), desirable(바람직한), natural(당연한)은 「It is 형용사 that 주어 + (should) + 동사원형」의 형태로 씁니다.

▶ It is very **important** that we (**should**) **get** extra funding.
우리가 추가 자금을 구하는 것이 매우 중요하다.
▶ It's **natural** that you (**should**) **feel** anxious when you first go to school.
처음 학교 갈 때 걱정하는 것은 당연하다.

C 명사

decision(결정), suggestion(제안), recommendation(추천), order(명령) 다음의 that절에도 「(should) + 동사원형」 또는 동사원형이 옵니다.

▶ There was a **suggestion** that houses (**should**) **be** built on the site.
주택들이 그 부지에 세워져야 한다는 제안이 있었다.

D 예외적인 동사들

보통 '제안하다, 주장하다'라는 의미의 동사 뒤에는 「(should) + 동사원형」 또는 그냥 동사원형이 온다고 가르치고 배웁니다. 기본적으로 맞는 말입니다. 그러나 다음 문장을 어떻게 설명하죠?

- Taro **insisted** that he **was** right.   Taro는 자기가 옳았다고 주장했다.
- Tom **insisted** that he **acted** alone.   Tom은 자기가 혼자 했다고 주장했다.
- Even Rachel and Julia **insisted** that she **was** the one with the problem.
  심지어 Rachel과 Julia도 그녀에게 문제가 있다고 주장했다.

위의 세 문장은 과거의 사실을 주장하는 것입니다. 그런 경우 당연히 과거 시제를 씁니다. 원리를 따져 보면 앞으로 무엇을 해야 한다고 주장하는 경우 「(should) + 동사원형」을 쓰고 아닌 경우에는 그것에 맞는 시제를 쓸 수 있다는 것입니다. 이와 착상이 비슷한 것이 suggest입니다. suggest가 '제안하다'라는 의미일 때 뒤에 나오는 that절에는 「(should) + 동사원형」이 옵니다.

- I **suggest** (that) you **leave** here around four o'clock. The traffic gets very bad from about 4:30 onwards.
  나는 당신이 여기를 4시경에 떠나도록 제안한다. 교통이 4시 30분부터 계속 나빠진다.
- Her doctor **suggested** that she **should reduce** her working hours and **take** more exercise.
  의사는 그녀가 근무 시간을 줄이고 운동을 더 하도록 권했다.

그러나 suggest가 '암시하다, 시사하다'의 의미라면 뒤에 아무 시제나 올 수 있습니다.

- The glove **suggests** that she **was** at the scene of the crime.
  그 장갑은 그녀가 범죄 현장에 있었다는 것을 암시한다.

간단히 요약하면 suggest, insist가 앞으로 무엇을 해야 한다고 주장할 때는 that절 안에 「(should) + 동사원형」이나 그냥 동사원형을 씁니다. 하지만 그런 것이 아니면 과거의 사실에 대해서는 과거 시제를 얼마든지 쓸 수가 있습니다.

✅ 핵심체크

다음 중 빈칸에 가장 알맞은 것은?

Clara suggested that I _____ the shop on Kinglish Road.

(A) try   (B) tried

> 정답 (A) - suggest가 앞으로 무엇을 하자고 제안하는 의미일 때는 that절에 동사원형 또는 「(should) + 동사원형」이 옵니다.
> (Clara는 내게 킹글리시로드의 상점을 가 보라고 제안했다.)

확인 문제

1~4 다음 중 빈칸에 가장 올바른 것은?

1. _____ you need help, do not hesitate to call me.

   (A) Will   (B) Should

2. If you _____ here, I could hug you tightly.

   (A) are   (B) were

3. He would work for them if they _____ him twice his current salary.

   (A) paid   (B) will pay

4. If Sue _____, I would not have known about the news.

   (A) have not called
   (B) had not called

5~6 다음 영문장을 해석하시오.

5. You can re-take it next year should you fail this exam.

6. It is time this Congress listened to the American people.

7~8 다음 중 빈칸에 가장 올바른 것은?

7. _____ music, life would be a mistake. 토익 유형

   (A) All
   (B) Beside
   (C) Without
   (D) Although

8. If I _____ what it would be like to have it all, I might have been willing to settle for less. 토익 유형

   (A) know
   (B) knew
   (C) have known
   (D) had known

정답

1. (B)   2. (B)   3. (A)   4. (B)   5. 당신은 이번 시험에 낙제하면, 내년에 다시 볼 수 있다.   6. 국회가 미 국민들의 말을 들을 때입니다.   7. (C)   8. (D)

해설

1. 가정법 미래의 조동사는 인칭에 상관없이 모두 should입니다. Should you need help = If you should need help (해석: 도움이 필요하면 주저 없이 나에게 전화해라.)

2. 가정법 과거의 be동사는 인칭에 상관없이 were입니다. (해석: 당신이 지금 여기 있으면 나는 당신을 꼭 안을 수 있으련만.)

3. 가정법 과거 기본 문형입니다. 가정법 과거형은 「If 주어 + 동사의 과거형, 주어 + would + 동사원형」입니다. (해석: 그들이 그에게 현재 봉급의 두 배를 준다면 그는 그들을 위해 일할 텐데.)

4. 가정법 과거완료 기본 문형입니다. 가정법 과거완료형은 「If 주어 + had + 과거분사, 주어 + would have + 과거분사」입니다. (해석: Sue가 전화를 하지 않았더라면 나는 그 소식을 몰랐을 텐데.)

5. should you fail this exam = if you should fail this exam

6. It is time 다음에 과거 시제는 현재로 번역합니다.

7. Without music = If it were not for music(음악이 없다면) without은 이렇게 가정법이나 가정법 과거완료(if it had not been for[~이 없었다면]) 대신으로 사용될 수 있습니다. (해석: 음악이 없다면 인생은 잘못일 것이다. - 니체)

8. 가정법 과거완료의 기본 형태입니다. 본 연습 문제에서 가정법 과거완료를 많이 연습시켜 드리는 이유는 가정법에서 제일 중요한 것이 가정법 과거완료이기 때문입니다. (해석: 그 모든 것을 갖는 것이 무엇을 의미하는지 알았더라면 나는 그보다 더 적은 것에 기꺼이 만족했을 텐데.)

Chapter 11
수동태

주어·동사의 관계를 파악하여 **주어가 동작을 하면 능동태**이고, **주어가 동작을 당하면 수동태**입니다. 1형식, 2형식에 쓰는 자동사는 수동태가 될 수 없습니다. 문장의 5형식과 수동태는 긴밀한 관련이 있으니 앞의 문장의 5형식 챕터를 다시 보고 수동태를 공부해도 좋습니다. 수동태는 기본 「be + 과거분사 + by」 형태를 취합니다. 그러나 by가 아닌 다른 전치사를 취하는 수동태 동사들도 있습니다. 또한 특별히 두세 단어가 마치 한 단어인 것처럼 움직이는 수동태도 있습니다. (ex) be taken care of, be looked after) 수동태를 시작해 볼까요?

01 능동태와 수동태

1. 수동태를 쓰는 경우

어떤 상황을 말할 때 '무엇이 어떻게 되다'라고 해석되면 수동태라 볼 수 있습니다. 수동태의 기본 형태는 「be + 과거분사 (+ by 행위자)」입니다.

Ⓐ 행위자가 불분명

누가 했는지 중요하지 않거나 밝히기 어려운 경우 수동태를 씁니다.

▶ Rome **was not built** in a day.   로마는 하루아침에 만들어지지 않았다.

➡ 이 문장에서 Rome이 중요한 대상이 되죠. 이 문장은 능동태로 만들면 We/They didn't build Rome in a day.라고 할 수는 있지만 We/They가 별로 중요하지 않아서 어색한 문장이 됩니다.

▶ Many books **are published** every month.   매달 많은 책이 출간된다.

➡ 이 문장에서도 누가 출간하는 것은 중요하지 않아 수동태가 더 자연스럽습니다.

또한 누가 그랬는지 굳이 말할 필요가 없을 때 수동태를 씁니다.

▶ The king **was beheaded** in 1700.   그 왕은 1700년에 단두대에 처형되었다.

➡ 이 문장에서도 왕이 처형된 것이 중요하고 누가 죽였는지는 중요하지 않아 왕을 주어로 쓴 것입니다.

Ⓑ 행동의 주체 강조

by 이하에 나오는 행동의 주체를 강조할 때도 수동태가 쓰입니다.

▶ The Adventures of Tom Sawyer **was written** by Mark Twain.
톰소여의 모험은 마크 트웨인이 썼다.

✅ 핵심체크

▎다음 중 빈칸에 가장 알맞은 것은?

This chair was made _____ Mr. Kim.

(A) of   (B) by

정답 (B) – 수동태의 기본은 be + 과거분사 + by입니다.
(이 의자는 김 씨가 만들었다.)

2. 능동태와 수동태의 구분

Ⓐ 형태

수동태의 형태는 「be + p.p.(과거분사)」입니다.

- Jay **wrote** a book.　Jay가 책 한 권을 썼다. (능동)
- A book **was written** by Jay.　책 한 권이 Jay에 의해 쓰여졌다. (수동)

Ⓑ 의미

어떤 상황을 말할 때, 주어가 그 동작을 '하면' 능동이고 주어가 그 동사의 동작에 영향을 받아 '당하면' 수동입니다. 쉽게 말해서, '무엇이 어떤 동작을 한다'라고 해석되면 능동태이고 '무엇이 어떻게 된다'라고 해석되면 수동태라 볼 수 있습니다.

- The newspaper **is delivering** every morning. (✗)
- The newspaper **is delivered** every morning. (○)　신문이 매일 아침 배달된다.

➡ 신문은 배달'하는' 것이 아니라, 배달'되는' 것이 타당하므로 수동태가 알맞습니다. 우리말로 '되는'으로 해석되는 것들은 대부분 수동태입니다.

✅ 핵심체크

▎ 다음 중 빈칸에 가장 알맞은 것은?

The flight tickets were _____ last week.

(A) booked　　　　(B) booking

> **정답** (A) - 비행기 티켓은 예약되는 것이므로 수동태를 만드는 (A) booked가 정답입니다.
> 수동태는 be + 과거분사(p.p.)형태로 쓰입니다. (항공권은 지난주에 예약되었다.)

02 수동태의 형태와 종류

1. 수동태의 기본 형태

수동태의 기본 형태는 「be + 과거분사(p.p.)」이며, be동사는 시제에 따라 달라집니다.

단순 시제	The meeting is held every week. 그 회의는 매주 개최된다. The meeting was held last week. 그 회의는 지난주에 개최되었다. The meeting will be held next week. 그 회의는 다음 주에 개최될 것이다. The meeting may be held next week. 그 회의는 아마도 다음 주에 개최될 것이다.
진행 시제	The meeting is being held now. 그 회의는 지금 개최되고 있다. The meeting was being held when I entered the room. 내가 방에 들어갔을 때 회의가 개최되고 있는 중이었다.
완료 시제	The meeting has been held twice a week since March. 그 회의는 3월부터 일주일에 두 번씩 개최되고 있다. The meeting will have been held 3 times by this Friday. 그 회의는 이번 주 금요일이면 세 번째 개최되는 것이다.

☑ 핵심체크

▎다음 주어진 문장을 수동태로 만드시오.

Kinglish workers will hold a farewell party tomorrow night.

정답 A farewell party will be held tomorrow night by Kinglish workers.
(작별 파티가 내일 밤 Kinglish사 직원들에 의해 열릴 것이다.)

2. 문장의 형식과 수동태

능동태를 수동태로 바꿀 때, **동작을 당하는 대상인 목적어가 주어가 되기 때문에, 목적어가 있는 3형식 • 4형식 • 5형식에서만 수동태가 가능합니다.** 「주어 + 동사」, 「주어 + 동사 + 보어」로 이루어지는 1형식과 2형식 동사들(rise, lie, take place, happen, occur, arrive, look, disappear)은 목적어가 없기 때문에 수동태가 불가능하지요. 앞에서 다룬 문장의 5형식을 대강이라도 다시 한번 읽어 주세요. 문장의 5형식을 정리해 두면 수동태 이해가 쉽습니다.

Ⓐ 수동태를 만들 수 없는 1형식과 2형식

우리가 앞의 챕터에서 다룬 문장의 1형식과 2형식은 자동사를 이용해 만듭니다. 자동사는 목적어를 갖지 않기 때문에 수동태가 될 수 없습니다.

rise(일어나다), arrive(도착하다), deteriorate(악화되다), disappear(사라지다), exist(존재하다, 생존하다), function(작용하다), happen/occur(발생하다, 일어나다), lie(눕다), look(보다), proceed(시작하다, 진행하다)

- I was arrived yesterday. (✗)
- The accident was happened yesterday. (✗)
- The child was disappeared. (✗)

그런데 한 가지 예외! go는 자동사이지만 is gone으로 쓰입니다. 이것은 관용적인 표현으로 암기해 주세요.

- I can't find my phone. It **is gone**.   나는 전화기를 찾을 수가 없다. 그것은 사라졌다.

Ⓑ 3형식의 수동태

목적어가 하나인 3형식(주어 + 동사 + 목적어「S + V + O」) 문장을 수동태로 바꾸면 목적어가 주어가 되고, 주어는 「by + 목적격」이 됩니다.

- **He** wrote **the book**.   그는 그 책을 썼다.
  → **The book** was written **by him**.   그 책은 그에 의해 쓰여졌다.

C 4형식의 수동태

목적어가 두 개인 4형식(주어 + 동사 + 간접목적어 + 직접목적어「S + V + I.O. + D.O.」)은 각각의 목적어를 주어로 하는 수동태가 가능합니다.

- They **awarded** him the prize. 그들은 그에게 상을 수여했다.
    - → He **was awarded** the prize by them. 그는 그들에게서 상을 받았다.
    - → The prize **was awarded to** him by them. 그 상은 그에게 그들에 의해 주어졌다.

이렇게 두 개의 수동태로 만들 수 있는 동사들은 give, grant, offer, award, send가 대표적입니다.

- My father **gave** me a present. 아버지는 나에게 선물을 주셨다.
    - → I **was given** a present by my father.
    - → A present **was given to** me by my father.

4형식 수동태에서 직접목적어가 주어로 쓰이면 간접목적어 앞에는 동사에 따라 to나 for 같은 전치사가 쓰입니다.

» to가 쓰이는 동사: write, read, give, teach, sell, send

- She **sent** me a book. 그녀가 나에게 책을 보냈다.
    - → A book **was sent to** me by her.
- I **wrote** my sweetheart a long letter. 나는 내 애인에게 긴 편지를 썼다.
    - → A long letter **was written to** my sweetheart by me.

» for가 쓰이는 동사: make, buy, get

- Jay **made** me a kite. Jay가 나에게 연을 만들어 줬다.
    - → A kite **was made for** me by Jay.
- He **bought** me a jacket. 그가 나에게 재킷을 사 주었다.
    - → A jacket **was bought for** me by him.

buy, write, sell은 의미상 직접목적어를 주어로 하는 수동태 한 가지만 쓸 수 있습니다.

- My mother **bought** me a doll. 엄마는 내게 인형을 사 주셨다.
    - → A doll **was bought for** me by my mother. (O)
    - → I **was bought** a doll by mother. (X) (사람이 팔린다는 의미의 이상한 문장)

**'s comment!** 두 개의 수동태가 가능한 **send**

대부분의 영문법 책들이 send도 수동태가 하나밖에 없다고 하지만 이것은 틀린 설명입니다! send는 수동태 두 개 모두 가능한 동사입니다.

- ▶ I sent her a present.
- → A present was sent to her by me. (O)
- → She was sent a present by me. (O)

이 경우 둘 다 맞는 문장입니다. 절대 틀린 문장으로 오해하지 마시고 기억하세요!

D 5형식의 수동태

5형식(주어 + 동사 + 목적어 + 목적보어「S + V + O + O.C.」)을 수동태로 만들면 동사 뒤의 목적보어가 그대로 남습니다.

- ▶ He **called** the dog Merry.   그는 그 개를 메리라고 불렀다.
  - → The dog **was called** Merry by him.   그 개는 그에 의해 메리라고 불렸다.

see, hear, make 같은 지각동사가 쓰인「지각동사 + 목적어 + 동사원형」의 수동태 구문은「be동사 + 지각동사의 과거분사형 + to 동사원형」의 형태가 됩니다. 수동태에서 to가 살아난다는 점에 주의하세요!

- ▶ I **heard** her sing a song.
  - → She **was heard** to sing a song. (O)
  - → She **was heard** sing a song. (X)
- ▶ I **saw** him get out of the room.
  - → He **was seen** to get out of the room. (O)
  - → He **was seen** get out of the room. (X)
- ▶ They **made** her apologize.
  - → She **was made** to apologize. (O)
  - → She **was made** apologize. (X)

✅ 핵심체크

┃ 다음 중 빈칸에 가장 알맞은 것은?

She was made _____ the whole story.

(A) to repeat   (B) repeat

> 정답 (A) - 수동태에서는 see, hear, make 같은 지각동사, 사역동사의 목적보어에 to를 넣습니다.
> (그녀는 모든 이야기를 반복해야 했다.)

3. 특별한 형태의 수동태

Ⓐ 동사구 수동태

두 단어 또는 세 단어가 마치 한 단어의 동사처럼 수동태가 만들어지는 경우가 있습니다.

- ▶ An authority **looked after** the child.　한 기관이 그 아이를 돌보았다.
  → The child **was looked after** by an authority.

➡ look after는 '돌보다'라는 의미의 한 덩어리로 수동태가 만들어집니다.

- ▶ We will **take good care of** the children.　우리는 그 아이들을 잘 돌볼 것이다.
  → The children will **be taken good care of**.

➡ take good care of가 한 덩어리 동사처럼 수동태가 됩니다.

한 단어의 동사처럼 수동태로 만들어지는 두 단어 또는 세 단어로 된 동사구
take care of ~ (~을 돌보다), deal with ~ (~을 다루다), run over ~ (차가 ~을 치다), send for ~ (~를 부르러 보내다), carry out ~ (~을 수행하다), look after ~ (~을 돌보다), turn on ~ (~을 켜다), turn off ~ (~을 끄다), take off ~ (~을 벗다)

Ⓑ 동작 수동태

수동태의 동사는 「be + 과거분사」의 형태를 취하는 것이 원칙이지만 **be동사 대신에 get, grow, become 이 쓰여 「get/grow/become + 과거분사」의 형태가 되는 경우**도 있습니다. 이때에는 상태의 변화나 동작의 의미를 강조하는 문장이 되는데 이를 동작 수동태라고 합니다.

- ▶ She **got dressed** as quickly as she could.　그녀는 가능한 한 빨리 옷을 입었다.
- ▶ Tell him to **get lost**.　그에게 가버리라고 해라.
- ▶ I **got caught** in the rain last night.　지난밤에 비를 만났다.

Ⓒ have + 목적어 + 과거분사

- ▶ I am **having** my car **serviced**.　나는 차를 정비받고 있다.
- ▶ I must **get** my roof **repaired**.　나는 지붕을 수리받아야 한다.
- ▶ **Get** your hair **cut**.　머리를 잘라라.

명령문의 경우 have보다는 get을 쓰는 것이 더 자연스럽습니다.

D 수동태에서 전치사 by를 쓰지 않는 경우

수동태인데 행위자 앞에 by 대신 다른 전치사를 쓰는 동사들이 있습니다.

▶ The room **was filled with** a rich aroma.   그 방은 풍부한 향으로 가득 차 있었다.

▶ She may **be involved in** the accident.
그녀는 아마 그 사고에 연루되어 있을 것이다.

▶ Sue **is known to** other students as a bookworm.
Sue는 다른 학생들에게 책벌레로 알려져 있다.

▶ We **were surprised at** the news.   우리는 그 뉴스에 놀랐다.

of	be ashamed of ~을 부끄러워하다, be convinced of ~을 확신하다, be composed of ~로 구성되다, be made of / from ~로 만들어지다 (of: 물리적 변화, from: 화학적 변화), be tired of ~에 싫증 나다
with	be filled with ~로 가득 차 있다, be associated with ~와 관련되다, be satisfied with ~에 만족하다, be crowded with ~로 붐비다, be faced with ~에 직면하다, be pleased with ~에 기뻐하다, be covered with ~로 덮여 있다, be equipped with ~을 갖추다
in	be involved in ~에 관련되다, be interested in ~에 관심을 갖다, be absorbed in ~에 몰두하다, be engaged in ~에 종사하다
at	be surprised at ~에 놀라다, be alarmed at ~에 놀라다, be disappointed at ~에 실망하다
for	be suited for ~에 적합하다, be noted for ~로 유명하다, be known for ~으로 알려지다
to	be accustomed to ~에 익숙하다, be exposed to ~에 노출되다, be opposed to ~에 반대하다, be devoted to ~에 헌신하다, be related to ~와 관계가 있다

대균's comment!

be known to vs be known for

be known to ~에게 알려져 있다

▶ His name **is known to** all the people in Korea.
그의 이름은 한국의 모든 사람들에게 알려져 있다.

be known for ~으로 알려지다, ~하다고 소문이 나다

▶ Mary **was well known for** her beauty.   Mary는 아름답다고 소문이 나 있었다.

E be + 과거분사 + to + 동사원형

~해야 한다	be asked to + 동사원형, be required to + 동사원형, be advised to + 동사원형
~할 예정이다	be expected to + 동사원형, be scheduled to + 동사원형, be supposed to + 동사원형, be projected to + 동사원형, be anticipated to + 동사원형

▶ John **is scheduled to have** his appendix removed at 11 a.m.
　John은 오전 11시에 맹장 제거 수술을 할 예정이다.

▶ Life **is supposed to get** tough.　인생은 힘들게 되어 있다.

▶ Music **is supposed to be** inspired.　음악은 영감을 받게 되어 있다.

F It is + 과거분사 + that 주어 + 동사

It is said that ~ : ~라고 이야기되다

▶ People say that he lives abroad now.　사람들은 그가 지금 해외에 산다고 말한다.
→ **It is said that** he lives abroad now.

It is believed that ~ : ~라고 믿어지다

▶ People believe that the request was made by Russia.
　사람들은 그 요청을 러시아가 했다고 믿고 있다.
→ **It is believed that** the request was made by Russia.

✅ 핵심체크

1 다음 중 빈칸에 가장 알맞은 것은?

The deliveryman was surprised _____ the size of the parcel.

(A) at　　　　　(B) in

정답 (A) – by 대신 다른 전치사를 쓰는 be surprised at은 통째로 암기해야 합니다.
(그 배달원은 소포의 크기에 놀랐다.)

확인 문제

1~4 다음 중 빈칸에 가장 올바른 것은?

1. All good ideas _____ by chance.

    (A) arrive (B) are arrived

2. If we would only sit down and keep still, four-fifths of all our troubles would _____.

    (A) be disappeared
    (B) disappear

3. I was quite satisfied _____ my creative life.

    (A) to (B) with

4. I was involved _____ the anti-war movement.

    (A) in (B) by

5~6 다음 문장을 수동태로 바꾸시오.

5. I will make a cake.

6. I heard her sing a song.

7~8 다음 중 빈칸에 가장 올바른 것은?

7. Ms. Kim is reviewing the manual to see if updates _____. 토익 유형

    (A) need
    (B) needs
    (C) are needed
    (D) will need

8. A special sale _____ on the Kinglish web site yesterday. 토익 유형

    (A) was announced
    (B) announced
    (C) was announcing
    (D) to announce

정답

1. (A)   2. (B)   3. (B)   4. (A)   5. A cake will be made (by me).   6. She was heard to sing a song.   7. (C)   8. (A)

해설

1. arrive, rise, happen, disappear 등은 자동사여서 수동태가 없습니다. (해석: 모든 좋은 생각은 우연히 온다.)

2. disappear도 1번 문제처럼 자동사여서 수동태가 없습니다. (해석: 우리가 그저 가만히 앉아서 조용히 있으면 모든 우리 문제들의 5분의 4(=80%)는 사라질 것이다.)

3. 수동태에서 by를 취하지 않는 경우입니다. be satisfied with는 '~에 만족하다', be pleased with는 '~에 기쁘다'라는 것을 별도로 익혀 두셔야 합니다. (해석: 나는 내 창조적인 삶에 매우 만족한다.)

4. 수동태에서 by를 취하지 않는 경우입니다. be involved/interested in입니다. (해석: 나는 반전 운동에 참여했다.)

5. 수동태의 기본 형식으로 조동사 다음에 be p.p.를 씁니다. (해석: 나는 케이크를 만들 것이다.)

6. 지각동사, 사역동사는 수동태가 되는 경우 to가 살아납니다. (해석: 나는 그녀가 노래하는 것을 들었다.)

7. 토익에서 보기 중에 수동태가 하나면 대부분 정답! 의미상 수동이 맞습니다. (해석: 김 씨는 업데이트가 필요한지 알아보기 위해 매뉴얼을 검토 중이다.)

8. 보기 중에 수동태가 하나면 대부분 정답! 의미상 주어인 세일은 발표되는 것이므로 수동의 의미가 맞습니다. (해석: 특별 세일이 어제 Kinglish사의 웹사이트에서 발표되었다.)

Chapter 12
부정사

부정사, 동명사, 분사는 모두 동사에서 왔다는 공통점이 있어서 함께 다루는데, 각기 다른 쓰임새가 있다는 것을 기억하시면 됩니다.

① 부정사는 동사적 성격과 함께 명사, 형용사, 부사처럼 쓰일 수 있음
② 동명사는 동사적 성격과 함께 명사처럼 쓰일 수 있음
③ 분사는 동사적 성격과 함께 형용사와 부사적인 성격이 있음

그럼 「to + 동사원형」 또는 그냥 동사원형 형태를 취하는 부정사부터 자세히 정리해 드립니다!

01 부정사의 형태와 역할

앞의 챕터에서 부정대명사는 특정하지 않은 막연한 것을 가리키는 대명사라고 배웠지요? 부정사도 부정한다는 뜻이 아니라 <u>특별히 품사를 정할 수 없는 품사</u>라는 의미입니다. 영어로는 infinitive로 in은 부정의 뜻이고 fini는 define(정의하다)의 의미로 <u>정할 수 없는 것</u>이라는 뜻이 됩니다. **부정사의 기본 형태는 「to + 동사원형」이지만 <u>to를 빼고 동사원형만 쓰는 경우</u>**도 있습니다. 부정사에는 '동사원형'이 들어가서 동사적인 성격이 있지만 명사, 형용사, 부사의 역할을 하기 때문에 딱히 한 개의 품사로 정할 수 없어서 부정사(infinitive)라고 합니다.

1. 부정사의 형태

Ⓐ 기본 형태

to 부정사는 기본적으로 「to + 동사원형」의 형태로, am, are, is의 to 부정사는 to be로 나타냅니다.

▸ He likes **to play** tennis. 그는 테니스 치는 것을 좋아한다.
▸ He wants **to be** a professor. 그는 교수가 되고 싶어 한다.

Ⓑ 부정형

부정어 not, never는 to 부정사의 to 앞에 옵니다.

▸ I tried **not to laugh**. 나는 웃지 않으려고 했다.
▸ I promise **never to drink** again. 나는 다시는 술을 마시지 않겠다고 약속한다.

Ⓒ 완료형

완료형 「to have + 과거분사」는 본 시제보다 먼저 일어난 일을 나타냅니다.

▸ She claims **to have met** a number of famous people.
  그녀는 수많은 유명인들을 만나 왔다고 주장한다.

✅ **핵심체크**

▍ 다음 중 빈칸에 가장 알맞은 것은?

The weather here is nice _____ mention the wonderful food.

(A) not to   (B) to not

> 정답 (A) - 부정어는 to 부정사 앞에 위치합니다.
> (여기 날씨는 좋다. 멋진 음식은 말할 것도 없고.)

2. 부정사의 역할

부정사에는 '동사원형'이 들어가서 동사적인 성격이 있지만 문장 속에서 동사뿐 아니라 명사, 형용사, 부사의 역할을 합니다. 즉, 의미의 일부분은 '동사'이지만 문법적으로 다른 품사의 기능을 수행합니다. 부정사는 딱히 한 개의 품사로 정할 수 없어서 부정사(infinitive)라고 하는 것입니다.

Ⓐ 명사 (~하는 것)

» 주어

- **To err** is human, **to forgive** divine. 실수는 사람의 일이요, 용서는 신의 일이다.
- **It** is useless **to persuade** him. 그를 설득하는 일은 쓸데없다.
  (가주어 It = 진주어 to persuade)

» 목적어

- I want **to succeed** in this project. 나는 이 프로젝트에서 성공하기를 원한다.
- I found **it** difficult **to learn** Greek. 나는 그리스어를 배우는 것이 어려웠다.
  (가목적어 it = 진목적어 to learn)

» 주격 보어

- My goal is **to become** the best person I can.
  나의 목표는 내가 할 수 있는 최고의 사람이 되는 것이다.

» 목적격 보어

- This book will help me **to understand** students.
  이 책은 내가 학생들을 이해하는 데 도움을 줄 것이다.

B 형용사 (~하는, ~할, ~해야 하는)

» 명사 수식

- This is the way to succeed.   이것이 성공의 길이다.
- Would you like something to drink?   뭐 좀 마시겠습니까?

» 주격 보어

- If you are to succeed, you'd better work hard.
  네가 성공하려거든 열심히 일하는 게 좋겠다.

C 부사 (~하기 위해, ~하게 되어)

» 문장 수식

- Stop blaming others and making excuses to succeed in your life.
  인생에서 성공하기 위해 남을 비난하는 일과 핑계 대는 것을 멈춰라.

» 형용사 수식

- I will be very happy to succeed in the new project.
  나는 그 새 프로젝트에서 성공한다면 매우 기쁠 것이다.

✅ **핵심체크**

Ⅰ 다음 중 빈칸에 가장 알맞은 것은?

He's finding _____ difficult to get a job.

(A) it   (B) him

정답 (A) – find it difficult to 동사원형 구문에서 it은 가목적어로 쓰입니다.
(그는 일자리를 얻는 것이 어렵다는 것을 느끼고 있다.)

3. 부정사를 목적어로 취하는 동사

Ⓐ to 부정사를 취하는 동사들

다음 문구를 이용하여 부정사를 목적어로 취하는 동사들을 외워 봅시다.

The man stopped smoking. (그 남자는 더 이상 담배를 피우지 않는다.)

과거 행동에 초점 동명사 smoking을 목적어로 취했습니다.

The man stopped to smoke. (그 남자는 담배를 피우기 위해 멈추었다.)

미래 행동에 초점 멈춘 때에 담배를 피우고 있지 않은 상태이고 이제 멈춰서 담배를 피우려 하는 상황입니다. 이때 to smoke는 동사 stopped를 꾸미는 부정사의 부사적인 용법입니다. 이 문장이 상징해 보여 주는 것은 **ing형 동명사는 현재나 과거 지향적**이고 **to 부정사는 미래 지향적**인 의미라는 것입니다. 다 그런 것은 아니지만 대부분의 to 부정사를 목적어로 취하는 동사들은 계획하다, 희망하다, 약속하다 등의 미래 지향적인 의미를 많이 갖습니다. 부정사를 목적으로 취하는 단어들은 특별한 원칙이 이정도여서 암기하는 데 많은 어려움을 겪습니다. 여러분을 위해 세 가지 방법을 제공합니다.

》 **스토리로 암기하기!**

누군가를 사랑하게 되면…
그 사람을 원하고(want, desire), 관심을 갖고(care), 열망하고(aspire), 많은 것을 약속하기도(promise) 하고, 많은 것을 주저하기도(hesitate) 합니다. 거부 당할까(refuse) 두렵기도 하고, 실패할까(fail) 겁도 나서 사랑하지 않는 척하기도(pretend) 합니다. 결혼을 하기로 결심(decide)을 했다면, 부모님의 동의(agree)도 받아야 합니다. 결혼식을 목표로(aim) 계획할(plan) 때는 혼수를 선택할 때(choose) 금전적 여유가 있으면(afford) 좋겠다고 바라게(hope, wish) 되지요. 그래서 힘든 결혼을 그럭저럭 해내게(manage) 됩니다.

》 **더 짧게 암기하기!**

누군가를 사랑하게 되면…
결혼 약속(promise)과 소망(want, desire, hope, wish, expect)과 계획(plan, aim)은 동의(agree)와 관심(care)과, 거절(refuse)과 실패(fail) 속에 주저하다가(hesitate) 선택(choose)하고 결정하지만(decide) 돈 쓸 여력이 없으면(cannot afford to) 아닌 척하다가(pretend not to) 그럭저럭 해내게(manage) 된다.

》 **그냥 암기하기!**

promise, want, desire, hope, wish, expect, plan, aim, agree, care, refuse, fail, hesitate, choose, decide, afford, pretend, manage

B to 다음에 동사원형이 오지 않고 명사나 ing형이 오는 어구들 정리

to가 전치사면, to 뒤에는 전치사의 목적어가 될 수 있도록 명사나 ing형의 동명사가 와야 합니다. 그래서 「동사 + to + -ing」 형태의 구문이 탄생하게 됩니다.

- contribute to(~에 공헌하다)
- look forward to ~ing(~하는 것을 고대하다)
- be used to ~ing(~하는 것에 익숙하다 = be accustomed to ~ing)
- be committed to ~ing(~에 전념하다 = be devoted to ~ing, be dedicated to ~ing)
- object to ~ing(~하는 것에 반대하다 = be opposed to ~ing)
- prior to(~보다 앞서서)
- react to(~에 반응/대응하다 = respond to)
- be similar to(~과 유사하다)
- be subject to(반드시 ~하다, ~당하기 쉽다)

▶ We are looking forward **to hearing** from you soon.
   우리는 당신의 빠른 답변을 고대하고 있습니다.
▶ The president was committed **to finding** the solution for the problem.
   사장은 문제 해결책을 찾는 데 전념했다.

✅ **핵심체크**

1. 다음 중 빈칸에 가장 알맞은 것은?

He promised _____ me every week.

(A) calling   (B) to call

정답 (B) - promise는 to 부정사를 목적어로 취합니다.
(그는 내게 매주 전화하기로 약속했다.)

4. 부정사의 의미상의 주어

Ⓐ for + 목적격

일반적으로 부정사의 의미상의 주어 앞에는 for를 씁니다.

> ▶ I am waiting **for someone** to help me.   나는 나를 도울 누군가를 기다리고 있다.
> ▶ It is dangerous **for children** to play near the construction site.
> 아이들이 건설 현장 근처에서 노는 것은 위험하다.

Ⓑ of + 목적격

그런데 for 대신에 of를 사용하는 경우가 있습니다. 사람의 행동(people's behavior)을 묘사하는 형용사가 나오는 문장에서는 부정사의 의미상의 주어로 「of + 목적격」을 씁니다.

> ▶ It is very kind **of you** to give me a ride.   나를 태워 주시니 아주 친절하시군요.
> ▶ It was wise **of you** to refuse the offer.   당신이 그 제안을 거절한 것은 현명했다.
> ▶ It's foolish **of her** to say such a thing.   그런 말을 하다니 그녀는 어리석구나.

사람의 행동을 묘사하는 형용사들은 다음과 같습니다.
good(좋은), kind(친절한), helpful(도움이 되는), generous(관대한), honest(정직한), brave(용감한), careful(조심스러운), clever(영리한), wise(현명한), careless(부주의한), foolish(어리석은), stupid(어리석은), nice(친절한, 좋은), polite(점잖은), cruel(잔인한), rude(무례한)

같은 good도 다음과 같은 차이가 있습니다.

> ▶ It was good **of you** to give me a lift to the station.
> 저를 역까지 태워 주시다니 당신은 좋은 분이시군요. (여기서 good은 사람의 성질을 나타냄)
> ▶ It is good **for you** to go jogging every day.
> 매일 조깅하러 가는 것은 당신에게 좋다. (여기서 good은 사람의 성질을 나타낸 것이 아님)

✅ 핵심체크

▌다음 중 빈칸에 가장 알맞은 것은?

It is generous _____ you to lend me the money.

(A) for   (B) of

> **정답** (B) - 부정사의 의미상의 주어 앞에는 for가 오지만 사람의 행동을 묘사하는 generous, kind 등이 오면 for 대신에 of를 씁니다.
> (나에게 돈을 빌려 주다니 당신은 참 관대하다.)

02 부정사의 여러 가지 구문

1. 주어 + 동사 + 목적어 + to 부정사

「주어 + 동사 + 목적어 + to 부정사」 구문을 취하는 동사를 여러분의 이해를 돕도록 의미별로 정리해 드립니다.

Ⓐ 조언, 요구, 명령, 경고, 금지의 동사들

advise(조언하다), tell(말하다), order/command(명령하다), recommend(추천하다), ask(요청하다), beg(간청하다), remind(상기시키다), require(요구하다), warn(경고하다), forbid(금지하다)

▶ His doctor **advised** him **not to overwork** himself.
의사는 그에게 과로하지 말라고 조언했다.

Ⓑ 원인을 야기시키는 동사들

cause(야기하다), force(강요하다), get(시키다), drive(추진하다), inspire(영감을 주다)

▶ The bright light **caused** her **to blink**. 그 밝은 빛은 그녀가 눈을 깜빡이게 했다.

Ⓒ 원하고, 좋아하고, 싫어하고, 기대하는 동사들

want(원하다), like(좋아하다), love(사랑하다), prefer(선호하다), hate(싫어하다), expect(기대하다)

▶ Do you **want** me **to take** you to the airport? 너는 내가 공항까지 데려다주길 원하니?

Ⓓ 설득, 허용, 권장의 동사들

persuade(설득하다), allow(허락하다), permit(허용하다), encourage(격려하다)

▶ He **persuaded** Jane **to invest**. 그는 제인이 투자하도록 설득했다.

✅ 핵심체크

다음 중 빈칸에 가장 알맞은 것은?

His tutor encouraged him _____ widely.

(A) to read   (B) reading

> 정답 (A) - encourage는 목적어 다음에 to + 동사원형을 씁니다.
> (그의 가정교사는 그가 광범위하게 읽도록 권장했다.)

2. 원형부정사

부정사의 기본 형태는 「to + 동사원형」이지만 때로는 to를 빼고 동사원형만 쓰는 경우도 있습니다. 이를 원형부정사라고 합니다. 원형부정사는 주로 「주어 + 동사 + 목적어 + 원형부정사」의 형태로 씁니다. 이런 구문을 취하는 동사들을 우리는 지각동사, 사역동사로 정리해 왔습니다. 지각동사란 see, hear, feel처럼 우리가 감각적으로 보고 듣고 느끼는 의미의 동사를 의미합니다. 사역동사란 시킨다는 의미로 make, let이 대표적입니다. help는 「to + 동사원형」이 와도 되고 그냥 동사원형이 와도 됩니다. have도 종종 그렇게 쓰입니다.

Ⓐ 지각동사 + 목적어 + 원형부정사

▶ Clara **saw** the car **drive** up outside the building.
클라라는 그 차가 건물 밖으로 나오는 것을 보았다.
▶ At eight o'clock Jay **heard** Sue **go** out.   8시에 Jay는 Sue가 나가는 것을 들었다.
▶ Can you **hear** the bell **ring**?   벨이 울리는 소리가 들리니?
▶ We all **felt** the house **shake**.   우리 모두는 집이 흔들리는 것을 느꼈다.

Ⓑ 사역동사 + 목적어 + 원형부정사

▶ The program **made** me **laugh**.   그 프로그램은 나를 웃게 했다.
▶ The boss **let** everyone **go** home early today.
사장님은 오늘 모든 직원들이 일찍 퇴근하도록 해 줬다.

have는 원형부정사 대신 과거분사형도 올 수 있습니다.

▶ I'll **have** someone **come** to you.   누군가를 당신에게 보내도록 하죠.
(someone이 능동적으로 하니 동사원형 come)
▶ We'll **have** the house **painted** next month.
우리는 다음 달에 집을 페인트칠할 것이다.
(the house가 페인트칠을 당하니 과거분사 painted)
▶ She **had** her car **stolen**.   그녀는 차를 도난당했다.
(her car가 도난을 당하니 과거분사 stolen)

C help의 특별한 쓰임

help는 to가 있어도 되고 없어도 되는 동사입니다.

▸ I **helped** Sue **to find** the keys. = I **helped** Sue **find** the keys.
나는 Sue가 열쇠 찾는 것을 도와주었다.

또 help는 「help + (to) + 동사원형」의 형태로도 쓸 수 있습니다.

▸ Reading can **help** reduce stress. 독서는 스트레스를 줄이는 데 도움을 줄 수 있다.

이와 같이 쓰일 수 있는 동사는 go, come도 있습니다.

▸ **Go** get some milk. 가서 우유 사 와.
▸ **Come** see me. 날 보러 와요.

✅ 핵심체크

Ⅰ 다음 중 빈칸에 가장 알맞은 것은?

What made you _____ your mind?

(A) to change   (B) change

정답 (B) – make는 목적어 뒤에 동사원형이 오게 하는 동사입니다.
(무엇 때문에 마음이 바뀌었니?)

3. 의문사 + to 부정사

의문사 뒤에 to 부정사가 함께 자주 쓰입니다. 이 구문은 다음과 같은 형태로 자주 쓰입니다.

Ⓐ 동사 + 의문사 + to 부정사

find out(알아내다), remember(기억하다), consider(고려하다), discuss(의논하다), wonder(궁금해하다), want to know(알고 싶어 하다), learn(배우다), decide(결정하다) + 의문사 + to 부정사

- ▶ Sue learned **how to operate** this machine.   Sue는 이 기계 작동법을 배웠다.
- ▶ We were wondering **where to put** our coats.   우리는 코트를 어디에 둘지 궁금해했다.
  (where to put our coats = where we should put our coats)

Ⓑ 동사 + 목적어 + 의문사 + to 부정사

advise(조언하다), ask(묻다), show(보여 주다), tell(말하다), teach(가르치다) + 목적어 + 의문사 + to 부정사

- ▶ Would you show me **how to change** a wheel?
  바퀴 교체하는 방법 좀 알려 주실래요?
- ▶ Clara asked me **when to start**.   Clara는 나에게 언제 출발해야 할지를 물었다.
- ▶ Please show me **which bus to take**.   어느 버스를 타야 할지 알려 주세요.

Ⓒ 형용사/명사 + 의문사 + to 부정사

sure(확실한), clear(분명한), obvious(분명한), have an idea(알고 있다) + 의문사 + to 부정사

- ▶ Clara isn't sure **whether to come** to the party or not.
  클라라는 파티에 갈지 말지 확신이 없다.
- ▶ Jane has no idea **how to operate** the machine.   제인은 그 기계 작동법을 모른다.

✅ 핵심체크

다음 중 빈칸에 가장 알맞은 것은?

I do not know _____ to do next.

(A) what   (B) that

정답 (A) - 의문사 뒤에 to + 동사원형이 오는 구문이 자주 사용됩니다.
(나는 다음에 무엇을 해야 할지 모른다.)

4. be + to 부정사

보통 be동사 뒤에 to 부정사를 쓰면 주격 보어를 나타내는 명사적 용법을 나타내지만 특별한 의미를 갖기도 합니다. be to 용법의 의미를 제대로 정리해 봅시다.

Ⓐ 예정

▶ The expedition **is to start** tomorrow at 5:00 a.m.
그 탐험은 내일 아침 5시에 시작할 예정이다.

▶ The president **is to make** a speech this evening.
대통령은 오늘 저녁에 연설할 예정이다.

Ⓑ 의무

▶ Jay **is to stay** here until 7:00 p.m.   Jay는 여기 7시까지 있어야 한다.
▶ You **are to finish** the work by tomorrow.   당신은 그 일을 내일까지 마쳐야 한다.

Ⓒ 가능

▶ Large sharks **are to be** seen in the aquarium.   큰 상어들을 수족관에서 볼 수 있다.
▶ Not a sound **was to be** heard.   어떤 소리도 들리지 않는다.

Ⓓ 의도

▶ If you **are to succeed**, you must work hard.   성공하려면 열심히 공부해야 한다.
▶ If you **are to succeed**, you should strike out on new paths.
성공하고 싶으면 새 길을 개척해 나가야 한다.

✅ 핵심체크

다음 중 빈칸에 가장 알맞은 것은?

She _____ be married next month.

(A) is   (B) is to

> 정답 (B) – be to 용법은 앞으로의 예정을 나타내기도 합니다.
> (그녀는 다음 달에 결혼할 예정이다.)

5. 결과

결과를 나타내는 부정사를 부사적 용법으로 구분하기도 합니다. 그러나 이 표현 자체가 단독으로 중요하기 때문에 별도로 다루도록 하겠습니다.

> ▶ Few people live **to be** 100 years old. 100살까지 사는 사람들은 거의 없다.
> = Few people live to the age of 100. 거의 누구도 살아서 100살까지 되기 힘들다.

➡ 살아서 그 결과 100살이 된다는 의미입니다.

> ▶ I awoke one morning **to find** myself famous.
> 나는 어느 날 일어나 보니 내가 유명해진 것을 알게 되었다.

➡ 이 문장은 George Gordon Byron의 너무나 유명한 문장으로 아침에 깨어 보니 그 결과 내가 유명해진 것을 알게된 것입니다.

> ▶ Sue has grown up **to be** a famous singer. Sue는 자라서 유명한 가수가 되었다.
> ▶ John worked hard only **to fail** in the exam.
> John은 열심히 공부했지만 시험에 실패했을 뿐이다.

✅ 핵심체크

다음 중 빈칸에 가장 알맞은 것은?

The child actress grew up _____ very beautiful.

(A) to be (B) being

정답 (A) – to 부정사는 결과 표현으로 grow up과 함께 자주 쓰입니다.
(그 아역 배우는 커서 매우 아름다워졌다.)

03 부정사 관용 표현

1. 형용사/명사 + to 부정사

A 형용사 + to 부정사

be anxious to(~을 열망하다), be able to(~할 수 있다), be apt to(~하기 쉽다), be bound/sure/certain to(확실히 ~하다), be eager to(~하기를 갈망하다), be happy to(~해서 행복하다), be intended to(~을 위해 의도되다), be likely to(~할 것 같다), be liable to(~하기 쉽다), be ready to(~할 준비가 되다), be pleased to(~해서 기쁘다), be reluctant to(~하기를 꺼리다), be scheduled to(~하기로 되어 있다), be willing to(기꺼이 ~하다)

▶ I **am reluctant to** get involved. 나는 관여하고 싶지 않다.
▶ I'**m anxious to** get home to open my mail.
  나는 집에 가서 우편물을 열어 보고 싶어 죽겠다.
▶ Jay **is willing to** see other people's points of view.
  Jay는 다른 사람들의 견해를 기꺼이 보려고 한다.

B 명사 + to 부정사

ability to(~할 능력), authority to(~할 권한), chance to(~할 기회), attempt to(~하려는 시도), effort to(~하려는 노력), need to(~할 필요), opportunity to(~할 기회), right to(~할 권리)

▶ Sue has the **ability to** explain things clearly.
  Sue는 사물을 명쾌하게 설명하는 능력이 있다.
▶ This exhibition is an excellent **opportunity to** see her work.
  이 전시회는 그녀의 작업을 보는 뛰어난 기회이다.
▶ You have every **right to** complain. 당신은 불평할 모든 권리가 있다.

✅ **핵심체크**

┃ 다음 중 빈칸에 가장 알맞은 것은?

I'm within my rights _____ a full refund.

(A) demanding   (B) to demand

정답 (B) - right은 '권리'라는 뜻의 명사로 사용할 때 그 뒤에 to 부정사와 잘 어울립니다.
(나는 전액 환불을 받을 자격이 됩니다.)

2. 기타 관용 표현

Ⓐ 독립적으로 사용하는 부정사 표현들

사실 영어 원서에는 별로 나오지 않는 부분이지만 시험에 자주 강조되고 출제되니 정리해 드립니다.

to be frank with you(솔직히 말해), to tell the truth(사실을 말하면), to be sure(확실히), to make matters worse(설상가상으로), so to speak(말하자면), strange to say(이상하게 들리겠지만), needless to say(말할 필요도 없이), not to mention(~은 말할 것도 없이), to sum up(요약하면), to begin with(우선은), to say the least(과장이 아니라 진심으로), to cut[=make] a long story short(간단히 말해서), needless to say(말할 필요도 없이)

* to be frank with you(솔직히 말해)를 대화 중에 사용하면 원어민이 듣기에 본래 솔직하지 않은 사람이 정직한 것을 강조하는 느낌도 들고 이상하다고 합니다. 차라리 to be honest나 honestly가 더 자연스럽게 쓰입니다.

Ⓑ too 형용사[부사] + to 부정사, 형용사[부사] + enough + to 부정사

▶ He is **too young to go** to school.
　= He is so young that he cannot go to school.　그는 너무 어려서 학교에 갈 수 없다.

▶ You are **old enough to have** a job and **to have** a life.
　당신은 이제 직업도 갖고 자기 인생을 살 만큼 충분히 나이가 들었다.

Ⓒ so as + to 부정사 [= in order + to 부정사]

▶ I drove at a steady 50 mph **so as to**[= **in order to**] **save** fuel.
　나는 연료를 아끼기 위해서 꾸준하게 시속 50마일의 속도로 운전했다.

▶ **In order to succeed**, we must first believe that we can.
　성공하기 위해서, 우리는 먼저 우리가 할 수 있다고 믿어야 한다.

▶ **In order to succeed**, you must first be willing to experience failure.
　성공하기 위해서 당신은 먼저 기꺼이 실패를 경험할 의지가 있어야 한다.

✅ 핵심체크

I 다음 중 빈칸에 가장 알맞은 것은?

I've got enough work _____ now.

(A) to do　　　　(B) doing

> 정답 (A) - enough to v 구문으로, '~할 정도로 충분히 할 일이 있다'라는 의미입니다.
> (나는 지금 할 일이 충분히 많다.)

확인 문제

1~4 다음 중 빈칸에 가장 올바른 것은?

1. I don't want _____ to children.

   (A) to lie   (B) lying

2. I plan to live _____ 120.

   (A) to be   (B) being

3. Only idiots refuse _____ their minds.

   (A) to change   (B) changing

4. It's very kind _____ you to offer me the job.

   (A) for   (B) of

5~6 다음 문장을 영작하시오.

5. 주저하지 말고 연락하세요!

6. 아무도 지려고 애쓰지 않는다.

7~8 다음 중 빈칸에 가장 올바른 것은?

7. The best way to disarm your critics is to make them _____. 토익 유형

   (A) laugh
   (B) laughed
   (C) to laugh
   (D) laughing

8. Intelligence is the ability _____ to change. 토익 유형

   (A) adapt
   (B) to adapt
   (C) adapting
   (D) adapts

정답

1. (A) 2. (A) 3. (A) 4. (B) 5. Don't hesitate to contact me. 6. Nobody strives to lose. 7. (A) 8. (B)

해설

1. 「want to + 동사원형」 (해석: 나는 아이들에게 거짓말하기를 원하지 않는다.)

2. 부정사의 결과 표현으로 살아서 그 결과 120살까지 살기를 계획한다는 의미입니다. 문장안의 「plan to + 동사원형」도 암기합시다! (해석: 나는 120살까지 살 계획이다.)

3. 「refuse to + 동사원형」입니다. to 부정사를 목적어로 취하는 동사들은 이 책을 자주 보면서 암기하셔야 합니다. (해석: 바보들만이 그들의 생각을 바꾸는 것을 거절한다.)

4. kind, generous, nice 등 사람의 성질을 나타내는 단어 다음에는 부정사의 의미상의 주어 앞에 for 대신 of를 사용합니다. (해석: 제게 일자리를 제안하시다니 친절하시군요.)

5. 「Don't hesitate to + 동사원형(주저하지 마세요)」은 덩어리로 암기합시다.

6. 「strive to + 동사원형」: ~하려고 애쓰다

7. 「make/have/let/see/hear/feel + 목적어 + 동사원형」 구문입니다. (해석: 당신의 비평가들을 무장 해제 시키는[= 경계를 풀게 하는] 방법은 그들을 웃게 만드는 것이다.)

8. 「ability/effort/opportunity to + 동사원형」 구문도 암기합시다. (해석: 지능은 변화에 적응하는 능력이다.)

Chapter 13
동명사

부정사와 동명사는 서로 이어서 보면 도움이 많이 됩니다. 앞에서 부정사를 정리했기 때문에 동명사는 이해가 쉬운 편입니다. 둘 다 동사에서 와서 동사적인 성격이 같이 있다는 점을 기억하시고, 「동사원형 + ing」 형태로 명사와 동사 역할을 동시에 하는 동명사를 부정사와 비교하면서 자세히 살펴봅시다!

01 동명사의 형태와 쓰임

1. 동명사의 형태

Ⓐ 기본 형태

동명사는 기본적으로 「동사원형 + -ing」의 형태를 취합니다.

▶ I suggest **adding** a little salt. 나는 소금을 조금 더 추가할 것을 제안합니다.

Ⓑ 부정형

부정어 not, never는 동명사 앞에 옵니다.

▶ We recommend **not leaving** valuables at the hotel.
우리는 귀중품을 호텔에 남겨 두시지 말 것을 권합니다.

Ⓒ 완료형

완료형 「having + 과거분사」는 본 시제보다 먼저 또는 이전부터 그때까지 일어난 일을 나타냅니다.

▶ She denied **having taken** my books. 그녀는 내 책을 가져간 것을 부인했다.

Ⓓ 의미상의 주어

의미상의 주어가 문장 전체의 주어인 경우는 따로 표시하지 않습니다. 그러나 동명사의 행동의 주체가 주절의 주어가 다른 경우 소유격이나 목적격으로 표현합니다. 명사인 경우는 's 형태로 표현합니다.

▶ Do you mind **my**/**me sitting** here? 제가 여기 앉아도 될까요?
▶ I am tired of **John's** being late. 나는 John이 늦는 것에 질렸다.

✅ 핵심체크

▎다음 중 빈칸에 가장 알맞은 것은?

The player apologized for _____ enough.

(A) practicing not   (B) not practicing

> 정답 (B) - 부정어 not은 동명사 ing형 앞에 위치합니다.
> (그 선수는 충분히 연습하지 않은 것에 대해 사과했다.)

2. 동명사의 쓰임

동명사는 「동사 + 명사」의 성격을 가지고 있습니다. 동사적인 성격에서 자기 목적어를 취할 수 있으며 부사의 수식을 받을 수 있고 관사를 붙이지 않습니다. 하지만 명사처럼 주어, 목적어, 보어 역할을 하며 전치사 다음에 올 수 있습니다. 이런 성격을 확인해 보도록 하죠!

A 주어

- **Eating** meat too much is bad for you.   고기를 너무 많이 먹는 것은 당신에게 좋지 않다.
- **Reading** this book is fun.   이 책을 읽는 것은 재미있다.

두 문장 모두 동명사가 명사처럼 주어 역할을 하면서 동사처럼 자기 목적어를 가지고 있습니다.

B 동사와 전치사의 목적어

동명사는 (대)명사처럼 동사와 전치사의 목적어로 사용될 수 있습니다.

- John stopped **smoking**.   John은 담배를 끊었다.
- You should stretch before **running**.   달리기를 하기 전에 스트레칭을 해라.
- Sue is good at **speaking** English.   Sue는 영어 말하기를 잘한다.

C 보어

- **Seeing** is **believing**.   보는 것은 믿는 것이다. (봐야 믿는다.)
- My only hobby is **going** for walks outdoors.
  나의 유일한 취미는 야외에 산책하러 나가는 것이다.

D 동사의 성질을 갖는 동명사

동명사에는 동사의 성질이 여전히 살아 있기 때문에 목적어를 가질 수 있고, 부사의 수식을 받습니다.

» 목적어 갖기

- My hobby is **reading** books.   나의 취미는 책을 읽는 것이다.
  (명사인 books는 동명사 reading의 목적어)

» 부사의 수식 받기

▶ My hobby is **reading** books aloud.   나의 취미는 책을 큰 소리로 읽는 것이다.
(부사인 aloud는 동명사 reading을 수식)

E 동명사의 자리 찾기

» 전치사 + 동명사 + a/the/my/his/her/its/their + 명사

▶ The manager is responsible for **implementing** the new project.
그 매니저는 새 프로젝트 실행의 책임이 있다.

➡ 전치사(for) 뒤에 명사적인 성격의 단어가 나와야 하고 자기 목적어(the new project)가 있으면서 동사적 성격이 있는 것은 동명사뿐입니다.

» before/after/when/while/since/though + 동명사 + 목적어

▶ Helen Kim was honored after **having sold** more than 3 hundred cars last year.   Helen Kim은 작년에 300대 이상의 차를 판매한 후 상을 받았다.
▶ You should check the name and time of your show before **going** to the movies.   당신은 영화를 보러 가기 전에 상영 영화의 이름과 시간을 확인해야 한다.

대균's comment!

동명사 vs 분사

동명사와 현재분사는 「동사원형 + ing」라는 같은 형태를 갖고 있어서, 이 둘을 구분하는 데 어려움을 겪는 학생들이 많습니다. 동명사가 「동사 + 명사」의 역할이라면, 현재분사는 「동사 + 형용사」 또는 「동사 + 부사」의 역할입니다. 동명사는 '~하는 것'으로 해석하고, 현재분사는 '~하고 있는, ~하고 있다'로 해석합니다.

✅ 핵심체크

1 다음 중 빈칸에 가장 알맞은 것은?

After _____ dinner, I watched TV for about an hour.

(A) to have   (B) having

정답 (B) - 전치사 After 뒤에는 동명사를 씁니다.
(저녁을 먹은 후 나는 한 시간 동안 TV를 봤다.)

02 동명사나 부정사를 목적어로 취하는 동사

1. 동명사만 목적어로 취하는 동사

동명사를 목적어로 취하는 동사들을 다음 문구를 이용하여 외워 봅시다.

흡연을 즐기는(enjoy) 사람은 흡연의 가치를 인정하면서(appreciate) 스스로 골초라고 시인(admit, confess)하는 사람, 위험을 무릅쓰고(risk), 어쩔 수 없이(can't help) 담배를 피며, 금연을 거부하고(resist), 계속(keep) 담배를 피는 사람들입니다. 흡연자는 비흡연자들에게 흡연을 언급하고(mention) 권하고(recommend) 제안(suggest)합니다. 그러나 흡연자를 싫어하는(dislike) 사람들은 흡연의 가치를 부인하고(deny) 흡연자를 피하거나(avoid), 꺼리는(mind) 사람들입니다. 이들은 흡연을 고려하거나(consider), 흡연자에 포함되려는(include)사람들에게 흡연을 미루거나(delay, postpone, put off) 그만두라고(quit, give up, finish, discontinue, stop) 하는 사람들입니다.

- ▶ She **admitted** making a mistake.   그녀는 실수한 것을 인정했다.
- ▶ I try to **avoid** going shopping on Saturdays.
  나는 토요일에 쇼핑하는 것을 가급적 피하려고 한다.
- ▶ The company is **considering** hiring more interns.
  그 회사는 더 많은 인턴사원을 채용하는 것을 고려하고 있다.
- ▶ Jay **denies** breaking the window.   Jay는 창을 깬 사실을 부인한다.
- ▶ The company **discontinued** manufacturing washing machines.
  그 회사는 세탁기 생산을 중단했다.
- ▶ Have you **finished** reading the magazine?   그 잡지 읽는 것을 마쳤니?
- ▶ I **can't help** laughing!   나는 웃지 않을 수 없다!
- ▶ I don't **mind** having a dog.   나는 개를 키우는 것을 반대하지 않는다.
- ▶ I **suggested** putting off the meeting.   나는 그 회의를 연기하자고 제안했다.
- ▶ Sue couldn't **resist** laughing at Jay in those clothes.
  Sue는 Jay가 그런 옷을 입은 것을 보고 웃지 않을 수 없었다.

✅ 핵심체크

❙ 다음 중 빈칸에 가장 알맞은 것은?

I enjoy _____ new people.

(A) to meet   (B) meeting

정답 (B) - enjoy는 동명사 ing형을 목적어로 취합니다.
(나는 새로운 사람들을 만나는 것을 즐긴다.)

2. 동명사와 부정사를 둘 다 목적어로 취할 수 있는 동사

A 뒤에 목적어로 동명사를 취하건 부정사를 취하건 의미상 별 차이가 없는 동사들

start(시작하다), begin(시작하다), continue(계속하다), hate(싫어하다), love(사랑하다), like(좋아하다), prefer(선호하다), propose(제안하다)

이 동사들의 진행형은 ing 뒤에 이어서 ing형이 또 오는 것이 어색하기 때문에 보통 to 부정사를 취합니다.

▶ It was **beginning to rain**. 비가 막 오기 시작했다.
　 cf. It was **beginning raining**. (✗)

반면 would like, would prefer, would hate, would love는 그 뒤에 to 부정사만 가능합니다.

▶ I **would like** to go there. 나는 거기 가고 싶다.
▶ I **would prefer** to stay here today. 나는 오늘 여기 머물고 싶다.

「like to + 동사원형」과 「like + 동명사」는 미묘한 차이가 있습니다.

▶ I like **to catch** the early train on Fridays.
　 나는 금요일에는 일찍 기차를 타는 것을 좋아한다.
　 (to catch ~는 습관[habit]이거나 선호하는 일[preference]이지만 주어가 즐기는 일은 아님)
▶ I like **singing**. 나는 노래하는 것을 좋아한다. (singing은 주어가 즐기는 일)

B 뒤에 목적어로 동명사를 취할 때와 부정사를 목적어로 취할 때 의미가 다른 동사들

to 부정사는 미래 지향적인 의미를, -ing는 과거나 현재 지향적인 의미를 지닌다는 기본을 기억합시다.

》 regret + to 부정사: ~해 유감이다 / regret + 동명사: 과거에 ~한 일을 후회하다

▶ I **regret to say** I don't love her. 말하기 유감스럽지만 나는 그녀를 사랑하지 않는다.
▶ She **regret spending** all the money. 그녀는 (과거에) 돈을 다 쓴 것을 후회하고 있다.

》 remember + to 부정사: ~할 것을 기억하다 / remember + 동명사: 과거에 ~한 것을 기억하다

▶ **Remember to check** whether she will come.
　 그녀가 올지 확인할 것을 기억해라.
▶ I **remember seeing** Niagara Falls. 나는 나이아가라 폭포를 본 것을 기억한다.

» forget + to 부정사: ~할 일을 잊다 / forget + 동명사: 과거에 ~한 것을 잊다

- I **forgot to switch** off the copy machine. 나는 복사기를 끄는 것을 깜빡했다.
- I will never **forget flying** over Grand Canyon.
  나는 그랜드캐니언 위를 비행기로 날던 일을 잊지 못할 것이다.

» try + to 부정사: 노력해서 ~하다 / try + 동명사: 시험 삼아 ~하다

- I am **trying to learn** English. 나는 영어를 배우려 노력하고 있다.
- Why don't you **try giving up** candy if you want to lose some weight?
  살 빼고 싶으면 캔디를 포기해 보는 게 어때?

» stop + to 부정사: ~하기 위해 멈추다 (to 부정사는 부사적 용법) / stop + 동명사: ~하는 것을 멈추다

- The old man **stopped to talk** to us. 그 어르신은 우리와 이야기하려 멈췄다.
- Please **stop talking**. There is too much noise. 말 그만해라. 너무 시끄럽다.

» go on + to 부정사: 연이어서 다른 ~을 하다 / go on + 동명사: 하던 ~을 계속하다

- The professor introduced himself and **went on to explain** about his book.
  그 교수는 자기소개를 하고 이어서 책에 대해 설명했다.
- They just **went on talking**. 그들은 그저 계속 말만 했다.

» need + 동명사 = need + to be 과거완료: ~되어야 한다 (수동의 의미)

- His car **needs repairing**. = His car **needs to be repaired**.
  그의 차는 수리되어야 한다.
- This room **needs cleaning**. = This room **needs to be cleaned**.
  이 방은 청소되어야 한다.

✅ 핵심체크

Ⅰ 다음 우리말에 맞게 빈칸에 가장 알맞은 것은?

Try _____ a different shampoo. 다른 샴푸를 써 봐라.

(A) using   (B) to use

정답 (A) – try + 동명사: 시험 삼아 ~해 보다

03 동명사 관용 표현

1. 전치사 to + 동명사 구문

부정사편에서 다룬 전치사 「to + 동명사」 구문을 기억해 주세요. to가 전치사면 to 뒤에는 전치사의 목적어가 될 수 있도록 명사나 ing형의 동명사가 와야 합니다.

contribute to(~에 공헌하다), look forward to ~ing(~하는 것을 고대하다), be used to ~ing(~하는 것에 익숙하다 = be accustomed to ~ing), be committed to ~ing(~에 전념하다 = be devoted to ~ing, be dedicated to ~ing), object to ~ing(~하는 것에 반대하다 = be opposed to ~ing), prior to(~보다 앞서서), react to(~에 반응/대응하다 = respond to), be similar to(~과 유사하다), be subject to(반드시 ~하다, ~당하기 쉽다)

- I **look forward to** competing. 나는 경쟁을 고대한다.
- I am a mother, so I'**m used to** balancing things.
  나는 엄마다. 그래서 나는 일의 균형을 잡는 데 익숙하다.
- Our brand **is committed to** celebrating women.
  우리 브랜드는 여성들을 경축하는 데 전념한다.
- This measure will be taken **with a view to** increasing the company's profits.
  이 조치는 회사의 이익을 늘리는 목적으로 취해질 것이다.

✅ 핵심체크

다음 중 빈칸에 가장 알맞은 것은?

I look forward to _____ from you.

(A) hearing   (B) hear

> 정답 (A) – look forward to에서 to는 전치사여서 그 뒤에는 명사나 동명사가 옵니다.
> (네 소식을 듣길 기대한다.)

2. 기타 동명사 관용어구

go ~ing ~하러 가다	I went shopping in the department store. 나는 백화점에 쇼핑하러 갔다.
feel like ~ing ~하고 싶다	She felt like reading in the departure lounge. 그녀는 출발 대기실에서 책을 읽고 싶었다.
be worth ~ing ~할 가치가 있다	It's worth checking the details of the contract. 계약서의 세부 사항을 확인할 가치가 있다.
spend time[money] ~ing ~하는 데에 시간[돈]을 쓰다	I spent a lot of time cleaning that room. 나는 그 방을 청소하는 데 많은 시간을 보냈다.
have trouble[difficulty] ~ing ~하는 데에 어려움을 겪다	I'm having trouble booking our flights. 나는 우리 비행편을 예약하는 데에 어려움을 겪고 있다.
It is no use ~ing ~해봐야 소용없다	It is no use searching for the lost belongings. 그 분실 소지품을 찾으려고 해 봐야 소용없다.
there is no ~ing ~하는 것은 불가능하다	There is no avoiding crowds on public transportation. 대중교통에서 인파를 피하는 것은 불가능하다.
be busy ~ing ~하느라 바쁘다	The hotel manager was busy checking reservation. 그 호텔 매니저는 예약 정보를 확인하느라 바빴다.
cannot help ~ing ~하지 않을 수 없다	I could not help laughing at him. 나는 그를 비웃지 않을 수 없었다.
far from ~ing 전혀 ~ 아닌	He is far from being afraid of snakes. 그는 뱀을 전혀 무서워하지 않는다.
make a point of ~ing ~ 하는 것을 중요하게 생각한다, ~ 하는 것을 규칙으로 하고 있다	She makes a point of keeping all her shopping receipts. 그녀는 모든 쇼핑 영수증을 꼭 챙겨 둔다.
It goes without saying that ~ ~은 말할 것도 없다	It goes without saying that you did well on the final exam. 네가 기말 시험을 잘 본 것은 말할 필요도 없다.

✅ 핵심체크

l 다음 중 빈칸에 가장 알맞은 것은?

It goes without _____ that it's important to vote.

(A) say (B) saying

정답 (B) - '~는 말할 필요도 없다'라는 표현은 It goes without saying that입니다.
(투표하는 것이 중요하다는 것은 말할 필요도 없다.)

확인 문제

1~4 다음 중 빈칸에 가장 올바른 것은?

1. Your responsibilities will include _____ appointments.

   (A) making   (B) make

2. The sauce is beginning _____.

   (A) to boil   (B) boiling

3. We're considering _____ the house.

   (A) to sell   (B) selling

4. Tiffany suggested _____ for a drink after work.

   (A) to meet   (B) meeting

5. 다음 두 문장에서 went on - ing와 went on to 부정사의 차이를 설명하시오.

   a. He went on working until he was 100.
   (그는 계속해서 100살까지 일을 했다.)

   b. Sue studied physics and went on to become a successful surgeon. (Sue는 물리학을 공부하다가 연이어서 성공적인 외과 의사가 되었다.)

6. look forward to를 사용하여 다음 문장을 영작하시오.

   그녀는 손자를 다시 보기를 고대하고 있다.

7~8 다음 중 빈칸에 가장 올바른 것은?

7. I enjoy smiling and _____ people smile. 토익 유형

   (A) make   (B) to make
   (C) making   (D) made

8. We are committed to _____ hunger in Africa every day. 토익 유형

   (A) fight   (B) fighting
   (C) fought   (D) fights

정답
1. (A) 2. (A) 3. (B) 4. (B) 5. 「go on + - ing」: '원래 하던 일을 계속 하다', 「go on to + 동사원형」: '전에 다른 일을 하다가 연이어서 새로운 일을 하다' 6. She is looking forward to seeing her grandson again. 7. (C) 8. (B)

해설
1. include는 동명사를 목적어로 취합니다. (해석: 당신의 책임들 중에는 약속을 잡는 것을 포함합니다.)
2. begin은 to 부정사와 동명사를 모두 목적어로 취하지만 앞에 진행형이 나오면 뒤에 to 부정사가 나옵니다. (해석: 소스가 끓기 시작한다.)
3. consider는 동명사를 목적어로 취합니다. (해석: 우리는 그 집을 팔 것을 고려 중입니다.)
4. suggest, recommend는 동명사를 목적어로 취합니다. 주의! propose는 그 뒤에 to 부정사와 동명사 모두 목적어로 취할 수 있습니다. (해석: Tiffany는 퇴근 후에 술 한잔하러 만나자고 제안했다.)
5. 정답 참고
6. 「look forward to + 동명사」 구문을 암기합시다.
7. enjoy는 그 뒤에 동명사를 목적어로 취합니다. (해석: 나는 미소 짓는 것을 좋아하고 사람들을 미소 짓게 하는 것을 즐긴다.)
8. 「be committed/devoted/dedicated to + 명사/ing형」이 맞습니다. 일명 헌신 삼총사 표현들을 암기합시다! (해석: 우리는 매일 아프리카에서 기아 퇴치에 싸우는 데 헌신하고 있습니다.)

Chapter 14
분사

분사는 영어로 participle입니다. **분사라는 이름은 나눈다는 의미의 라틴어 participium에서 나온 것**입니다. 영어에서 **분사는 동사와 형용사적인 성향, 또는 동사와 부사적인 성향을 나눠 가지고 있는 품사**로 이해하시면 됩니다. 간단히 말해 동사의 ing형, 과거분사형이 형용사나 부사 역할을 하면 분사라고 말할 수 있습니다. 이번 챕터에서는 분사의 의미와 용법의 차이, 분사의 위치, 그리고 누구나 어려워하는 분사구문까지 쉽고 명쾌하게 정리해 드립니다!

01 분사의 기본 개념

1. 분사의 형태

분사는 크게 두 가지로 분류됩니다. **과거분사와 현재분사**입니다. 현재분사는 동사원형에 ing를 붙여서 만드는 단어를 말하며, 과거분사는 동사의 '3단 변화(현재-과거-과거분사)'에서 세 번째에 해당되는 단어를 말합니다. 규칙적으로 변화하는 동사들은 과거 시제 형태와 과거분사 형태에 모두 -ed가 붙습니다. 그러나 불규칙적으로 변화하는 동사들은 각각의 형태를 기본적으로 암기해야 합니다.

A 과거분사

과거분사는 동사원형 끝에 -ed, -d, -t, -en, -n, -ne를 붙여서 만듭니다.
finish**ed**, mov**ed**, learn**t**(또는 learn**ed**), rise**n**, go**ne**

▶ We have **finished** the report.   우리는 그 보고서를 끝냈다.
▶ I've **learnt** to be happy by myself.   나는 혼자서 행복해지는 법을 배웠다.

B 현재분사

현재분사는 동사원형에 ing를 붙여서 만드는 단어들을 나타냅니다. 단어의 마지막 철자에 따라 약간씩 차이가 있지만, -ing가 붙는다는 것이 가장 중요하죠.
finish**ing**, mov**ing**, learn**ing**, ris**ing**, break**ing**

▶ We are **learning** that the love of beauty is one of Nature's greatest healers.
   우리는 아름다움에 대한 사랑이 자연의 위대한 치유자 가운데 하나라는 것을 배우고 있다.

현재분사와 동명사는 -ing형으로 같은 형태를 취하지만 **동명사는 기본 동사적 성격에 명사적인 성격을, 현재분사는 기본 동사적 성격에 형용사적인 성격**을 띱니다.

✅ 핵심체크

❚ 다음 문장에서 분사는?

You should never wake a sleeping baby.

(A) wake   (B) sleeping

> 정답 (B) - sleeping이 명사 baby를 수식하는 형용사처럼 쓰인 분사이며, wake는 본동사입니다.
> (자고 있는 아기를 깨워서는 안 된다.)

2. 현재분사와 과거분사의 의미 차이

능동의 의미에는 현재분사를 쓰고 수동의 의미에는 과거분사형을 씁니다. 이 말을 학구적으로 설명해 드리면 다음과 같습니다.

1. 주어나 꾸밈을 받는 단어가 남에게 영향을 미치는 경우는 현재분사형을 씁니다.

   The news was surprising. (뉴스라는 주어가 남에게 놀라움을 주니 현재분사형인 surprising)

   the surprising news (수식을 받는 단어 news가 능동적으로 남에게 놀라움을 주니 현재분사형인 surprising)

2. 주어나 꾸밈을 받는 단어가 그 동작에 영향을 받는 경우 과거분사형을 씁니다.

   I was surprised at the news. (주어인 I가 뉴스에 놀라 영향을 받는 사람이니 과거분사형인 surprised)

   the surprised woman (수식을 받는 단어 woman이 영향을 받아서 놀라니 과거분사형인 surprised)

A 감정 동사

현재분사	과거분사	현재분사	과거분사
exciting 흥분시키는	excited 흥분한	boring 지루하게 하는	bored 지루한
interesting 흥미로운	interested 흥미를 느낀	confusing 혼란스럽게 하는	confused 혼란스러운
satisfying 만족시키는	satisfied 만족스러운	embarrassing 난처하게 하는	embarrassed 난처한
surprising 놀라운	surprised 놀란	disappointing 실망스러운	disappointed 실망한
pleasing 기쁨을 주는	pleased 기쁨을 느끼는	frustrating 좌절감을 주는	frustrated 좌절한
tiring 피로감을 주는	tired 피로한	depressing 우울함을 주는	depressed 우울함을 느끼는
troubling 당황하게 하는	troubled 당황한	worrying 우려를 끼치는	worried 우려를 느끼는

▶ We are so **excited** about life and about every song.
   우리는 인생과 모든 노래에 매우 흥분한다.

▶ I guess rumors are more **exciting** than the truth.
   나는 소문이 진실보다 흥미진진하다고 생각한다.

▶ It gets **tiring**, doing the same thing every day.
   매일 같은 일을 하는 것은 우리를 지겹게 한다.

▶ I never get **tired** of smiling.   나는 결코 미소 짓는 데 질리지 않는다.

▶ It's so **disappointing** that he has become a tabloid story.
   그가 타블로이드판 저질 신문의 기삿거리가 된 것은 참 실망스럽다.

▶ I am **disappointed** because nobody is talking about this problem.
   나는 아무도 이 문제에 대해 말하지 않아서 실망스럽다.

B 자주 쓰이는 표현

분사는 기본적으로 형용사적인 성향을 가지고 있으니 기본 의미상의 분류와 함께 단어처럼 암기하면 좋습니다. 많이 쓰이는 표현들을 정리해 드립니다.

» 현재분사

- existing equipment 기존 장비
- an opposing point of view 반대되는 의견
- a lasting peace 지속적인 평화
- remaining time 남은 시간
- remaining work 남은 일
- a challenging problem 어려운 문제
- a rewarding career 보람 있는 직업

» 과거분사

- automated service 자동화된 서비스
- an expired warranty 만료된 보증서
- a distinguished candidate 뛰어난 후보자
- limited time 제한된 시간
- dedicated staff 헌신적인 직원들
- a limited budget 한정된 예산
- an experienced applicant 노련한 지원자

» 현재분사를 쓸 것 같은데 과거분사를 쓰는 표현

- a complicated voting system 복잡한 투표 시스템
- complicated process 복잡한 절차

» 과거분사를 쓸 것 같은데 현재분사를 쓰는 표현

- a missing child 미아
- missing luggage 행방불명된 짐
- a missing document 사라진 서류

cf. a missed call 부재중 전화(놓친 전화)

✅ 핵심체크

1 다음 중 빈칸에 가장 알맞은 것은?

She had some _____ adventures in Egypt.

(A) exciting   (B) excited

> 정답 (A) - 모험은 남을 흥분시키는 것이기 때문에 능동적인 의미를 표시하는 ing형인 exciting이 정답입니다.
> (그녀는 이집트에서 몇몇 흥미진진한 모험을 했다.)

3. 분사의 위치

A 명사 앞

분사는 명사 앞에서 형용사처럼 쓰입니다.

- ▶ A **laughing** man is stronger than a **suffering** man. (Gustave Flaubert)
  웃는 사람이 고통받는 사람보다 강하다.
- ▶ You have a more **interesting** life if you wear impressive clothes.
  당신은 인상적인 옷을 입으면 당신은 더 재미있는 인생을 살게 된다.
- ▶ The **increasing** price of sugar is causing many problems.
  오르고 있는 설탕 가격이 많은 문제를 낳고 있다.
- ▶ Please send me the **requested** forms.   요청된 양식들을 나에게 보내 주세요.

B be동사 뒤

분사는 be동사 다음에 서술적으로 쓰이기도 합니다.

- ▶ I am always **satisfied** with the best.   나는 항상 최고에 만족한다.
- ▶ Do not be **embarrassed** by your failures. Learn from them and start again.
  당신의 실패에 당황하지 마시오. 그 실패에서 배워 다시 시작하시오.
- ▶ Throwing snowballs is **exciting**.   눈싸움은 흥미롭다.

C 명사 뒤

분사는 목적어나 부사구처럼 자신에게 딸린 식구들을 동반해서 한 덩어리로 앞의 명사를 수식하기도 합니다.

- ▶ This position is suitable for a woman **looking for a part-time job**.
  이 직책은 파트타임 일자리를 찾고 있는 여성에게 적합하다.

➡ 현재분사 looking이 명사 a woman을 수식하고 있는데, looking 뒤에 딸린 식구(for a part-time job)가 있어서 명사(woman) 뒤에 위치합니다. 즉 분사가 자기를 수식하는 어구들을 동반할 때는 어떤 단어를 그 뒤에서 수식합니다.

▶ The man **carrying the bricks** is my brother.   저 벽돌들을 나르는 사람이 내 형이다.

➡ 이 문장에서 carrying the bricks는 한 덩어리로 그 앞의 명사인 the man을 수식합니다.

▶ Sue gave us a plate of scones **crammed with cream**.
Sue가 크림이 가득한 스콘 한 접시를 우리에게 줬다.

➡ crammed에 딸린 식구들(with cream)이 있어서 앞의 명사인 scones를 뒤에서 수식합니다.

> **시험에 잘 나오는 분사 문제 하나!**
>
> ■ 「주어 + 동사 …, ing + 목적어 구문」
>
> | I don't mind giving everyone a shock, including myself.
> 나는 나 자신을 포함하여 모두에게 충격을 주는 것을 꺼리지 않는다.
> | Fiona was late again, making her sweetheart angry.
> 피오나는 또 늦어서 남자친구를 화나게 했다.

✅ **핵심체크**

■ 다음 중 빈칸에 가장 알맞은 것은?

Just fill in the details, _____ your name and address.

(A) included   (B) including

> 정답 (B) - 빈칸 뒤에 목적어가 있어서 능동태인 ing형이 정답입니다.
> (당신 이름과 주소를 포함하여 세부사항을 기입하세요.)

02 분사구문의 형태와 개념

1. 분사구문의 특징과 만드는 법

Ⓐ 분사구문이란?

분사는 앞서 언급한 것처럼 '형용사' 역할 외에도 「접속사 + 주어 + 동사」를 간략하게 표현하는 역할도 합니다. 이를 분사구문이라고 하며 **문장 전체를 수식하는 부사구의 역할**을 합니다.

Ⓑ 분사구문을 만드는 법

》 분사구문 만드는 3단계 방법

「When/While/Before/After/Because + 주어(주절과 동일한 주어) + 동사, 주어 + 동사」 구문에서

1단계 접속사절의 주어 생략한다. (접속사절의 주어와 주절의 주어가 다를 경우에는 주어를 별도로 써야 함)
2단계 접속사절의 동사를 능동의 의미면 ing, 수동의 의미면 과거분사로 바꾼다.
3단계 의미 전달에 문제가 없으면 접속사도 생략한다.

▶ **Before you sign** any contract, you should read it carefully.
　→ **Before signing** any contract, you should read it carefully.
　계약서에 서명하기 전에 신중히 읽어 보아야 한다.

▶ **When she was asked** to show her ID badge, Ashley started to search her bag.
　→ **Being asked** to show her ID badge, Ashley started to search her bag.
　→ **Asked** to show her ID badge, Ashley started to search her bag.
　(Being도 생략 가능)
　ID 배지를 보여 달라는 요청을 받고 Ashley는 가방을 뒤지기 시작했다.

▶ **While she was watching** TV, my sister cooked a chicken.
　→ **Watching** TV, my sister cooked a chicken.
　TV를 보면서 내 여동생은 닭 요리를 했다.

> » ~하면서, ~할 때 (while이나 when이 생략된 분사구문)

> ▸ **Working** in Seoul, Jay wrote a book.
>   (= **When**/**While he was working** in Seoul, Jay wrote a book.)
>   서울에서 일하면서 Jay는 책 한 권을 썼다.

> » ~한 후에 (after가 생략된 분사구문)

> ▸ **Hearing** the news of the earthquake, Jane called home.
>   (= **After she heard** the news of the earthquake, Jane called home.)
>   지진 소식을 들은 후에 Jane은 집에 전화를 했다.

> » ~이기 때문에 (because나 since가 생략된 분사구문)

> ▸ **Sensing** something wrong, Eugene checked the copier again.
>   (= **Because**/**Since she sensed** something wrong, Eugene checked the copier again.)
>   무언가 잘못되었다고 느껴 유진이는 복사기를 다시 한 번 확인했다.

> » 완료 분사구문

주절의 시제보다 이전의 내용을 말할 경우 「having + 과거분사」로 완료 형태의 분사구문을 만듭니다.

> ▸ **Having received** no answer from Tina, I wrote again.
>   (= **Because**/**Since I had received** no answer from Tina, I wrote again.)
>   답변을 못 받았기 때문에 나는 Tina에게 다시 편지를 썼다.
> ▸ **Having finished** the work, I went to bed.
>   (= **After I finished** the work, I went to bed.)   그 일을 끝내고 나서 나는 잠자리에 들었다.

✅ **핵심체크**

▎다음 중 빈칸에 가장 알맞은 것은?

_____ along the beach, I found a beautiful shell.

(A) Walking   (B) Walked

> 정답 (A) - 주어인 I가 능동적으로 걷기 때문에 ing형이 의미상 맞습니다.
> (해변을 걷다가 아름다운 조개껍질을 보았다.)

2. 특별한 분사구문

Ⓐ 「with + 명사 + 분사」 구문

with가 들어간 분사구문은 「with + 명사 + 분사(-ing/-ed)」 형태로 어떤 상황을 묘사합니다.

- Amy was listening to music **with her eyes closed**.
  Amy는 눈을 감은 채 음악을 듣고 있었다.
- It was a cold morning, **with little wind blowing**.
  = It was a cold morning and little wind was blowing.
  바람이 거의 불지 않는 추운 아침이었다.
- Don't speak **with your mouth (being)** full.   입에 음식을 가득 넣은 채 말하지 마라.

Ⓑ 관용적으로 쓰는 분사구문

generally speaking(일반적으로 말해서, 대체로), strictly speaking(엄격히 말하면), considering = given(~를 고려해 보면), provided (that) = providing (that) = if(~라면)

- **Generally speaking**, people like Sue as a leader.
  일반적으로 말해, 사람들은 Sue를 리더로서 좋아한다.
- **Strictly speaking**, Great Britain consists of Scotland, Wales, and England.
  엄밀하게 말하면, 그레이트 브리튼 섬은 스코틀랜드, 웨일스, 잉글랜드로 이루어져 있다.
- **Given** her age, she is a remarkably fast runner.
  나이를 감안하면 그녀는 놀랍도록 빠르게 달린다.
- I will go **provided** [= **providing**] the others go, too.
  다른 사람들도 간다면 나도 가겠다.

✅ 핵심체크

다음 중 빈칸에 가장 알맞은 것은?

He was sitting with his arms _____.

(A) folded　　　　(B) folding

> 정답 (A) - 팔은 접히므로 수동의 의미가 맞습니다.
> (그는 팔짱을 낀 채 서 있었다.)

확인 문제

1~4 다음 중 빈칸에 가장 올바른 것은?

1. Often real life is _____ and problematic.

   (A) boring　　　(B) bored

2. Even when I'm sick and _____, I love life.

   (A) depressing　　(B) depressed

3. If humanity doesn't land on Mars in my lifetime, I would be very _____.

   (A) disappointing
   (B) disappointed

4. War is never a _____ solution for any problem.

   (A) lasting　　　(B) lasted

5~6 다음 우리말을 영작하시오.

5. 일반적으로 말해 시간이 최고의 의사이다. (시간이 가면 치료된다.)

6. 집세는 전기료(electricity)를 포함해서 1주에 100달러이다.

7~8 다음 중 빈칸에 가장 올바른 것은?

7. The office looked cosy and _____. [토익 유형]

   (A) inviting
   (B) invited
   (C) to invite
   (D) invites

8. The lawyer guided us through the _____ questions on the form. [토익 유형]

   (A) complicating
   (B) complicated
   (C) complicate
   (D) complicates

정답

1. (A)　2. (B)　3. (B)　4. (A)　5. Generally speaking, time is the best doctor.　6. Rent is 100 dollars a week, including electricity.　7. (A)　8. (B)

해설

1. 주어가 남을 지루하게 하면 boring, 주어가 스스로 지루해하면 bored입니다. cf. I am bored. (나는 지금 따분하다.) (해석: 종종 실생활은 지루하고 문제가 많다.)
2. 주어가 우울해하면 depressed, 주어가 남을 우울하게 하면 depressing입니다. (해석: 내가 아프고 우울할 때조차도 나는 삶을 사랑한다.)
3. 주어가 스스로 실망하면 disappointed, 주어가 남에게 실망을 시키면 disappointing입니다. (해석: 인류가 내 평생에 화성에 착륙하지 않으면 나는 매우 실망할 것이다.) Mars: 화성
4. 지속적인의 의미의 형용사는 lasting입니다. 하도 많이 쓰여 형용사로 사전에도 나오는 단어입니다. (해석: 전쟁은 어떤 문제에 대한 지속적인 해결책은 결코 아니다.)
5. Generally speaking (일반적으로 말해)을 덩어리로 암기해 주세요.
6. 「주어 + 동사 ...., ing + 명사 목적어」 구문으로 including은 공인 영어 시험에서 정답으로 많이 출제되었습니다.
7. inviting은 형용사로 '매력적인'의 의미입니다. (ex) an inviting smile (매력적인 미소) (해석: 그 사무실은 아늑하고 매력적으로 보였다.)
8. '복잡한'은 complicated입니다. 능동 의미처럼 보여서 complicating이 답일 것 같지만 아닙니다. (해석: 그 변호사는 그 양식의 복잡한 질문들을 잘 헤쳐 나가도록 안내했다.)

Chapter 15
전치사

전치사, 접속사, 관계대명사를 같이 다루는 이유는 이들은 모두 연결어라는 공통점이 있기 때문입니다. 또한 before, after처럼 전치사로도 쓰이고 접속사로도 쓰이는 단어들이 있고, that처럼 접속사로도 쓰이고 관계사로 쓰이는 단어들이 있어 명확하게 개념을 세워 놓고 정리하지 않으면 헷갈립니다. 우선 다른 것은 잊고 **전치사, 접속사, 관계대명사는 모두 연결 기능을 가지고 있다는 것**만 기억하세요. 그러면 명사 앞에 위치하여 그 앞의 단어나 어구들을 꾸미는 전치사부터 공부를 시작해 봅시다!

01 전치사의 역할

전치사는 영어로 preposition입니다. pre는 before라는 뜻이고 position은 위치의 의미이니 **명사 앞에 위치하는 단어**라는 뜻이 쉽게 이해됩니다.

1. 전치사와 접속사의 차이

전치사는 그 뒤에 나오는 명사나 동명사와 어울려 형용사나 부사 역할을 합니다. **전치사는 명사, 동명사, 대명사를 목적어로 취하는 반면, 접속사 뒤에는 절(주어 + 동사)이 옵니다**. 쉬운 이해 포인트이지만 막상 시험에서 헷갈리는 경우가 많고, 외국에 살다 온 학생들도 말은 잘하지만 전치사와 접속사의 구분을 못하는 경우가 적지 않습니다. 의미가 비슷한 전치사/접속사를 비교하여 익혀 두세요!

의미	전치사	접속사
~ 때문에	because of, due to, owing to	because, since, as, for * for는 '~때문에'라는 접속사로 쓸 수 있음
~ 동안에	during	while
비록 ~이지만	despite, in spite of * in spite는 틀림	although, though, even though, even if
목적	for(~를 위하여)	so that, in order that
조건	in case of(~할 경우에)	in case (that) (~할 경우에 대비하여) as long as = if provided (that) = if unless = if not(~이 아니라면)

> ☑ **핵심체크**
>
> ▌ 다음 중 빈칸에 가장 알맞은 것은?
>
> The flight was delayed _____ bad weather.
>
> (A) because   (B) because of
>
> 정답 (B) - 전치사 다음에 명사, 접속사 뒤에는 주어 + 동사가 옵니다.
> (그 비행기는 나쁜 날씨 때문에 지연되었다.)

2. 전치사의 기본 쓰임

A 전치사의 목적어

전치사는 자기 뒤에 나오는 명사를 그 앞에 나온 단어(명사, 동사, 형용사 등)와 의미를 연결시키는 역할을 합니다. 그러므로 **전치사 뒤에는 반드시 명사나 명사를 대신하는 대명사 또는 동명사가 나옵니다.** 이것들을 전치사의 목적어라고 부릅니다.

▶ I got stuck **in** a traffic jam **for** an hour.   나는 한 시간 동안 교통 혼잡에 꼼짝 못했다.
  (전치사 in, for 다음에 명사 a traffic jam, an hour)
▶ God bless this ship and all who sail **in** her.
  신께서 이 배와 이 배에서 항해하는 모두에게 복을 주시길! (전치사 in 다음에 대명사 her)

B 전치사구

전치사는 due to, because of, in front of처럼 두 단어 이상으로 이루어진 전치사구도 있습니다.

▶ Strive for continuous improvement, **instead of** perfection.
  완벽함 대신에 계속적인 개선을 향해 노력하시오.
▶ You cannot change strategy **due to** a trend.
  당신은 최신 경향 때문에 전략을 바꿀 수는 없습니다.
▶ Keep your enemies **in front of** you.   당신의 적을 당신 앞에 계속 두시오.

김대균의 전치사 학습 방법!

전치사는 단어의 1차적인 의미를 느끼고 반복하여 사용하면서 숙달하는 것이 중요합니다. 제가 turn out이 뭐냐고 미국 원어민에게 물어보자 그분은 그 단어를 하나하나 느끼면서 '돌려서(turn) 나오다(out)'라는 1차적인 의미로 우리가 잘 알고 있는 '~임이 판명되다'라는 뜻과 '기계를 돌려 공장에서 물건을 생산하다'라는 뜻이 있다고 설명했습니다. 이렇게 접근하는 태도가 전치사에서 중요합니다. 단어의 1차적인 의미를 느끼면서 이해하려는 태도를 가지고 반복하면서 공부해 나가면 전치사는 친구가 된다는 생각을 꼭 가져 주세요!

✓ 핵심체크

■ 다음 중 빈칸에 가장 알맞은 것은?

Children are curious about everything around _____.

(A) they   (B) them

> 정답 (B) - 전치사 around 뒤에는 대명사의 목적격 them이 옵니다.
> (아이들은 자기 주변의 모든 것에 호기심이 있다.)

02 시간을 나타내는 전치사

1. at, on, in

대체로 at보다는 on이, on보다는 in이 더 큰 개념입니다. (at 〈 on 〈 in)

ⓐ at

시간이 몇 시인지를 말할 때나 식사 시간을 가리킬 때 at을 씁니다.
at 3 o'clock(3시에), at midnight(한밤중에), at the weekend(주말에), at the end of the year(연말에), at lunch (time)(점심 때)

- We'll meet you **at** 3 p.m.   우리는 당신을 세 시에 볼 것이다.
- There will be a great film on TV **at** midnight.
  오늘 자정에 TV에서 멋진 영화를 할 것이다.
- Sue always likes to leave her desk clear **at** the end of the day.
  Sue는 늘 하루가 끝날 때 그녀의 책상을 깨끗이 해두는 것을 좋아한다.

ⓑ on

요일이나 날짜를 가리키거나 날짜와 그날의 일부를 나타낼 때도 on을 씁니다.
on Friday(금요일에), on her birthday(그녀 생일에), on time(정각에), on Friday night(금요일 밤에), on Friday morning(금요일 아침에), on the morning of July 4(7월 4일 아침에)

- I start my new job **on** Monday.   나는 새 일을 월요일에 시작한다.
- Let's go out **on** Saturday night.   토요일 밤에 나가자.
- The road is closed; I won't be able to get to work **on** time.
  도로가 통제돼 나는 제시간에 출근할 수가 없다.

「on/upon + -ing」는 '어떤 일이 일어나자마자'라는 의미를 가집니다. 접촉의 on이 어떤 사건이 일어나자마자 연이어서(= 접촉해서)라는 느낌을 살려 줍니다.

- What is the first thing to do **on** arriving in New York?
  뉴욕에 도착하자마자 할 첫 번째 일은 무엇입니까?

C in

월, 계절, 연, 세기 등 큰 개념 앞에 전치사 in을 씁니다.

in October(10월에), in spring(봄에), in 2018(2018년에), in the 21st century(21세기에), in the future(미래에), in time(시간에 맞게), in the end(마침내)

- My mother's birthday is **in** September. 내 어머니 생일은 9월이다.
- Rome was founded **in** the eighth century BC. (BC = before Christ)
  로마는 기원전 8세기에 세워졌다.
- I'm sure **in** the future I'll want a baby. 나는 미래에 아이를 원할 것이라고 확신한다.

D at, on, in을 쓰지 않는 경우

요일 앞에 쓰는 전치사는 on인데, this Friday 앞에는 전치사가 보이지 않습니다. 이상하죠? 원래 「on + 요일, in + 월, 계절, morning, afternoon, evening 등」으로 쓰여야 하지만, 날짜 앞에 every, this, next, last, yesterday, tomorrow 등이 오면 전치사를 사용하지 않습니다.

- We go hiking **every Sunday**. 우리는 매주 일요일에 등산을 간다.
- I am going to New York **next week**. 나는 다음 주에 뉴욕에 간다.
- I'll see you **tomorrow morning**. 내일 아침에 보자.
- Jay came **last night**. Jay가 어젯밤에 왔다.
- The group left **yesterday morning**. 그 그룹은 어제 아침에 떠났다.
- We go there **every spring**. 우리는 그곳에 매년 봄에 간다.
- We met **this morning**. 우리는 오늘 아침에 만났다.

✅ 핵심체크

다음 중 빈칸에 가장 알맞은 것은?

What are you doing _____ Friday night?

(A) on   (B) at

정답 (A) – 날짜나 날짜 + 그날의 일부 앞에는 전치사 on을 씁니다.
(금요일 밤에 뭐 할 거니?)

2. during, for

during과 for는 둘 다 '~동안'이라고 해석하지만 뜻에 차이가 있으니 주의해야 합니다.

Ⓐ during

during은 when(언제)에 대한 답이라고 볼 수 있습니다.

- They went to Florida **during** the summer. 그들은 여름에 플로리다에 갔다.
- Amy works **during** the night and sleeps by day. Amy는 밤에 일하고 낮에 잔다.

Ⓑ for

for는 how long(얼마나 오래)에 대한 답이며 공휴일이나 시즌 앞에도 for를 씁니다.

- Our flight to New York was delayed **for two hours**.
  우리의 뉴욕행 비행기는 두 시간 동안 지연되었다.
- Sue always goes to her mother's house **for New Year**.
  (during New Year는 틀림)
  Sue는 늘 1월 1일에 어머니 집에 간다.

✅ 핵심체크

▌다음 중 빈칸에 가장 알맞은 것은?

_____ wartime innovations happen.

(A) During　　　　(B) For

정답 (A) - during은 When?에 대한 대답이며 for는 How long?에 대한 대답입니다. 위의 문장은 전쟁 때 혁신이 발생한다는 의미로 얼마나 오랜 기간인지는 아무 상관이 없습니다. 그래서 During이 정답!
(전쟁 때에 혁신이 발생한다.)

3. in, within

in은 '~안에/로' 해석되지만, 시간을 표현할 때는 '~후에'란 의미입니다. '~내로'라는 의미에는 within을 사용하지요. 예를 들어 within two days는 '이틀 안에'를 의미합니다. 만약 어떤 것을 월요일인 오늘 주문하면 수요일 안에 발송되는 것을 의미하죠. 내일일 수도 있고 모레일 수도 있습니다. 그런데 in two days는 '이틀 후에'를 의미합니다.

A in

▶ Your photos will be ready **in** two hours.
   당신의 사진은 두 시간 후에 준비될 것이다. (= two hours from now)

▶ It will be shipped **in** two days.
   그것은 이틀 후에 발송될 것이다. (즉 오늘이 월요일이면 수요일에 발송될 것이다.)

B within

▶ It will be shipped **within** two days.   그것은 이틀 안에 발송될 것이다.
   (즉 오늘이 월요일이면 화요일 또는 수요일에 발송될 것이다.)

▶ We recommend that this wine should be consumed **within** three months.
   저희는 이 와인을 3개월 안에 드시기를 권해 드립니다. *consume 소비하다, 쓰다

✅ 핵심체크

▌다음 중 빈칸에 가장 알맞은 것은?

Can you finish the job _____ three weeks?

(A) on   (B) within

> 정답 (B) - within three weeks는 '3주 안에'의 의미입니다.
> (너는 그 일을 3주 안에 끝낼 수 있겠니?)

4. until[till], by

until과 by 모두 우리말로는 '~까지'로 해석되지만 그 쓰임은 다릅니다. until은 그 시점까지 동작이 지속되는 것을 나타내고 by는 그때까지 행동이 완료되는 것을 나타냅니다.

Ⓐ until [till]

until [till]은 특정 시간까지(up to that time, up to a particular time) 동작이 지속되는 것을 나타냅니다. 동작의 지속이나 지연을 나타내는 동사들인 wait(기다리다), stay(머물다, 유지하다), remain(남다), last(지속하다), continue(계속하다), postpone(연기하다), delay(미루다, 지연시키다), defer(미루다, 연기하다) 등이 until [till]과 잘 어울립니다.

- I have to work on this project **until** Tuesday.   나는 화요일까지 이 작업을 해야 한다.
- We waited **till** 8 p.m. for you.   우리는 당신을 위하여 오후 8시까지 기다렸다.

Ⓑ by

by는 바로 그때(on)나 그 전에(before) 행동을 끝내는 것을 나타냅니다. by는 어떤 행동이 끝나는 완료를 나타내는 단어인 finish(끝내다), complete(완성하다), be over(끝나다), send(보내다), deliver(배달하다), submit(제출하다)과 잘 어울립니다.

- I will finish this project **by** Wednesday.   나는 수요일까지 이 작업을 끝낼 것이다.
- My friend asked me to send her the documents **by** tomorrow.
  내 친구는 문서들을 내일까지 그녀에게 보내 달라고 내게 부탁했다.

✅ 핵심체크

다음 중 빈칸에 가장 알맞은 것은?

We should wait _____ tomorrow night.

(A) by   (B) until

> 정답 (B) - 지속, 지연을 나타내는 전치사는 until입니다.
> (우리는 내일 밤까지 기다려야 한다.)

03 장소를 나타내는 전치사

1. at, on, in

기본 전치사인 at, on, in은 장소를 나타낼 때도 사용됩니다. at은 지점의 개념, on은 접촉의 개념, in은 큰 공간의 개념으로 사용됩니다.

A at

at은 지점, 행사 장소를 가리킵니다.
someone at the door(문 앞에 누군가), at the match(경기장에서), at the meeting(회의에서), at a church service(교회에서)

- ▶ We'll meet her at the entrance.   우리는 그녀를 입구에서 볼 것이다.
- ▶ Is somebody at the door?   누가 문 앞에 있나요?

at 다음에는 여행 장소나 역, 항구, 대학이 나오기도 합니다.

- ▶ Does this bus stop at Daejeon?   이 버스 대전에 서나요?
- ▶ Mother met me at the station.   어머니가 나를 역에서 만났다.
- ▶ I should be at the airport by 5 a.m.   나는 오전 5시까지 공항에 가야 한다.

B on

on은 접촉의 느낌으로 사용합니다.
lying on the sofa(소파에 누운), walk on the pavement(보도를 걷는), on the first floor(1층에)

- ▶ A book is lying on the table.   책 한 권이 테이블 위에 있다.
- ▶ The fly landed on the ceiling.   파리가 천장에 앉았다.

미국에서 거리를 나타낼 때도 on을 씁니다. (on + street)

- ▶ Jay lives on a fashionable street.   Jay는 유행을 달리는 거리에 산다.

페이지, 섬, 해변 앞에도 on을 씁니다.

- ▶ I'd like you to look at the diagram on page 30.
  30페이지에 나오는 도표를 봐 주시길 바랍니다.

ⓒ in

무엇인가가 주변에 입체적으로 있는 경우 in을 사용합니다.

in the phone box(전화기 박스 안에), in my pocket(내 주머니에), in the garden(정원에)

▶ Sue thrust her hands deep **in** her pockets.
　Sue는 자기 손을 주머니 깊이 밀어 넣었다. (in 대신에 into도 가능)
▶ The children were playing **in** the garden.　아이들이 정원에서 놀고 있었다.

도시와 국가 같은 큰 개념 앞에 in을 씁니다.

▶ Kate lives **in** New York.　케이트는 뉴욕에 산다.
▶ Sue is **in** Italy.　수는 이태리에 있다.

> **TIP** 이중전치사란?
>
> ■ 전치사 뒤에는 명사나 동명사가 옵니다. 그러나 특별한 경우에는 전치사 뒤에 또 전치사가 오는 경우가 있습니다. 그 대표적인 것이 from under ~, from across ~ 등의 장소를 나타내는 전치사구입니다. 전치사 뒤에 또 전치사가 와서 이중전치사라고 합니다.
>
> Sue came out from under the table. Sue가 책상 밑에서 나왔다.
> Professionals from across the country are coming to Seoul.
> 전국 각지에서 전문가들이 서울로 옵니다.

✅ 핵심체크

■ 다음 중 빈칸에 가장 알맞은 것은?

Security checks have become really strict _____ the airport.

(A) in　　　　　　(B) at

 (B) – 대학(university), 공항(airport) 앞에 전치사는 at을 씁니다.
(보안 검사가 공항에서 정말 엄격해졌다.)

2. between, among

Ⓐ between

between은 **두 개의 물체나 시간의 사이를 의미**하는 전치사입니다. between하면 two를 생각해야 합니다. two는 문장 안에 보이기도 하고 보이지 않기도 합니다.

▶ The town lies halfway **between Seoul and Daejeon**.
그 도시는 서울과 대전 사이에 있다.

▶ A small child was standing **between the two adults**.
한 작은 아이가 성인 둘 사이에 서 있었다.

Ⓑ among

among은 여러 개 중에 하나 또는 몇몇을 의미할 때 사용합니다. between과 달리 '둘 사이에'라는 명확한 구분이 없고 **'막연하게 여러 개 중에'라는 개념**을 가진 단어입니다.

▶ I saw a few friends **among the crowd**. 나는 군중 속에서 몇몇 친구들을 보았다.

▶ If you live **among** wolves, you have to act like a wolf.
당신이 늑대들 사이에 살면 늑대처럼 행동해야 한다.

☑ **핵심체크**

▎다음 중 빈칸에 가장 알맞은 것은?

I am _____ those who think that science has great beauty.

(A) between   (B) among

> 정답 (B) - 과학이 아름답다는 사람들이 꼭 두 명일 리는 없고 여러 명일 것이므로 among이 정답입니다.
> (나는 과학이 엄청난 아름다움을 가지고 있다고 생각하는 사람들 중의 하나이다. - 퀴리 부인의 명언)

3. through, throughout

Ⓐ through

through는 '길게' 무언가를 관통할 때 사용합니다.

- ▶ The River Seine flows **through** Paris. 센강은 파리를 관통하며 흐른다.
- ▶ This subway line goes **through** the city center.
  이 지하철 노선은 도심을 통과한다.

Ⓑ throughout

throughout은 '넓게' 무언가의 도처에 널리 퍼져 있을 때 사용합니다.

- ▶ The disease spread quickly **throughout the country**.
  그 병은 그 나라 도처에 빨리 퍼졌다.
- ▶ The subway is available **throughout the city**.
  그 지하철은 시 전역에서 이용할 수 있다.

✅ 핵심체크

▌다음 중 빈칸에 가장 알맞은 것은?

Green tea _____ the day is the healthiest thing I've discovered for me.

(A) through   (B) throughout

정답 (B) - 하루 종일은 throughout the day입니다.
(하루 종일 녹차를 마시는 것이 내가 발견한 나를 위한 가장 건강한 일이다.)

04 기타 중요 전치사

1. of

Ⓐ 소속

'~의'라는 의미로 쓰이는 경우 대체로 소속을 나타냅니다.

- ▶ Lima is the capital **of** Peru.   리마는 페루의 수도이다.
- ▶ The CEO **of** the company will retire next month.
  그 회사의 CEO는 다음 달에 은퇴할 예정이다.

Ⓑ 동격

또한 동격의 of로 the City of Seoul(서울시), the City of New York(뉴욕시)에서처럼 Seoul = city, New York = city의 의미를 가집니다.

- ▶ The City **of** New York, often called New York City or simply New York, is the most populous city in the United States.
  뉴욕시는 종종 New York City, 간단히는 New York으로도 불리는데 미국에서 가장 인구가 많은 도시이다.

Ⓒ 목적격

마지막으로 하나 더하면 tour of facilities(시설 견학)에서처럼 of가 목적격을 나타내서 '을, 를'로 번역되는 경우도 있습니다.

- ▶ The construction **of** the library began last week.
  도서관 건설은 지난주에 시작되었다.

✅ **핵심체크**

다음 중 빈칸에 가장 알맞은 것은?

A bus took us on a sightseeing tour _____ the city.

(A) in   (B) of

정답 (B) – 도시를 관광하는 것이므로 목적격을 나타내는 of가 적절합니다.
(버스가 우리를 태우고 그 도시 관광길에 올랐다.)

Chapter 15 전치사

2. 수단을 나타내는 by와 through

Ⓐ by

▶ She contacted me **by** e-mail.　그녀는 나에게 이메일로 연락했다.

숙어적으로 쓰이는 by 표현도 익혀 둡시다.
by mistake / chance / accident (실수로, 우연히, 사고로)

▶ I pressed the wrong button **by mistake**.　나는 실수로 잘못된 버튼을 눌렀다.
▶ We met **by chance** in the street.　우리는 거리에서 우연히 만났다.

Ⓑ through

▶ I got my car **through** my friend.　나는 친구를 통해서 차를 샀다.
▶ We sold the furniture **through** advertising in the magazine.
우리는 잡지 광고를 통해서 그 가구를 팔았다.

TIP 교통수단을 나타내는 전치사

■ 관사 a/the 없이 교통수단에 by를 사용합니다.
by bike, by car, by taxi, by bus, by train, by boat/ship/ferry, by sea, by plane, by air

| We decided to go to Busan **by train**.　우리는 기차로 부산에 가기로 했다.

■ '걸어서'는 on foot을 쓰며, 관사나 my/his/her 등이 없을 때는 다음과 같이 사용합니다.
on his bike, in the/my/your car, in a taxi, on the bus/train/boat/ship/ferry/plane

| We came here **on foot**.　우리는 여기 걸어서 왔다.

✅ **핵심체크**

▎다음 중 빈칸에 가장 알맞은 것은?

Did you come _____ train?

(A) on　　　　　　(B) by

> 정답 (B) - a/the가 없을 때는 by가 쓰입니다. cf. on the train
> (너는 기차를 타고 왔니?)

3. for와 since

Ⓐ for + 기간

- I've been waiting **for** thirty minutes.   나는 30분 동안 기다리고 있다.
- I haven't seen Jay **for** a day or two.   나는 Jay를 하루 이틀 정도 못 보았다.

Ⓑ since + 과거시점

- I've been waiting **since** half past two.   나는 두 시 반부터 기다리고 있다.
- I saw Jay on Monday, but I haven't seen him **since** then.
  나는 Jay를 월요일에 보고 그 이후 보지 못했다.

✅ 핵심체크

■ 다음 중 빈칸에 가장 알맞은 것은?

I haven't played tennis _____ years.

(A) since   (B) for

> 정답 (B) - for 다음에는 기간이 옵니다. since 다음에는 시점이 옵니다.
> (나는 수년간 테니스를 치지 못했다.)

4. as, on, over

Ⓐ as

as는 자격을 나타내는 전치사로 '~로서'로 해석합니다.

▶ Sue works **as** a fashion model.　Sue는 패션모델로 일하고 있다.
　cf. Sue dresses **like** a fashion model.　Sue는 패션모델처럼 옷을 입는다. (like: ~처럼)
　cf. **By** working together we can always achieve more.
　함께 일함으로써 우리는 더 많은 것을 성취할 수 있다. (by: ~로써)

Ⓑ on

on은 기본적인 뜻 이외에 숙어로 쓰이는 다양한 표현들이 있습니다.
on business(업무상), on a journey/a trip/a tour(여행 중인), on the whole(대체로) = in general,
on purpose(의도적으로), on television/the radio/the phone(텔레비전으로/라디오로/전화로)

▶ I'm here **on** business.　나는 여기 업무상 왔다.
▶ We're **on** a coach tour of Japan.　우리는 버스로 일본 여행 중이다.

Ⓒ over

over는 '끝난'이라는 기본적인 의미가 있지만 특별한 뜻들이 있습니다.
over the phone(전화로), over a cup of coffee(커피 한잔 마시면서), have someone over(누구를 접대하려고 초대하다)

▶ Let's talk **over a cup of coffee**.　커피 한잔하면서 얘기하자.
▶ We want to **have you over** for dinner tomorrow.
　우리는 당신을 내일 저녁 식사에 초청하고 싶습니다.

✅ 핵심체크

❚ 다음 중 빈칸에 가장 알맞은 것은?

Thank you for having me _____ tonight.

(A) over　　　　　　(B) in

> 정답 (A) - 집에 초청하는 것은 have someone over로 씁니다.
> (오늘 밤 집에 초대해 주셔서 감사합니다.)

5. 여러 가지 전치사

A 두 단어 이상으로 이루어진 전치사구

의미	영어 표현
~때문에	because of, due to, owing to, thanks to(~의 덕분에)
~의 경우에 대비하여	in case of
~을 대신해서	on behalf of, instead of
~외에도	in addition to
~에도 불구하고	in spite of(= despite)
~에 따르면	according to
~에 상관없이	regardless of

B ~ing로 끝나는 전치사

의미	영어 표현
~에 관해	regarding, concerning(= about)
~을 포함해서	including
~이 없으면	barring
~을 제외하고	excluding
~을 고려하여 볼 때	considering(= given)
~에 따라	depending on
~후에, ~에 따라	following
~ 계류 중인, 심의 중인	pending

✅ 핵심체크

다음 중 빈칸에 가장 알맞은 것은?

Love yourself _____ abusing yourself.

(A) instead of   (B) according to

> **정답** (A) - 문맥상 '~ 대신에'가 어울리는 의미입니다. according to는 '~에 따라서'의 의미입니다.
> (당신을 학대하는 대신에 당신을 사랑하십시오.)

확인 문제

1~4 다음 중 빈칸에 가장 올바른 것은?

1. _____ everything, I believe that people are really good at heart.

   (A) Although   (B) Despite

2. Kids are fat _____ lack of parenting.

   (A) because   (B) because of

3. We're open _____ except Sunday.

   (A) on every day   (B) every day

4. I'll see you _____ Friday morning.

   (A) on   (B) in

5~6 다음 우리말에 맞게 빈칸에 단어를 넣으시오.

5. 그 도로는 1년 내내 계속 열려 있었다.

   The road is kept open _____ _____ _____.

6. 2000년 이래로 우리는 그 요금이 100% 오른 것을 보아 왔다.

   _____ 2000, we've seen the rates rise _____ 100%.

7~8 다음 중 빈칸에 가장 올바른 것은?

7. He stayed in the Navy _____ July of 2017. 토익 유형

   (A) by
   (B) until
   (C) on
   (D) at

8. Please submit your résumé _____ July 10. 토익 유형

   (A) by
   (B) until
   (C) in
   (D) at

정답

1. (B)   2. (B)   3. (B)   4. (A)   5. throughout the year   6. Since, by   7. (B)   8. (A)

해설

1. 전치사 뒤에는 명사, 접속사 뒤에는 「주어 + 동사」가 옵니다. (해석: 이 모든 것에도 불구하고 나는 사람들이 진정 마음은 선하다고 믿는다.)

2. because of는 전치사로 그 뒤에는 명사가 오고 because 다음에는 주어 + 동사가 나옵니다. (해석: 아이들은 부모님의 관리 부족 때문에 살이 찐다.)

3. 「every/last/this/next + 시간 명사」의 경우 그 앞에 전치사를 쓰지 않습니다. (해석: 우리는 일요일 빼고 매일 문을 엽니다.)

4. 날짜 앞에 전치사는 on입니다. 또한 「날짜 + 그날의 일부」 앞에도 전치사 on이 옵니다. on Monday evening/morning/afternoon (O) cf. in the evening/morning/afternoon (해석: 나는 너를 금요일 아침에 보겠다.)

5. '1년 내내'는 throughout the year입니다.

6. 「Since + 과거 시점」은 현재완료와 잘 어울리며 '~만큼'은 by로 표현합니다.

7. 지속, 지연의 동사들(stay, wait, last, continue, postpone, delay)은 until과 잘 어울립니다. (해석: 그는 2017년까지 해군에 계속있었다.)

8. 완료의 의미를 나타내는 동사들(deliver, submit, finish, be over, complete)은 by와 잘 어울려서 사용됩니다. (해석: 7월 10일까지 당신의 이력서를 제출하십시오.)

Chapter 16
접속사

접속사는 두 개의 단어/구/절을 연결시키는 역할을 하는 단어입니다. 앞에서 배운 전치사는 명사를 앞에 나온 단어와 연결시키는데, 접속사도 두 개의 단어를 연결시키는 역할을 한다는 점에서 전치사와 비슷한 성격을 갖고 있습니다. 전치사와 접속사의 구분은 매우 중요합니다. 이 둘 간의 차이를 중심으로 정리해 드립니다.

01 접속사의 역할과 형태

1. 접속사의 역할

<u>접속사는 두 개의 단어/구/절을 연결시키는 역할</u>을 하는 단어입니다. 앞에서 배운 전치사는 명사를 앞에 나온 단어와 연결시키는데, 접속사도 두 개의 단어를 연결시키는 역할을 한다는 점에서 전치사와 비슷한 성격을 갖고 있습니다. 그러나 전치사는 명사나 동명사 앞에 쓰는 반면, 접속사는 무엇이든 그냥 두 개의 단어나 구(phrase) 또는 문장 사이에 쓴다는 점에서 차이가 있습니다. 또한 접속사는 「주어 + 동사」로 이루어진 '절'을 연결할 수 있다는 점에서 전치사와 구분됩니다.

▶ Sue **and** Jay will meet together this afternoon.
  Sue와 Jay는 오늘 오후에 함께 만날 예정이다. (접속사 and는 명사 Sue와 명사 Jay를 연결)

▶ Please review this document **and** tell me your opinion.
  이 서류를 검토하고 제게 당신의 의견을 말해 주세요. (접속사 and는 「동사 + 목적어」인 review this document와 「동사 + 목적어」인 tell me your opinion을 연결. 즉 두 개의 구를 연결)

▶ I think **that** the new product is so good.   내 생각에 그 신제품이 너무 좋다.
  (접속사 that은 I think ~와 the new product is ~를 연결. 즉 두 개의 절을 연결)

TIP before, after, since

■ before, after, since 이 세 단어는 전치사, 접속사, 부사의 역할을 합니다.
  │ Let's go for a walk after breakfast. 아침 식사 후에 산책 가자. (after를 전치사로 사용)
  │ Jay got here at 10:00 a.m. and Sue arrived soon after.
  　　Jay는 오전 10시경에 이곳에 도착했고 Sue는 그 직후에 도착했다. (after를 부사로 사용)
  │ I went to the post office immediately after I left you.
  　　나는 당신을 떠난 직후 우체국에 갔다. (after를 접속사로 사용)

✅ 핵심체크

■ 다음 중 빈칸에 가장 알맞은 것은?

We can't go to the party _____ we're going away that weekend.

(A) because   (B) because of

> 정답 (A) - 접속사 because 뒤에는 주어 + 동사가 나오고 because of 다음에는 명사가 옵니다.
> (우리가 그 주말에 휴가 중이기 때문에 그 파티에 갈 수 없다.)

2. 접속사의 형태

종류	의미
after	~한 후
although, though, even though	비록 ~이지만
as	~할 때, ~ 때문에
as soon as	~하자마자
as long as	~하는 한, ~라면(=if)
because, now that, since	~ 때문에
before	~하기 전에
even if	~한다고 가정하더라도
if, provided, providing	만약 ~라면
if, whether	~인지 아닌지
in case	~하는 경우에 대비하여
once	일단 ~하면, ~하자마자
since	~한 이래로, ~ 때문에
unless	만약 ~이 아니라면
until	~할 때까지
when	~할 때, ~하면
while	~ 동안에
both A and B	A와 B 둘 다
either A or B	A 또는 B 둘 중 하나
neither A nor B	A도 B도 아닌
not only A but also B	A뿐만 아니라 B도
not A but B	A가 아니라 B
that	~하는 것

✅ 핵심체크

▌ 다음 중 빈칸에 가장 알맞은 것은?

The results will affect not only our department, _____ the whole company.

(A) instead of   (B) but also

정답 (B) - not only ~ but also 구문입니다.
(그 결과는 우리 부서뿐 아니라 전체 회사에 영향을 미칠 것이다.)

02 접속사의 종류

1. 등위접속사

등위접속사는 같은 문법적 기능을 가진 두 개의 단어/구/절을 대등하게 연결시키는 접속사입니다. 즉 명사와 명사, 형용사와 형용사, 절과 절 등을 대등하게 연결하는 and, but, yet, so, or, for와 같은 접속사를 말합니다.

Ⓐ and (그리고)

등위접속사 문제 중 가장 출제 빈도가 높은 것은 and 다음에 빈칸을 채우는 형태의 문제입니다. 등위접속사 앞의 단어가 어떤 품사인지 보고 빈칸에 들어가는 단어의 품사를 결정할 수 있는 간단한 문제들입니다.

▶ Everybody thinks Jay is a kind **and** considerate person.
  모든 사람들은 Jay가 친절하며 사려 깊은 사람이라고 생각한다. (두 개의 단어 연결)

▶ Many students have extra classes in the evenings **and** at weekends.
  많은 학생들이 저녁과 주말에 과외 수업들이 있다. (두 개의 구 연결)

▶ I work hard, **and** I'm thankful people recognize that.
  나는 열심히 일하며 사람들이 그것을 인정해 줘서 고맙다. (두 개의 문장 연결)

Ⓑ but (그러나)

▶ Jay did his homework, **but** didn't clean his room.
  Jay는 숙제는 했지만 방 청소는 하지 않았다. (두 개의 문장 연결)

Ⓒ or (또는)

▶ Which one would you like, coffee **or** ice cream?
  커피와 아이스크림 중에 뭐가 좋니? (두 개의 단어 연결)

Ⓓ so (그래서)

▶ Clara was tired, **so** she went to bed early.
  클라라는 피곤해서 일찍 자러 갔다. (두 개의 문장 연결)

E yet (그렇지만)

- Air is beautiful, **yet** you cannot see it. It's soft, **yet** you cannot touch it.
  공기는 아름답다. 그러나 당신은 그것을 볼 수 없다. 공기는 부드럽다. 그러나 당신은 그것을 만질 수 없다. (yet=but)
- John is overweight and bald, (and) **yet** somehow, he's attractive.
  John은 살도 찌고 대머리이지만 왠지 모르게 매력이 있다.

➡ 이 때 and가 있으면 yet은 부사가 되고 and가 없으면 접속사로 쓰인 것이 됩니다.

다음과 같은 경우는 yet이 부사로 쓰인 경우입니다. 「have yet to + 동사원형」은 전에도 강조드린 바 있습니다.

- He hasn't finished it **yet**.   그는 아직 그 일을 끝내지 못했다.
- They have **yet** to make a decision.   그들은 아직 결정을 하지 못했다.
- The best is **yet** to come.   최고는 아직 오지 않았다.

F for (~니까)

for는 전치사로 쓰이지만 대등한 문장을 연결해 주는 접속사로도 쓰입니다. 이때는 for 다음에 「주어 + 동사」가 나옵니다.

- Tiffany remained silent, **for** her heart was heavy and her spirits low.
  Tiffany는 마음도 무겁고 기분도 저조하기 때문에 계속 침묵을 지켰다.

✅ 핵심체크

다음 중 빈칸에 가장 알맞은 것은?

Are the photos in color _____ black and white?

(A) and   (B) or

> **정답** (B) – 문맥상 컬러냐 흑백이냐를 선택하는 것이므로 or가 정답이 됩니다.
> (그 사진들이 컬러니 흑백이니?)

2. 상관접속사

상관접속사는 등위접속사 중에서 두 단어가 항상 짝을 지어 쓰이는 접속사를 의미합니다.

종류	의미
between A and B	A와 B 사이에
both A and B	A와 B 둘 다
either A or B	A 또는 B 둘 중 하나
neither A nor B	A도 B도 아닌
not only A but also B	A뿐만 아니라 B도
not A but B	A가 아니라 B

▶ Mary weighs **between** 55 **and** 60 kilograms.　Mary는 몸무게가 55에서 60 킬로그램이다.
▶ Please send the transcript **both** by email **and** by fax.
성적 증명서를 이메일과 팩스 모두로 보내 주시기 바랍니다.
▶ Please send the transcript **either** by email **or** by fax.
성적 증명서를 이메일이나 팩스로 보내 주시기 바랍니다.
▶ Please send the transcript **neither** by email **nor** by fax. Send it by regular mail.
성적 증명서를 이메일로도 팩스로도 보내지 마시기 바랍니다. 일반 우편으로 보내세요.
▶ He is **not only** handsome **but also** generous.　그는 잘생겼을뿐 아니라 관대하다.
▶ They did **not** send the transcript by email **but** by fax.
그들은 성적 증명서를 이메일이 아니라 팩스로 보냈다.

✅ 핵심체크

▎다음 중 빈칸에 가장 알맞은 것은?

The book will be published _____ in Korean and in English.

(A) either　　　　　(B) both

정답 (B) - both A and B는 '둘 다'라는 뜻입니다.
(그 책은 한국어와 영어 모두로 출판될 것이다.)

3. 부사절을 이끄는 종속접속사

등위접속사는 문법적으로 무게가 같은 내용을 연결하기 때문에 '등위'란 말을 사용합니다. 그럼 **종속접속사는 '종속'이란 말에서 한 쪽이 다른 한 쪽에 종속된다는 의미**라고 쉽게 이해하실 수 있을 것입니다. 문장에서 가장 중요한 것은 「주어 + 동사」이며, 이 핵심 단위를 기본으로 하여 문장은 확장되어 나갑니다. 「주어 + 동사」가 접속사를 통해 또 다른 「주어 + 동사」로 연결될 때, 등위접속사가 사용되면 둘의 무게가 동등하고, 종속 접속사가 사용되면 한쪽은 '주절' 다른 한쪽은 '종속절'이 됩니다.

Ⓐ 등위접속사와 종속접속사의 비교

▶ Jay made some copies of the important letter **and** he brought them to the boss.　Jay는 그 중요한 편지를 복사했고, 그것을 상사에게 가져갔다.

➡ and의 앞뒤에 동등한 무게를 갖는 「주어 + 동사」가 나열되어 있으며, 두 문장 각각 따로따로 사용해도 됩니다.

▶ **After** he made some copies of the important letter, Jay brought them to the boss.　Jay는 중요한 편지를 복사한 후 그것을 상사에게 가져갔다.

➡ After ~ 문장은 주절의 동사 'brought(가져갔다)'를 수식합니다. 즉, 주절에 종속되어 있는 것입니다. 이런 문장을 종속절이라고 합니다.

Ⓑ 때를 나타내는 종속접속사

when(~할 때, ~하면), while(~하는 동안), before(~하기 전에), after(~한 후), until(~할 때까지), as soon as(~하는 대로), once(일단 ~하면, ~하자마자)

▶ **When** you're ready, we'll go.　당신이 준비되면 우리는 갈 것이다.
▶ **As soon as** I get the books, I will send them to you.
그 책들을 받자마자 당신에게 보내 드리죠.

Ⓒ 조건을 나타내는 종속접속사

if, provided(만약 ~라면), unless(만약 ~이 아니라면), as long as(~하는 한), in case(~하는 경우에)

▶ You can't win **unless** you learn how to lose.　지는 법을 모르면 당신은 승리할 수 없다.
▶ **If** you don't say you're not coming, I'll see you at the theater.
당신이 오지 않을 거라고 하지 않는다면 나는 당신을 극장에서 볼 것이다.

> **TIP** 미래 시제를 대신하는 현재 시제
>
> ■ 때를 나타내는 접속사와 조건을 나타내는 접속사의 중요한 문법 사항은 이들이 종속절에서 현재 시제로 미래 시제를 대신하고 주절에는 미래 시제를 써 준다는 것입니다.
>
> | Who **will** be in charge of the department **when** Tiffany **leaves**?
> 티파니가 떠나면 누가 그 부서를 맡을까?
>
> | **If** this **is** the case, I **will** be very disappointed.
> 이게 그런 경우라면 나는 매우 실망할 것이다.
>
> | **Once** I **find** somewhere to live I **will** send you my address.
> 일단 살 곳을 찾으면 너에게 주소를 보내 주겠다.
>
> cf. I don't know when he will come.
> 이 문장은 when절이 목적어절(명사절)로 쓰인 경우입니다. 이때는 미래 시제를 제대로 써 줍니다!

D 이유를 나타내는 종속접속사

because, since, as, now that (~이기 때문에)

▶ **Now that** I have my car, I don't get as much exercise as I used to.
나는 지금 차가 있어서 예전만큼 운동을 하지 않는다.

▶ **Since** we've got a few minutes, let's have a cup of coffee.
시간이 좀 있으니 커피 한잔하죠.

▶ **Because** we can't change reality, let us change the eyes which see reality.
우리가 현실을 바꿀 수 없으니 현실을 보는 눈을 바꿉시다.

since는 이유를 나타내기도 하지만 '~이래로'라는 의미도 있으며 이때는 현재완료 시제와 잘 어울립니다.

▶ I've been very busy **since** I came back from holiday.
나는 휴가에서 돌아온 이래 매우 바빴다.

E 양보를 나타내는 종속 접속사

although, even though, though(비록 ~이지만, ~에도 불구하고), even if(~라고 가정하더라도)

▶ He decided to go, **although** I begged him not to.
내가 그에게 그러지 말라고 간청했지만 그는 가기로 결정했다.

대균's comment!

even if vs even though

even if + 아직 일어나지 않은 일 / even though + 사실

▶ Even if you take a taxi, you'll still miss your train. 택시를 탄다 해도 기차를 놓칠 것이다.
(아직 택시를 타지 않았으며, 가정하는 내용)

▶ Even though he left school at 15, he still became a professor.
15세에 자퇴했지만 그러고도 그는 교수가 되었다. (실제 15세에 자퇴를 했다는 내용)

even if를 써야 하는데 even though로 영어를 틀리게 쓰고도 성공한 사례

이용규 님의 〈내려놓기〉라는 책에 나오는 스토리를 풀어 써 봅니다.
MIT 공과 대학에 다니는 한국 분이 박사 학위 논문 통과가 잘 되지 않아 고생하는 가운데 담당 직원에게 글을 썼다고 합니다. 혹시 내가 힘들어서 그만둔다면의 의미로 Even if I quit을 써야 하는데 Even though I quit을 사용했답니다. 이 글을 읽은 직원이 교수님께 보고했고 그분은 논문을 드디어 통과하게 되었다고 합니다. 왜 그랬을까요? Even if 다음에는 아직 일어나지 않은 일이 나옵니다. Even though 다음에는 사실이 나옵니다. 교수님이 학생이 이제 그만두기로 작정한 것으로 알고 혹시라도 잘못된 선택을 할까 봐 논문을 빨리 통과시켜 주었다는 이야기가 됩니다.

다음의 예를 봅시다.
I'm going to see her even if it's raining.
지금은 비가 오지 않지만 혹시 비가 온다 하더라도 나는 그녀를 볼 것이다.
I'm going to see her even though it's raining.
지금 비가 오지만 그럼에도 불구하고 나는 그녀를 볼 것이다.

✅ 핵심체크

1 다음 중 빈칸에 가장 알맞은 것은?

_____ I live only a few blocks from work, I walk to work.

(A) Now that   (B) Although

> **정답** (A) - Because의 의미의 접속사 Now that이 의미상 적합합니다.
> (사는 곳이 직장에서 몇 블록밖에 떨어져 있지 않기 때문에 나는 걸어서 출근한다.)

4. 명사절을 이끄는 종속접속사

명사절이란 「주어 + 동사」로 이루어진 절이 문장에서 주어, 목적어, 보어로서 명사의 역할을 하는 것을 의미합니다. 명사가 문장에서 주어, 목적어, 보어의 역할을 할 수 있으니, 명사절도 마찬가지로 같은 역할을 할 수 있습니다.

Ⓐ that

명사절을 이끄는 종속접속사 중 대표적인 것이 바로 that입니다. that은 접속사도 되고, 대명사(저것)와 형용사(저)로도 사용되고, 관계대명사로도 사용되는 변화무쌍한 단어입니다. 접속사 that의 기본 특징은 그 뒤에 완전한 문장이 나온다는 것입니다. 그리고 '~라는 것'으로 해석한다는 점도 기억하세요.

》 주어

- **That** he is late for school is uncommon.
  = **It** is uncommon **that** he is late for school. (가주어-진주어 구문)
  그가 학교에 늦는 것은 드문 일이다.
- **It** is true **that** Mary and Mark are getting married.
  메리와 마크가 결혼한다는 것은 사실이다. (가주어-진주어 구문)

》 목적어

- He admits **that** he was wrong. 그는 자기가 틀린 것을 인정한다.

》 보어

- The truth is **that** the store opens every day. 사실은 그 매장이 매일 연다는 것이다.

》 동격

동격절을 갖는 명사는 주로 fact, truth, idea, evidence, belief, suggestion, confirmation 등의 추상명사들입니다.

- He refused to help me, despite the fact **that** I asked him several times.
  그는 내가 그에게 몇 번이나 요청한 사실에도 불구하고 나를 돕기를 거절했다.
- Where did you get hold of the idea **that** I was leaving?
  내가 떠난다는 생각을 어디서 얻게 되었니?

B   if, whether

that은 확정적인 것을 말하지만, 불확실한 것을 말할 때는 if나 whether를 사용하여 '~인지 아닌지'라는 의미를 나타낼 수 있습니다.

》 주어

▶ **Whether** the boss will come is another matter.
그 사장이 올지 여부는 또 다른 문제이다. (주절로 쓰일 때는 whether를 더 선호)

》 목적어

▶ I don't know **if** [= **whether**] he will come.   나는 그가 올지 안 올지 모른다.

》 보어

▶ My question is **if** [= **whether**] the store opens on Sundays.
나의 의문점은 그 매장이 일요일마다 여느냐 안 여느냐이다.

✓ 핵심체크

다음 중 빈칸에 가장 알맞은 것은?

I like the fact _____ some of your favorite Broadway musicals are not made into movies.

(A) that   (B) which

> **정답** (A) – idea, fact, suggestion 다음에 that은 접속사로 그 뒤에 완전한 문장이 옵니다.
> which는 다음 장에서 배울 관계대명사로 그 뒤에 불완전한 문장이 옵니다.
> (몇몇 당신이 좋아하는 브로드웨이 뮤지컬이 영화로 만들어지지 않은 사실이 나는 좋다.)

5. 접속사 같이 생기지 않은 접속사

Ⓐ by the time (~할 때쯤)

by the time 주어 + 과거 시제, 주어 + had p.p.
by the time 주어 + 현재 시제, 주어 + will + 동사원형/will + have + p.p.

▶ **By the time** I got to the phone, it had stopped ringing.
내가 전화를 받으러 갔을 때, 전화가 울리는 것을 멈췄다.

▶ **By the time** I get home, the sun will have set.
내가 집에 도착할 때 해는 이미 졌을 것이다.

Ⓑ the moment (~하자마자 = as soon as)

▶ **The moment** (that) [= **as soon as**] I get the money, I'll send the ticket.
제가 돈을 받자마자 티켓을 보내 드리겠습니다.

Ⓒ provided (~라면 = if)

▶ We'll be there by about 8:00 p.m. **provided** that there's a suitable train.
적당한 기차가 있다면 우리는 오후 8시까지 그곳에 가겠다.

Ⓓ in case (~할 경우에 대비하여)

▶ **In case** I forget later, here are the keys to the garage.
내가 나중에 잊을 경우에 대비하여 차고 열쇠가 여기 있다.

✅ **핵심체크**

❙ 다음 중 빈칸에 가장 알맞은 것은?

_____ you get home, I will be in bed.

(A) By the time   (B) While

> 정답 (A) - By the time은 '~할 즈음에'라는 의미로 마치 접속사처럼 사용됩니다.
> (당신이 집에 도착할 즈음에 나는 자고 있을 것이다.)

6. 특별한 접속사 구문

Ⓐ so that, in order that (~하기 위해)

- I'll go by car **so that** [= **in order that**] I can take more luggage.
  더 많은 짐을 가지고 갈 수 있게 차를 타고 갈 것이다.
- We will call you again **in order that** [= **so that**] you will arrive on time for your appointment.   우리는 당신이 약속에 제때 도착하도록 다시 전화를 걸겠다.

so that은 '그 결과'라는 의미로 쓰일 수 있지만 in order that은 그 뜻이 없습니다. 결과를 나타내는 so that 앞에는 쉼표(,)가 있습니다.

- I went to bed early, **so that** I relaxed.
  = I went to bed early; as a result, I was able to relax.
  나는 일찍 잤다. 그 결과 긴장을 풀 수 있었다.

Ⓑ 형용사 as + 주어 + 동사 (비록 ~하지만)

- **Young as she** is, she has been admitted to a graduate law school.
  그녀는 어리지만 법과 대학원에 입학 허가를 받게 되었다.
- **Young as he is**, he has a lot of experience.
  = Although he is young, he has a lot of experience.   비록 그는 젊지만 경험이 많다.

Ⓒ no matter 의문사 + 주어 + 동사 (아무리 ~하다 할지라도)

- **No matter what** it costs, I'm determined to visit Spain.
  비용이 얼마가 들더라도 스페인을 방문하기로 결심했다.
- **No matter where** she is, John visits her every day.
  그녀가 어디에 있든지 John은 그녀를 매일 방문한다.

의문사 how를 쓸 때는 「no matter how + 형용사/부사 + 주어 + 동사」의 형태로 씁니다.

- **No matter how careful** you are, feeding a baby is a messy job.
  아무리 세심해도 아이를 먹이는 일은 지저분하게 되는 일이다.

Ⓓ as 주어 + 동사, so 주어 + 동사 (~와 마찬가지로 ~한다)

▶ Just **as** the French love their wine, **so** the English love their beer.
프랑스인들이 와인을 좋아하듯이 영국인들은 맥주를 좋아한다.

Ⓔ not ~ till 주어 + 동사 / not until ~ that 주어 + 동사 (~하고 나서야 비로소 ...하다)

▶ Health is **not** valued **till** sickness comes.
병이 들고 나서야 건강의 소중함이 느껴진다.
▶ It was **not until** 2010 **that** the war finally came to an end.
2010년이 되고 나서야 비로소 전쟁이 결국 끝났다.
▶ Actually, it was **not until** 5 June **that** the submarines arrived.
실제는 6월 5일이 되고 나서야 비로소 잠수함들이 도착했다.

✅ 핵심체크

Ⅰ 다음 중 빈칸에 가장 알맞은 것은?

The game is not lost - or won - _____ the last bell goes.

(A) until　　　　　(B) while

> **정답** (A) – not ~ until 구문으로 'until 이하 하고 나서야 비로소 ~ 하다'의 의미입니다.
> (벨이 울릴 때까지는 이기거나 진 것이 아니다. – 즉 벨이 울리고 나서야 게임은 이기거나 진 것이다.)

확인 문제

1~4 다음 중 빈칸에 가장 올바른 것은?

1. Either write something worth reading _____ do something worth writing.

   (A) and   (B) or

2. Let's take our swimming suits _____ there's a pool at the hotel.

   (A) in case   (B) in case of

3. _____ I live next door to him, I visit him often.

   (A) Now that   (B) Although

4. Play _____ you may be serious.

   (A) so that   (B) despite

5. 다음 빈칸에 알맞은 단어를 쓰시오.

   Young ____ ____ ____, she is so wise.

   (그녀는 비록 어리지만 매우 현명하다.)

6. 다음 두 문장 빈칸에 공통적으로 들어갈 두 단어를 쓰시오.

   Don't write ____ ____ you can be understood.

   Write ____ ____ you can't be misunderstood.

7~8 다음 중 빈칸에 가장 올바른 것은?

7. Can you turn the radio off _____ you're listening to it? 토익 유형

   (A) when
   (B) if
   (C) as
   (D) unless

8. John is welcome to come, _____ he behaves himself. 토익 유형

   (A) although
   (B) provided
   (C) as soon as
   (D) before

정답

1. (B)   2. (A)   3. (A)   4. (A)   5. as she is   6. so that   7. (D)   8. (B)

해설

1. either A or B 구문입니다. 단어 간의 관계성을 볼 수 있어야 영어의 고수입니다. (해석: 읽을 가치가 있는 것을 쓰거나 쓸 가치가 있는 일을 하십시오.)

2. in case는 접속사로 그 뒤에「주어 + 동사」가 오고 in case of는 전치사로 그 뒤에 명사가 옵니다. (해석: 호텔에 풀장이 있을 경우에 대비하여 수영복을 가져가자.)

3. Because 의미의 접속사 Now that이 의미상 적합입니다. (해석: 나는 그의 옆집에 살기 때문에 그를 자주 방문한다.)

4. so that은 '~하기 위하여'라는 의미의 접속사로 정답! despite는 전치사로 그 뒤에 명사가 옵니다.「주어 + 동사」가 올 수 없습니다. (해석: 진지해지기 위해서 놀아라.)

5. Young as she is = Although she is young입니다. 다소 어렵죠? 기본 구문을 암기합시다.

6. '~하기 위하여'라는 표현은「so that 주어 + can」입니다. (해석: 이해받기 위해서 글을 쓰지 마라. 오해받지 않기 위해 글을 써라.)

7. 문맥상 unless(~아니라면)가 적합합니다. (해석: 라디오 듣지 않으면 꺼 줄래?)

8. provided (that)는 if와 같은 의미의 접속사로 쓰입니다. (해석: John이 착하게 군다면 와도 좋다.)

Chapter 17
관계사

관계사는 어떤 단어나 문장을 뒤에 문장과 연결시키는 기능을 합니다. 명사를 대신하는 관계사를 관계대명사라고 하고 부사를 대신하는 관계사를 관계부사라고 합니다. 이런 용어가 머리에 잘 들어오지 않으면 본문의 문장들을 통해서 익히시면 됩니다. 어학 학습은 반복이 중요합니다. 반복 못지않게 중요한 것은 무엇일까요? 주변에 영어를 즐기거나 잘하는 친구들을 많이 갖는 것입니다. 여러분 주변의 친한 5명이 여러분의 운명을 결정합니다!

01 관계대명사

1. 관계대명사의 의미와 형태

A 관계대명사의 의미

관계대명사란 「접속사 + 대명사」가 한 단어로 표현된 것을 말합니다. 접속사는 두 개를 연결하여 관계시켜 주고 대명사는 명사를 대신하는 것이니 관계대명사라는 이름이 만들어진 겁니다. 예를 들자면, and she가 who로 표현될 수 있지요. 관계대명사로 시작되는 절은 앞에 나온 명사를 수식하는 역할을 하기 때문에 '형용사절'이라고 불릴 수도 있습니다. 관계대명사 절에 의해 수식을 받는 명사를 '선행사'라고 부르는데요, 무슨 착한 일을 해서 붙은 이름이 아니라 앞에 먼저 위치해 있다는 의미로 먼저 선(先)자를 써서 선행사가 된 것입니다. 여러분의 선생님도 앞서 공부한 사람이라는 의미로 선생(先生)님이 되는 것입니다.

B 관계대명사의 형태

선행사	주격	소유격	목적격
사람	who	whose	whom
동물・사물	which	whose, of which	which
사람・동물・사물	that	-	that
사물(선행사 포함)	what	-	what

✅ 핵심체크

┃ 다음 중 빈칸에 가장 알맞은 것은?

I am reading a book _____ is about friendship.

(A) which   (B) who

> 정답 (A) - 사물 book을 받는 관계대명사는 which입니다. I am reading a book.과 The book is about friendship.이 합쳐진 문장입니다.
> (나는 우정에 관한 책을 읽고 있다.)

2. 관계대명사의 종류

A 주격 관계대명사

주격 관계대명사는 관계대명사가 종속절에서 주어 역할을 하는 것을 의미합니다.

▶ I know a woman **and she** speaks Chinese.
나는 한 여자를 안다. 그리고 그녀는 중국어를 한다.
→ I know a woman **who** speaks Chinese.   나는 중국어를 하는 한 여자를 안다.

➡ 위의 문장에서 관계대명사절 who speaks Chinese가 수식하는 단어는 a woman입니다. 이와 같이 수식을 받는 단어(선행사)가 사람인 경우 who를 쓸 수 있지만, 수식을 받는 단어가 사물인 경우에는 which를 써야 합니다. who와 which를 구분해서 쓰는 것이 어렵다면 그냥 that을 써 주면 됩니다. that은 사람, 사물에 모두 쓸 수 있습니다.

B 소유격 관계대명사

소유격 관계대명사는 관계대명사가 종속절에서 소유격 역할을 하는 것을 의미합니다. 관계대명사 소유격 whose의 특징은 이 단어가 소유격 역할을 하기 때문에 그 뒤에 명사가 나온다는 것입니다.

▶ I know a woman **and her** brother lives in Busan.
나는 한 여자를 안다. 그리고 그녀의 오빠는 부산에 산다.
→ I know a woman **whose** brother lives in Busan.
나는 오빠가 부산에 사는 한 여자를 안다.

➡ 「and + her」 대신 소유격 관계대명사 whose를 썼습니다. 수식받는 단어(선행사)가 사람인 경우는 whose만 쓸 수 있습니다.

▶ The car has been repaired. **And its** windows were broken.
→ The car **whose** windows were broken has been repaired.
 = The car the windows of which were broken has been repaired.
창들이 깨진 그 차는 수리되었다.

➡ 수식받는 단어(선행사)가 사물인 경우 whose를 써도 되고 of which를 써도 됩니다.

cf. whose는 의문사로도 쓰이니 비교해 보세요.

▶ **Whose** is this bag?   이 가방은 누구 것이니?

C 목적격 관계대명사

목적격 관계대명사는 관계대명사가 종속절에서 목적어 역할을 하는 것을 의미합니다.

> I know a woman **and** I met **her** in Tokyo.
> 나는 한 여자를 아는데 나는 그녀를 도쿄에서 만났다.
> → I know a woman **whom** I met in Tokyo.
> = I know a woman I met in Tokyo.
> 나는 도쿄에서 만난 한 여자를 안다.

➡ 첫 번째 문장에서 관계대명사로 축약될 수 있는 「접속사 + 대명사」를 찾아 봅시다. 접속사 and와 그 뒤 멀리에 있는 her를 합쳐서 관계대명사 whom으로 씁니다. 관계대명사는 항상 그 앞에 위치하면서 수식을 받는 단어(선행사)와 같은 사람/사물이어야 합니다. 앞의 명사가 a woman이므로 뒤에 여자를 가리키는 말은 I가 아니라 her입니다. 그래서 and와 her(목적격)가 합쳐지니 관계대명사도 목적격으로 써 주는 것입니다. 선행사가 사람일 때 관계대명사의 목적격은 whom입니다. 그러나 그냥 who를 쓰기도 합니다. 선행사가 사물일 때 관계대명사의 목적격은 그냥 주격과 같은 which를 씁니다. 하지만 who나 which 대신 that을 쓰기도 합니다. 그러니 that은 사람, 사물, 주격, 목적격 상관없이 언제든지 쓸 수 있습니다. 또한 목적격 관계대명사는 그냥 생략해 버려도 됩니다.

> I I have a hat **and** Jay gave **it** to me.   나는 Jay가 준 모자를 가지고 있다.
> → I have a hat **which** Jay gave to me.
> → I have a hat **that** Jay gave to me.
> → I have a hat Jay gave to me.

✅ 핵심체크

▌다음 중 빈칸에 가장 알맞은 것은?

I am reading a book _____ you wrote.

(A) who (B) which

> 정답 (B) - I am reading a book.과 You wrote it.이 합쳐진 문장으로 a book을 받는 목적격 관계대명사 which가 정답입니다.
> (나는 당신이 쓴 책을 읽고 있다.)

3. 특별한 관계대명사

Ⓐ what

what은 의문사로 '무엇'이라는 뜻을 잘 알고 있지요? 그런데 이 what이 그냥 '것'으로 해석되는 경우가 있습니다. 보통 the thing which = what으로 많이 설명합니다. 「the thing(선행사) + which(관계대명사) = what」이라서 일명 복합관계대명사라고 합니다. 두 개가 복합된 경우죠. 따라서 what은 선행사를 자기 자신 속에 포함하고 있기 때문에 선행사가 필요 없는 관계대명사입니다.

- ▶ I know **the thing which** you did last summer.
  → I know **what** you did last summer.   나는 네가 지난 여름에 한 일을 알고 있다.
- ▶ The secretary wrote down **what** the president told her.
  비서는 사장이 그녀에게 말하는 것을 받아 적었다.
- ▶ **What** we need to do is to make a list of useful phone numbers.
  우리가 필요한 것은 유용한 전화번호 목록을 만드는 것이다.
- ▶ It's not **what** you achieve, it's **what** you overcome. That's **what** defines your career.   당신이 성취한 것이 아니라 당신이 극복한 것이 당신의 경력을 정의합니다.

➡ what을 the thing which로 풀어 써 본다면 더욱 쉽게 이해할 수 있습니다.

Ⓑ that

》 선행사로 사람과 사물을 모두 씀

- ▶ She picked up the hairbrush **that** she had left on the bed.
  그녀는 침대에 두었던 빗을 들었다.
- ▶ This is the woman **that** owns the building.   이 여자분이 그 건물 소유주이다.
- ▶ This is the book **that** I've just written.   이게 내가 이제 막 쓴 책이다.

》 계속적 용법에는 쓸 수 없음

- ▶ John attended the conference in Vienna **which/that** ended on Friday. (O)
  존은 금요일에 끝난 빈에서 열린 콘퍼런스에 참가했다.
- ▶ John attended the conference in Vienna, ~~that~~ ended on Friday. (✗)

➡ 선행사 뒤에 쉼표(,)가 없을 때는 that, which가 모두 가능하지만 쉼표(,)가 있다면 which 자리에 that을 쓸 수 없습니다. 쉼표를 우습게 보시면 안 됩니다!

» all, any, no, the only, the very, the same, the first 등이 선행사에 포함된 경우 that을 씀

▶ What's beautiful is <u>all</u> **that** counts.   아름다운 것이 중요한 것이다.
▶ <u>All</u> **that** glitters is not gold.   반짝이는 모든 것이 다 금은 아니다.
▶ I admire <u>anyone</u> **that** follows the road less travelled.
   나는 사람들이 덜 다닌 길을 가는 누구나를 존경한다.
▶ Now is <u>the only thing</u> **that** exists.   지금이 존재하는 유일한 것이다.
▶ He is <u>the very man</u> **that** I have wanted to employ.
   그는 내가 고용하고 싶어 했던 바로 그 사람이다.
▶ I have <u>the same problems</u> **that** everybody else does.
   나는 모든 다른 사람들이 가진 것과 똑같은 문제들을 가지고 있다.
▶ <u>The first book</u> **that** they gave me was TOEIC King.
   그들이 나에게 준 첫 책은 토익킹이었다.

» 「전치사 + 관계대명사」 구문에는 쓸 수 없음

▶ Time is the school **in which**(~~that~~) we learn.   시간은 우리가 배우는 학교이다.
▶ There is a point **at which**(~~that~~) even justice does injury.
   정의가 피해를 주는 때도 있다.
▶ It was a crisis **for which**(~~that~~) he was totally unprepared.
   그것은 그가 전혀 대비하지 못한 위기였다.

that의 여러 가지 용법

▶ 지시대명사: That's his wife over there.   저기 저 사람이 그의 부인이다.
▶ 지시형용사: Look at that woman.   저 여자를 봐라.
▶ 접속사: She said that she was satisfied.   그녀는 만족한다고 말했다.
▶ 부사: It was that big, perhaps even bigger.   그것은 저렇게나 컸다. 어쩌면 훨씬 더 컸다.
▶ 관계대명사: This is the bag that I bought yesterday.   이것은 내가 어제 산 가방이다.

✅ **핵심체크**

❙ 다음 중 빈칸에 가장 알맞은 것은?

Error is discipline through _____ we advance.

(A) that   (B) which

정답 (B) – 전치사 다음에 관계대명사 that은 올 수 없습니다.
(실수는 우리가 그것을 통해서 발전하는 훈련이다.)

02 관계부사

1. 관계부사의 의미와 형태

A 관계부사의 의미

관계대명사란 「접속사 + 대명사」가 한 단어로 표현된 것을 말합니다. 이와 마찬가지로 **관계부사는 「접속사 + 부사」**라고 생각하면 쉽습니다. 말 그대로 **두 문장을 연결해서 관계시켜 주는 부사**입니다. 관계부사의 종류에는 '시간', '장소', '이유', '방법'을 나타내는 네 가지 관계부사, 즉 when, where, why, how가 있습니다.

B 관계부사의 형태

선행사	종류	전치사 + 관계대명사
장소 (the place)	where	in/at/on + which
시간 (the time)	when	in/at/on + which
이유 (the reason)	why	for + which
방법 (the way)	how	in + which

✓ 핵심체크

다음 중 빈칸에 가장 알맞은 것은?

That was the week _____ we booked our holiday.

(A) where   (B) when

> **정답** (B) - 빈칸 앞에 the week는 때를 나타내는 단어입니다. 때를 나타내는 관계부사는 when입니다.
> (그것은 우리가 휴일을 예약한 주였다.)

2. 관계부사의 종류

Ⓐ when

when은 시간/때를 나타내기 때문에 선행사는 시간과 관련이 있는 명사여야 합니다.

▶ I met Iris on Tuesday **and** she was writing the report **then**.
나는 Iris를 화요일에 만났는데 그때 그녀는 보고서를 쓰고 있었다.
→ I met Iris on Tuesday **when** she was writing the report.
나는 그녀가 보고서를 쓰고 있었던 화요일에 Iris를 만났다.

➡ 첫 번째 문장 마지막의 then(그때)은 Tuesday를 의미한다는 것을 알 수 있습니다. 그래서 접속사 and와 부사 then이 축약되어 when으로 표현된 것입니다. when she was writing the report는 명사 Tuesday를 수식하고 있습니다. 명사를 수식하기 때문에 when 이하는 '형용사절'이라고 불립니다.

> **대균's comment!** **관계부사 vs 종속접속사**
>
> ① I met Iris **when** she was writing the report. 나는 Iris가 보고서를 쓰고 있을 때 그녀를 만났다.
> ② I met Iris on Tuesday **when** she was writing the report.
>   나는 Iris가 보고서를 쓰고 있던 화요일에 그녀를 만났다.
>
> ①번 문장에서 when she was writing the report는 문장 전체를 수식하는 역할을 합니다. 그래서 이때 when은 부사절을 이끄는 종속접속사가 됩니다.
> ②번 문장에서 when she was writing the report는 명사 Tuesday를 수식하는 역할을 합니다. 그래서 이때 when은 형용사절을 이끄는 관계부사가 됩니다.

Ⓑ where

where는 장소를 나타내기 때문에, 수식을 받는 단어는 장소와 관련이 있는 명사여야 합니다.

▶ I met Tiffany in her office **and** she was writing the report **there**.
나는 Tiffany를 그녀의 사무실에서 만났는데 그곳에서 그녀는 보고서를 쓰고 있었다.
→ I met Tiffany in her office **where** she was writing the report.
나는 그녀가 보고서를 쓰고 있었던 그녀의 사무실에서 Tiffany를 만났다.

➡ 첫 번째 문장 마지막의 there(거기서)는 her office를 의미한다는 것을 알 수 있습니다. 그래서 접속사 and와 부사 there가 축약되어 where로 표현되었습니다. where she was writing the report는 명사 her office를 수식합니다.

ⓒ why

why는 이유를 나타내기 때문에, 수식을 받는 단어는 이유를 의미하는 the reason이 됩니다.

- ▶ I met Jane to ask the reason **and** she was writing the report **for the reason**.
  → I met Jane to ask the reason **why** she was writing the report.
  나는 Jane이 보고서를 쓰고 있는 이유를 묻기 위해 그녀를 만났다.

➡ 이유를 나타내는 관계부사 why는 the reason을 선행사로 갖습니다. 그래서 the reason why로 붙여서 외워 두면 편리한데요, the reason을 생략하고 why만 쓴다거나 why를 생략하고 the reason만 쓰는 경우도 많이 있습니다.

- ▶ I met Jane to ask **why** she was writing the report. (O) (the reason 생략)
- ▶ I met Jane to ask **the reason** she was writing the report. (O) (why 생략)

ⓓ how

how는 방법을 나타내기 때문에, 수식을 받는 단어는 방법을 의미하는 the way가 됩니다. 하지만 현대 영어에서는 문법이 변천되어 the way how라고 쓰지 않고 how만 쓰고 있습니다.

- ▶ I met Iris to see the way **and** she was writing the report **in the way**.
  → I met Iris to see **how** she was writing the report.
  나는 Iris가 보고서를 쓰고 있는 방법을 보기 위해 그녀를 만났다.

➡ 관계부사 how는 특이하게도 선행사인 the way와 함께 쓰지 않습니다. how만 쓰든지, the way만 쓰든지, the way that 또는 the way in which를 쓸 수 있습니다.

- ▶ I met Iris to see **how** she was writing the report. (O)
- ▶ I met Iris to see **the way** she was writing the report. (O)
- ▶ I met Iris to see **the way that** she was writing the report. (O)
- ▶ I met Iris to see **the way in which** she was writing the report. (O)

✅ 핵심체크

▎다음 중 빈칸에 가장 알맞은 것은?

This is _____ you pray.

(A) how   (B) that

정답 (A) - 방법을 나타내는 관계부사는 how입니다.
(이것이 기도하는 방법이다.)

확인 문제

1~4 다음 중 빈칸에 가장 올바른 것은?

1. I am reading a book _____ cover is red and yellow.

   (A) whose   (B) who

2. I have never sought the reason _____ I write.

   (A) when   (B) why

3. _____ really matters is what you do with what you have.

   (A) What   (B) That

4. Sue held out her hand, _____ Jay shook.

   (A) that   (B) which

5. 다음 빈칸에 공통적으로 들어갈 단어를 쓰시오.

   Home is not just the place _____ you sleep, but the place _____ you stand. (가정은 그저 당신이 자는 곳일뿐 아니라 당신이 서 있는 곳이기도 하다.)

6. 다음 빈칸에 알맞은 단어를 쓰시오.

   All _____ a man achieves is the direct result of his own thoughts.

7~8 다음 중 빈칸에 가장 올바른 것은?

7. Education is a weapon _____ effects depend on who holds it in his hands. 토익 유형

   (A) who
   (B) whose
   (C) whom
   (D) which

8. The Internet is the last place _____ there is actually a free market on Earth.

   토익 유형

   (A) that
   (B) which
   (C) when
   (D) where

정답

1. (A) 2. (B) 3. (A) 4. (B) 5. where 6. that 7. (B) 8. (D)

해설

1. whose는 관계대명사 소유격으로 그 뒤에 명사가 나옵니다. 본래 I am reading a book.과 Its cover is red and yellow.가 합쳐진 문장입니다. (해석: 나는 표지가 빨간색과 노란색인 책을 읽고 있다.)
2. the reason은 관계부사 why와 잘 어울려 사용됩니다. (해석: 나는 내가 글을 쓰는 이유를 찾지 못했다.)
3. '것'으로 해석되는 the thing which는 what으로 씁니다. (해석: 중요한 것은 당신이 가지고 있는 것을 가지고 당신이 하는 일이다.)
4. 이때 which 자리에 that을 쓸 수 없습니다. 쉼표 다음에 관계대명사 that은 못 옵니다. (해석: Sue가 손을 내밀었고 Jay가 악수를 했다.)
5. the place는 장소를 나타내는 관계부사 where과 잘 어울립니다.
6. all 다음 관계대명사는 which가 아닌 that을 씁니다. (해석: 사람이 성취하는 모든 것은 자기 생각의 직접적인 결과이다.)
7. whose 뒤에는 바로 명사가 붙어 나오고 명사 이하는 완전한 문장을 이룹니다. 위의 문장은 다음 두 문장이 합쳐진 것입니다. Education is a weapon. + Its effects depend on who holds it in his hands. (해석: 교육은 무기이다. 그 무기의 영향력은 누가 교육의 주도권을 가지고 있느냐에 달려 있다.)
8. the last place와 어울리는 where가 정답입니다. 이 문장은 다음 두 문장이 합쳐진 것입니다. The Internet is the last place. + There is actually a free market on Earth in the place. (해석: 인터넷은 지구상에 실제 자유 시장이 있는 마지막 장소이다.)

Chapter 18
일치

일치는 영어로 ageement라고 합니다. 이 단어가 동의나 일치의 의미이니 쉽게 이해가 가죠? 일치는 크게 두 가지가 있습니다.

1) **주어와 동사 수의 일치**는 단수, 복수와 관련하여 여느 초중고등학교뿐만 아니라 공인 영어 시험에서 중요한 기본이 됩니다.

2) **시제의 일치**는 주절과 그 종속절의 시제를 일치시키는 문법으로 시험에서 중요하게 다룹니다.

01 주어와 동사의 수의 일치

주어와 동사의 수의 일치를 공부하는 기본은 올바른 주어와 동사를 찾는 일부터 시작합니다. 수의 일치의 기본 원칙은 단수 주어(it, sun, she, Bill, car) 다음에는 단수 동사(is, goes, shines)를 쓰고 복수 주어(they, apples, we, flowers) 다음에는 복수 동사(are, go, do)를 쓰는 것입니다.

1. 단수 주어 + 단수 동사

Ⓐ 3인칭 단수 주어 + 단수 동사

주어가 3인칭 단수이면 동사에 -(e)s가 붙습니다.

- **He** <u>works</u> at the hospital.   그는 병원에서 일한다.
  cf. **The telephones** <u>work</u> well.   그 전화기들은 잘된다.
- Only **one** of the copiers <u>works</u> well.   그 복사기들 중에서 하나만 잘된다.

Ⓑ a list of, a series of, a collection of ~ + 단수 동사

- **The list of guests** <u>is</u> embarrassingly short.
  손님들의 명단이 당혹스러울 정도로 짧다.
- There <u>is</u> quite **a collection of toothbrushes** in the bathroom.
  목욕탕에 많은 칫솔이 모여 있다.
- There <u>was</u> **a series of explosions** and the bus burst into flames.
  일련의 폭발이 있었고 그 버스에 불길이 치솟았다.

✅ 핵심체크

다음 중 빈칸에 가장 알맞은 것은?

The list of guest names _____ on the desk.

(A) is   (B) are

> 정답 (A) – 주어는 list입니다. names는 주어가 아닙니다. 대체로 of 이하는 주어가 아니고 of 앞의 단어가 주어입니다.
> (손님 명단이 책상에 있습니다.)

2. 접속사로 연결된 주어

A and로 연결된 주어

접속사 and로 연결된 주어는 보통 복수로 취급합니다.

- **Iris and Darren** meet twice a week. Iris와 Darren은 일주일에 두 번 만난다.
- **A car and a bicycle** are my means of transportation.
  차와 자전거가 나의 교통수단이다.

그러나 다음과 같은 예외들이 있습니다. 의미상 단수인 경우와 작품명인 경우에는 단수로 취급할 때도 있습니다. 이들의 공통점은 생긴 것만 복수이지 본질은 단수의 한 개념이라는 것입니다.

- **The Old Man and the Sea** is a short novel written by the American author Ernest Hemingway. 노인과 바다는 미국 작가 어니스트 헤밍웨이가 쓴 단편 소설이다.
- **Pride and Prejudice** is a romantic novel by Jane Austen.
  오만과 편견은 제인 오스틴이 쓴 로맨틱 소설이다.
- **Breaking and entering** is against the law. 주거 침입은 법 위반이다.
- **The bed and breakfast** was charming. 그 민박집은 매력적이었다.

B or로 연결된 주어

주어가 접속사 or로 연결되었을 때(A or B) 동사는 B에 수를 일치시킵니다.

- **My aunt or my uncle** is arriving by train today.
  이모나 삼촌이 기차를 타고 오늘 도착한다. (my uncle에 수를 일치)
- **Either the pilot or flight attendants** help ensure the safety of passengers.
  비행기 조종사나 승무원들은 승객의 안전을 보장하는 데 도움을 준다.
  (flight attendants에 수를 일치)
- **Neither the serving bowls nor the plate** goes on that shelf.
  그릇들도 접시도 저 선반으로 가지 않는다. (the plate에 수를 일치)

✅ **핵심체크**

▌다음 중 빈칸에 가장 알맞은 것은?

Either the flight attendants or the pilot _____ passengers.

(A) assist   (B) assists

> **정답** (B) - either A or B 구문은 B에 수를 일치시킵니다. 그러므로 단수형 the pilot에 수를 일치시켜야 합니다.
> (비행기 승무원들이나 조종사는 승객들을 돕는다.)

3. 그 밖에 주의해야 할 주어와 동사의 수의 일치

A 고유명사 주어 + 단수 동사

고유명사는 복수 형태이더라도 단수로 취급합니다.

- **The Hyundai Motors** is a South Korean multinational automotive manufacturer. 현대자동차는 한국의 다국적 자동차 제조업체이다.
  (Hyundai Motors는 형태는 복수지만 한 개의 회사)
- **Samsung Electronics** is a South Korean multinational electronics company. 삼성전자는 한국의 다국적 전자 회사이다.
  (Samsung Electronics는 형태는 복수지만 한 개의 회사)

B 수식을 받는 주어와 동사의 수 일치

주어와 동사 사이의 삽입어구는 무시하고 주어와 동사를 찾을 수 있는 것이 영문법 실력의 기본입니다. 삽입어구는 수의 일치에 아무런 영향을 주지 않으니 주어와 동사 사이의 수식어구에 속지 말아야 합니다.

》 주어 + 수식어 + 동사

주어와 동사 사이에 괄호나 삽입어구로 들어간 부분들(부사(구), 분사구문, 관계사절)은 주어와 동사의 수 일치와는 아무 상관이 없습니다.

- **New employees** frequently **make** mistakes. 신입 사원들은 실수를 자주 한다.
  cf. **New employees** frequently **makes** mistakes. (×)
- **The condominiums** in this area **are** expensive.
  이 지역에 있는 아파트들은 비싸다.
  cf. **The condominiums** in this area **is** expensive. (×)
- **Students** who met the teacher **say** he is very kind.
  그 선생님을 만난 학생들은 그가 매우 친절하다고 말한다.
  cf. **Students** who met the teacher **says** he is very kind. (×)

a number of vs **the number of**

a number of와 the number of를 구분하는 것은 아무리 강조해도 지나치지 않습니다! 「the number of + 복수 명사」는 단수 취급, 「a number of + 복수 명사」는 복수 취급합니다.

- The number of students in the class is 20. 그 학급의 학생 수는 20명이다. (주어 = **The number**)
- A number of students were late for class. 많은 학생들이 수업에 늦었다. (주어 = **students**)

» 단수 선행사 + 주격 관계사(who, which, that) + 단수 동사

- There is **a customer** who **wants** to get a refund.
  환불 받고 싶어 하는 고객이 한 명 있다.
- I want to write **a book** which **is** the history of comedy.
  나는 코미디의 역사가 될 책을 쓰고 싶다.

» 복수 선행사 + 주격 관계사(who, which, that) + 복수 동사

- There are **a lot of people** who **touch** the customer.
  고객을 감동시키는 많은 사람들이 있다.
- We don't hire **students** who **are** just good at academics.
  우리는 성적만 좋은 학생들을 고용하지 않습니다.

C There is[are] ~ / Here is[are] ~

There is[are] ~ 구문과 Here is[are] ~ 구문은 그 뒤에 나오는 명사의 수에 동사를 일치시킵니다.

- There are **two hurdles** to jump. 뛰어넘을 두 개의 허들이 있다.
- There is **a hurdle** to jump. 뛰어넘을 한 개의 허들이 있다.
- Here are **the keys**. 여기 그 열쇠들이 있다.
- Here is **the key**. 여기 그 열쇠가 있다.

D 거리, 기간, 돈의 양 + 단수 동사

- **10-minutes** of jumping rope is equivalent to running 30-minutes.
  10분의 줄넘기는 30분의 달리기와 같다.

이 문장에서 주어 minutes가 복수인데 왜 동사가 is일까요? 10분은 한 개념의 기간이기 때문입니다.

- **Five miles** is too far to walk.   5마일은 걷기에는 너무 멀다.
- **Ten years** is a long time to spend in jail.   10년은 감옥에서 보내기에는 긴 시간이다.
- **Three hundred dollars** seems a lot to spend on a dress.
  300달러는 옷에 쓰기에는 많은 돈 같다.

거리(distances), 기간(periods of time), 돈의 액수 등은 한 단위(a unit)의 개념으로 생각할 때 단수로 취급합니다.

그러나 <mark>한 해 한 해 세월이 가는 것이 중요한 개념인 경우 복수로 취급</mark>합니다!

> ▶ **Five years** have passed – 5 long, lonely years – since my father died.
> 아버지가 돌아가신지 5년이 지났습니다. 5년이라는 길고 외로운 세월.

여기서 5년은 한 기간이라기보다 한 해 한 해 가는 것이 세어지는 시간들이기 때문에 복수입니다. 김대균 영문법은 이렇게 원리를 알려드립니다. 이해하시고 암기해 주세요!

Ⓔ of 이하의 명사의 수에 따라 단수, 복수가 정해지는 경우

a lot of, all of, most of, some of, half of 등이 주어로 쓰일 때는 그 다음에 오는 말에 따라 단수, 복수가 결정됩니다.

> ▶ **A lot of** money **is** spent trying to keep people alive.
> 많은 돈이 사람들의 생존을 위해 노력하는 데 쓰인다.
> ▶ **A lot of** my friends **are** people who do horror films.
> 많은 내 친구들이 공포 영화를 만든다.
> ▶ **Most of** the money I made **has** gone back to Africa.
> 내가 버는 대부분의 돈은 아프리카로 되돌아갔다.
> ▶ **Most of** the successful people **are** the ones who do more listening than talking.
> 대부분의 성공적인 사람들은 말하기보다 듣기를 더 잘하는 사람들이다.
> ▶ **Some of** the craziest people **are** some of the most brilliant people.
> 몇몇 가장 미친 사람들은 몇몇 가장 영리한 사람들이다.
> ▶ **Some of** the money **goes** to helping out the younger kids.
> 돈의 일부는 어린아이들을 돕는 데 쓰인다.
> ▶ **Half of** the radish **is** rotten.　그 무의 반은 썩었다. (무 한 개의 반)
> ▶ **Half of** the radishes **are** rotten.　그 무들 중 반은 썩었다. (여러 개의 무들 중 반)

Ⓕ 수의 일치에 주의해야 할 명사 주어

복수 명사처럼 -(e)s로 끝나지만 실제로는 단수 명사인 경우가 있고, -(e)s가 안 붙었는데도 복수 명사인 경우가 있습니다. 이런 예외적인 경우들은 평소에 자주 접하며 익혀 두는 수밖에 없습니다. 또한 둘 이상의 명사가 합쳐진 복합명사는 끝의 명사가 단·복수를 결정한다는 점도 잊지 마세요. 명사의 수와 관련하여 TOEIC 시험에서는 다음의 세 가지 공식이 가장 중요하답니다.

» each, every + 단수 명사 + 단수 동사

- **Each** audience **is** different.   각 청중은 다르다.
- **Each** championship **is** unique and special.   각 우승은 독특하고 특별하다.
- **Every** day **is** a gift.   매일 매일은 선물이다.

» -s가 붙었지만 단수로 취급되는 명사 + 단수 동사

news 뉴스, means 방법, politics 정치(학), economics 경제학, electronics 전자, mathematics 수학, headquarters 본사, customs 세관, The United States 미국

- **No news** is good news.   무소식은 희소식이다.
- **The headquarters** of Kinglish Co. is located in Samsung-dong.
  Kinglish사는 삼성동에 있다.

» 복수로 취급되는 단수형 명사 + 복수 동사

police 경찰들, people 사람들, cattle 가축들, crew 승무원들

- **The police** have completed the investigation.   경찰들은 수사를 마쳤다.
- **All the crew** were saved.   승무원은 전원 구조되었다.
- **Some people** are really good at their jobs.   몇몇 사람들은 정말 자기 일을 잘한다.
- **The cattle** are grazing in the pasture.   소가 목장에서 풀을 뜯고 있다.

✅ **핵심체크**

다음 중 빈칸에 가장 알맞은 것은?

Five years _____ a long time to play one part.

(A) are   (B) is

정답 (B) – Five years는 여기서 한 개의 기간을 나타내는 단수 개념입니다.
(5년은 한 배역만 맡기에는 너무나 긴 시간이다.)

02 시제의 일치

주절과 종속절로 이루어진 문장에서 주절의 동사와 종속절의 동사 사이의 시제를 맞추는 것을 시제의 일치라고 합니다. 주절이 현재·미래·현재완료면 종속절에는 다양한 시제가 올 수 있습니다. 하지만 주절이 과거 시제라면 종속절은 과거와 과거완료 시제를 써야 합니다. 하지만 시제 일치에는 예외도 많이 있어 차근차근 살펴봅시다.

1. 시제의 일치의 기본 공식

Ⓐ 주절의 동사가 현재·미래·현재완료 시제일 때

주절의 동사가 현재·미래·현재완료 시제이면 종속절의 시제는 과거·현재·미래 모두 가능합니다.

▶ I **know** I **was writing** stories when I was five.
나는 다섯 살 때 글을 쓰고 있었다는 것을 안다.

▶ I **don't know** what the future **will bring**. 나는 미래가 무엇을 가져올지 모른다.

Ⓑ 주절의 동사가 과거 시제일 때

주절의 동사가 과거 시제이면 종속절의 시제는 과거와 과거완료만 가능합니다.

▶ I **found** that music **was** my favorite art form.
나는 음악이 내가 가장 좋아하는 예술 형식인 것을 발견했다.

▶ I **found** that she **had gone** to the station to meet Jay.
나는 그녀가 Jay를 만나러 역에 간 것을 알게 되었다.

✅ 핵심체크

▎다음 중 빈칸에 가장 알맞은 것은?

He told the doctor he _____ his leg.

(A) break   (B) broke

정답 (B) - told와 시제가 일치하는 과거 시제가 맞습니다.
(그는 다리가 부러졌다고 의사에게 말했다.)

2. 시제 일치의 예외

A 때나 조건의 접속사가 쓰인 부사절

when, after, before, as soon as, until, if 등 때나 조건의 접속사가 쓰인 부사절에서는 현재형으로 미래의 일을 표현합니다. 이것은 너무너무 중요해서 우리 책에서 여러 번 강조해 드렸습니다.

- **As soon as** I **can afford** a studio space, I'll paint again.
  작업 공간을 가질 경제적 여유가 생기는 대로 다시 그림을 그릴 것이다.
- We'll go **when** you **are** ready.   당신이 준비되면 우리는 갈 것이다.
- We'll have the party in the garden **if** the weather **is** good.
  날씨가 좋으면 정원에서 파티를 열 것이다.
- I will keep painting **until** I **die**.   나는 죽을 때까지 계속 그림을 그릴 것이다.

B 영구적인 상황

주절이 과거나 과거완료 시제라도 종속절의 내용이 영구적인 상황(permanent situation)에는 현재 시제를 씁니다.

- Jay told me that he **goes** to church every Sunday.
  Jay는 일요일마다 교회에 간다고 말했다.
- Sue said that her school **begins** at eight.   Sue는 학교가 8시에 시작한다고 말했다.

C 진리나 법칙 또는 현재에도 계속 사실인 내용

주절이 과거나 과거완료 시제라도 종속절의 내용이 일반적인 진리나 법칙 또는 현재에도 계속 사실일 경우에 그 종속절은 현재 시제로 쓸 수 있습니다.

- I just **found** out that I'**m** one inch taller than I thought.
  나는 전에 생각했던 것보다 지금 1인치가 더 크다는 것을 이제 막 발견했다. (지금 1인치가 큼)
- Sue **said** that she often **goes** to the park.
  Sue는 자기가 공원에 자주 간다고 말했다. (습관이 지금도 지속됨)
- My teacher **said** yesterday that water **boils** at 100 degrees Celsius.
  선생님은 물은 섭씨 100도에서 끓는다고 어제 말씀하셨다.
  (어제 말씀하셨어도 이 말은 지금도 진리)

D 역사적 사실

역사적 사실은 변함없는 과거 사실이기 때문에 주절의 시제와 상관없이 항상 과거 시제로 씁니다.

- With the Japanese surrender on September 2, 1945, World War II **was** over.
  일본이 9월 2일 항복해 2차 세계 대전이 끝났다. (변함 없는 과거의 사실)
- I learned yesterday that World War II **was** over in 1945.
  나는 어제 2차 세계 대전이 1945년에 끝났다는 것을 배웠다.
  (2차 세계 대전이 끝난 일이 더 과거에 발생했지만 역사적인 과거이니 과거완료가 아닌 과거 시제로 표현)

✅ 핵심체크

1. 다음 중 빈칸에 가장 알맞은 것은?

I will continue to work hard until I _____ to where I want to be.

(A) get (B) will get

> 정답 (A) - 때나 조건의 부사절에서는 현재로 미래를 나타냅니다.
> (나는 내가 원하는 곳에 도달할 때까지 계속 열심히 일할 것이다.)

확인 문제

1~4 다음 중 빈칸에 가장 올바른 것은?

1. Romeo and Juliet _____ a tragedy written by William Shakespeare.

   (A) is   (B) are

2. LG Mobile Phones _____ the trendy designs of its products.

   (A) emphasize   (B) emphasizes

3. The politician, along with her secretary, _____ expected shortly.

   (A) is   (B) are

4. Our teacher said that Shakespeare _____ born on April 23, 1564.

   (A) is   (B) was

5. 다음 빈칸에 알맞은 단어를 쓰시오.

   I will keep painting until I _____.

   (나는 죽을 때까지 그림을 그릴 것이다.)

6. 다음 빈칸에 공통으로 들어갈 단어를 쓰시오.

   Sixteen years on the road _____ long enough. Twenty years _____ unthinkable.

7~8 다음 중 빈칸에 가장 올바른 것은?

7. The _____ of fun and easily-fixed brain diseases is very short. 토익 유형

   (A) list
   (B) numbers
   (C) kinds
   (D) symptoms

8. The number of times I have fallen down _____ the number of times I have gotten up. 토익 유형

   (A) are
   (B) is
   (C) be
   (D) were

정답

1. (A)   2. (B)   3. (A)   4. (B)   5. die   6. is   7. (A)   8. (B)

해설

1. Romeo and Juliet은 한 개의 작품이라 단수 취급합니다. (해석: Romeo and Juliet은 셰익스피어가 쓴 비극 작품이다.)
2. Mobile Phones에 -s가 붙어 있어 복수 주어처럼 보이지만, LG Mobile Phones라는 하나의 회사명을 말하는 것이므로 3인칭 단수 취급해야 합니다. (해석: LG 휴대폰은 그들 상품의 세련된 디자인을 강조한다.)
3. 삽입어구, 부사구는 주어 동사 수의 일치에 아무런 관련이 없습니다. (해석: 그 정치가는 비서와 함께 곧 올 것으로 예상된다.)
4. 어제 선생님이 말씀하셨고 셰익스피어 탄생이 더 과거에 발생했지만 역사적인 과거이니 과거완료를 쓰지 않고 그냥 과거 시제를 씁니다. (해석: 우리 선생님은 셰익스피어가 1564년 4월 23일에 태어났다고 말했다.)
5. until도 때의 부사절을 이끕니다. 때나 조건의 부사절에서는 현재로 미래를 나타내고 주절에는 미래를 씁니다. (시제의 일치 법칙의 예외) 이 자리에 will die를 쓰면 틀립니다.
6. 시간, 거리는 한 개의 개념이므로 단수 취급합니다. 16년, 20년은 각각 한 개의 기간입니다. (해석: 여행하면서 16년을 보낸 것은 충분히 긴 시간이다. 20년은 생각할 수도 없다. → 즉, 이제 더 이상 여행하러 다니지 않겠다는 의미)
7. 본동사가 is인 것에 주의합시다. 다른 보기들은 모두 복수 형태라 틀립니다. 어떤 문제가 핵심이 무언지 이해가 가지 않을 때는 혹시 단수, 복수 문제가 아닌지 확인합시다. (해석: 재미있고 쉽게 고칠 수 있는 뇌 질환들의 목록은 매우 짧다.→ 즉, 몇 개 안 된다는 의미)
8. 주어 the number는 단수 취급합니다. cf. 「a number of 복수 명사 + 복수 동사」 (해석: 내가 넘어진 횟수는 내가 일어난 횟수이다.)

Chapter 19
특수구문

일반적으로 영어 원서에는 특수구문을 강조하지는 않습니다. 하지만 우리나라에서는 도치구문을 중심으로 수능시험을 비롯한 각종 영어 시험에 특수구문을 묻는 문제가 나오기 때문에 이번 챕터는 한국, 일본 등 아시아 학습자들에게 매우 중요합니다!

01 도치, 부정

1. 도치구문

도치란 주어 다음에 동사가 오는 기본 구문에서 동사가 먼저 나오는 것을 의미합니다. 제가 Grammar in Use 저자 Raymond Murphy와의 만남을 가진 적이 있습니다. 이 분의 책은 참 쉽게 쓰여 있어서 경지에 오른 분은 말을 어렵게 하지 않는다는 것을 배웠습니다. 그리고 제가 Grammar in Use에 한 챕터가 더 있으면 좋겠다는 제안을 드렸는데 그 부분이 바로 도치구문입니다. 우리나라 영어 시험에서는 유별나게 도치를 중요시하기 때문입니다. 수능에서도 도치구문으로 된 문장은 정답을 찾는 데 결정적인 역할을 많이 합니다.

Ⓐ 의문문의 도치

You are tired.를 의문문으로 만들면 Are you tired?가 됩니다. 동사가 먼저 오게 되죠. 동사가 be동사나 조동사를 포함에서 여러 개 있는 경우에는 조동사가 맨 앞으로 옵니다.

▶ **Are** you **looking** for a secretary?   비서를 찾고 계신가요?

Ⓑ 감탄문의 도치

감탄문의 순서는 「How +형용사/부사 + 주어 + 동사」입니다. 강조하는 말인 형용사나 부사가 주어보다 앞쪽에 오는 특징을 갖습니다. 이 순서를 '형부가 주동'했다로 암기해 둡시다!

▶ How **beautiful** you are!   당신은 얼마나 아름다운가!
▶ How **interesting** it is to hear your story!   당신 얘기를 듣는 것은 얼마나 재미있는가!

▶ What a **beautiful** day it is!   얼마나 아름다운 날인가!

➡ 이 문장도 beautiful이 강조되어 주어보다 먼저 오는 것을 관찰해 두세요.

Ⓒ 부정문의 도치

도치 중에 부정문의 도치가 가장 비중이 높습니다. 다음과 같이 부정적인 의미의 부사나 only가 포함된 어구들이 문장 앞에 오면 문장이 도치됩니다.

never(절대), hardly(거의 아니게, ~하자마자), seldom(좀처럼 아니게), rarely(좀처럼 아니게), under no circumstances(어떤 상황에서도), at no time(결코 아니게), not only(~뿐 아니라), no sooner(~하자마자), little(좀처럼 아니게), not since(그때 이래로 아니게), hardly(좀처럼 아니게), never before(전에는 전혀 아니게), not until(~하고 나서야), in no way(결코), scarcely(좀처럼 아니게), only later(늦게서야), nowhere(어디에도 아니게), only in this(오로지 여기에서), on no account(결코 아니게)

▶ **Never** have I heard such a fascinating story.
나는 이렇게 매혹적인 이야기를 들어 본 적이 없다.

▶ **Hardly** had Jack arrived home when he was called back to the head office.
집에 도착하자마자 Jack은 본사로 되돌아오라는 호출을 받았다.

▶ **Rarely** do I eat chocolate during the week.
나는 주중에는 좀처럼 초콜릿을 먹지 않는다.

▶ **Under no circumstances** should you leave your child unsupervised.
어떤 상황에서도 당신은 아이를 방치해 두어서는 안 된다.

▶ **At no time** did anyone involved speak to the press.
결코 관련된 누구도 언론에 말하지 않았다.

▶ **Not only** did I get an A in music but I got an A in ladies.
나는 음악에서도 A학점을 받았을 뿐 아니라 여성들에게도 인기가 높았다.

▶ **No sooner** had he started mowing the lawn than it started raining.
그가 잔디를 깎기 시작하자마자 비가 내리기 시작했다.

▶ **Little** have I played the piano since I was a child.
나는 어릴 적부터 피아노를 친 적이 거의 없다.

▶ **In no way** was the driver held responsible for the accident.
결코 그 운전자가 그 사고에 책임이 있지 않았다.

▶ **Scarcely** had I got off the bus when it crashed into truck.
내가 버스에서 내리자마자 그 버스는 트럭과 충돌했다.

▶ **Only later** did Jay really think about the problem.
나중에야 Jay는 그 문제에 대해 진정 생각하게 되었다.

cf. hardly가 명사를 수식하는 문장에서는 도치가 되지 않습니다.

▶ **Hardly** anyone passed the exam.   거의 누구도 시험에 합격하지 못했다.

D 가정법 if 생략 도치

가정법의 if절에서 if를 빼고 그 자리에 had, were 또는 should 등을 도치시킬 수 있습니다.

▶ **If** I **had** been there, this problem wouldn't have happened.
  → **Had** I been there, this problem wouldn't have happened.
  내가 거기 있었더라면 이 문제는 발생하지 않았을 텐데.

▶ **If** I **were** not a king, I would be a university man.
  → **Were** I not a king, I would be a university man.   내가 왕이 아니면 대학생일 텐데.

▶ **If** you **should** need anything, please don't hesitate to contact me.
  → **Should** you need anything, please don't hesitate to contact me.
  혹시 어떤 것이 필요하면 주저 없이 나에게 연락하세요.

E There is[are] + be동사 + 주어

▶ Where **there** is love, **there** is life.   사랑이 있는 곳에 삶이 있다.
▶ **There** are no desperate situations, **there** are only desperate people.
  절망적인 상황은 없다. 절망적인 사람들이 있을 뿐이다.

F So do I/Neither do I/nor do I

▶ A: I like beer.   나는 맥주가 좋아.   B: **So** do I.   나도 좋아.
▶ A: I don't like beer.   나는 맥주가 싫어.   B: **Neither** do I.   나도 싫어.
▶ Men don't want any responsibility, and **neither** do I.
  사람들은 어떤 책임도 원하지 않고 나도 그렇다.
▶ I'm not a designer, **nor** do I fancy myself a designer.
  나는 디자이너가 아니고 내가 디자이너라고 여기지도 않는다.

✅ **핵심체크**

| 다음 중 빈칸에 가장 알맞은 것은?

_____ had she sat down than the phone rang.

(A) More   (B) No sooner

정답 (B) – No sooner ~ than …구문입니다.
(그녀가 앉자마자 전화벨이 울렸다.)

2. 부정구문

Ⓐ 부분부정

완전한 의미의 단어인 all(모두), both(둘 다), always(항상), necessarily(반드시) 등이 부정어 not과 함께 쓰이면 다 부정하는 것이 아니라 일부분만 부정하는 의미가 되기 때문에 부분부정이라고 합니다.

- Everything is **not always** perfect. 모든 것이 항상 다 완벽한 것은 아니다.
- My hopes are **not always** realized, but I always hope.
  나의 희망이 항상 다 이루어지는 것은 아니지만 나는 늘 희망한다.
- **Not all** families stay together. 모든 가족들이 다 함께 사는 것은 아니다.
- Actors are **not necessarily** smart people.
  연기자가 반드시 영리한 사람인 것은 아니다.
- I **don't** know **both** of them. 나는 그들 둘을 다 아는 것은 아니다.

Ⓑ 이중부정

부정어가 두 개 나오는 구문으로 이중부정이라고 합니다. 이중부정은 긍정의 의미가 됩니다.

- I **never** go anywhere **without** my cellphone.
  나는 어디갈 때 늘 휴대전화를 가지고 다닌다.
  (휴대전화 없이는 어디도 가지 않으며 늘 가지고 다닌다는 긍정의 의미)
- There is **no** life **without** sport and **no** sport **without** competition.
  스포츠 없는 인생은 없고, 경쟁 없는 스포츠는 없다.
  (인생에는 늘 스포츠가 있고 스포츠에는 늘 경쟁이 있다는 긍정의 의미)

✅ **핵심체크**

▮ 다음 중 빈칸에 가장 알맞은 것은?

I never travel _____ my sketch book.

(A) ever   (B) without

> 정답 (B) - never는 without과 함께 쓰여 이중부정을 만듭니다. 이중부정은 강한 긍정을 의미합니다.
> (나는 늘 스케치북을 가지고 여행한다. - 스케치북 없이 여행하지 않으니 여행할 때 늘 스케치북을 가지고 다닌다는 긍정의 의미)

02 강조, 생략

1. 강조구문

Ⓐ 강조의 do

강조의 do란 강조하느라 동사 앞에 do가 들어간 경우를 말합니다. 그냥 I love you.도 좋지만 love를 강조하느라 do를 추가한 것입니다.

- I do like to laugh at and talk about relationships.
  나는 관계에 대해 웃고 이야기하는 것을 좋아한다.
- I do love Italian food. 나는 이태리 음식이 너무 좋다.
- I do know what you mean. 나는 당신이 의미하는 것을 확실히 안다.
- I really do love you. 당신을 정말 사랑합니다.

Ⓑ 부정문을 강조하는 at all (전혀)

- I am not mean at all; I am not tough at all. 나는 전혀 비열하지도 않고, 거칠지도 않다.
- I'm not selfish at all. 나는 전혀 이기적이지 않다.

Ⓒ in the world, on earth (도대체, 세상에), ever

- What in the world are you doing in the closet? 도대체 벽장에서 뭐하니?
- What on earth is that awful noise? 대체 무슨 끔찍한 소리지?
- Never, ever underestimate the importance of having fun.
  재미있게 사는 것의 중요성을 과소평가하지 마시오.

Ⓓ it be ~ that[who] 강조구문

- It was Jack that broke the car window. 차창을 깨트린 것은 Jack이었다.
- It was Queen Elizabeth who made me a foreign correspondent.
  나를 외국 통신원으로 만든 것은 엘리자베스 여왕이었다.

앞에 사람이 나오면 that 대신에 who를 사용할 수도 있습니다. It be ~ that 강조구문은 it be that을 모두 빼 버려도 완전한 문장이 남습니다. 즉 Jack broke the car window.와 Queen Elizabeth made me a foreign correspondent.와 같은 문장이 됩니다.

E 삽입 강조 표현 if ever와 if any (혹시, 설사)

▶ He rarely, **if ever** [= probably never], does any cleaning.
  그는 혹시 한다 해도 좀처럼 청소를 하지 않는다.
▶ There has been little, **if any**, improvement.
  혹시 개선의 여지가 있더라도 극히 적었다.
▶ There is little, **if any**, hope for her recovery.
  그녀가 회복할 가능성은 혹시 있다 해도 거의 없다.

위의 예문에 잘 나타나 있듯이 if ever는 동사(does)와 잘 어울리고 if any는 명사(improvement, hope)와 잘 어울립니다.

✅ 핵심체크

1. 다음 중 빈칸에 가장 알맞은 것은?

I'm not perfect _____.

(A) at all   (B) no longer

> 정답 (A) - 부정어를 강조하는 at all은 '전혀'라는 의미를 갖습니다.
> (나는 전혀 완벽하지 않다.)

2. 생략구문

영어는 중복을 싫어합니다. 앞에 쓴 단어를 정황상 굳이 다시 쓸 필요가 없는 경우 중복해서 쓰지 않습니다. 이것은 문장의 축약과 간결성을 좋아하는 영어의 성향에서 나온 것입니다.

Ⓐ 접속사 다음 「주어 + 동사」 생략

▶ **When I was** young, I was interested in Renaissance art.
  → **When** young, I was interested in Renaissance art.
  젊었을 때 나는 르네상스 미술에 관심이 있었다.

▶ **If it is** possible, be funny.
  → **If** possible, be funny.   가능한 한 재미있게 살아라.

▶ Usually my characters, **though they are** young, tend to be streetwise.
  → Usually my characters, **though** young, tend to be streetwise.
  대개 나의 주인공들은 비록 어려도 생활력들이 뛰어난 경향이 있다.

Ⓑ 앞에 be동사가 있을 때 뒤에 be동사 생략

▶ To err **is** human; to admit it, superhuman.
  실수하는 것은 인간적이다. 인정하는 것은 초인적이다.

▶ To err **is** human; to forgive, divine.
  실수하는 것은 인간적이다. 용서하는 것이 신적인 것이다.

✅ 핵심체크

▎다음 중 빈칸에 가장 알맞은 것은?

Would you call me back in five minutes _____ possible?

(A) if   (B) as

정답 (A) - if possible은 if it is possible을 생략하여 만든 '가능하면'의 의미로 쓰이는 표현입니다.
(가능하면 5분 후에 나에게 다시 전화해 줄래?)

확인 문제

1~4 다음 중 빈칸에 가장 올바른 것은?

1. _____ was it raining all day at the party but also the band was late.

    (A) Not only   (B) Very

2. I have seldom, if _____, been so embarrassed.

    (A) any   (B) ever

3. Never was anything great achieved _____ danger.

    (A) before   (B) without

4. _____ possible, be funny.

    (A) If   (B) As

5~6 다음 각 문장에 대해 '나도 그래' 의미의 대답을 만들어 넣으시오.

5. Man: I'm meeting a colleague tomorrow.
   Woman: 나도 그래.

6. Man: I haven't had a promotion for a long time.
   Woman: 나도 그래.

7~8 다음 중 빈칸에 가장 올바른 것은?

7. _____ you have any questions about this event, don't hesitate to contact me. 토익 유형

    (A) Although
    (B) Could
    (C) Should
    (D) In spite of

8. _____ you will find my résumé. 토익 유형

    (A) Enclosed
    (B) Enclose
    (C) Enclosing
    (D) Encloses

정답

1. (A) 2. (B) 3. (B) 4. (A) 5. So am I. 6. Neither have I.
7. (C) 8. (A)

해설

1. 부정어가 앞에 올 때 문장은 도치됩니다. (it was raining → was it raining) 문장 후반부에 but also도 답의 단서입니다. (Not only ~ but also 구문) (해석: 파티에 비가 내렸을 뿐 아니라 밴드도 늦었다.)
2. if any는 명사를 수식하고 if ever는 동사를 수식합니다. 빈칸 뒤에 동사 been ~이 나오므로 if ever가 정답입니다. (해석: 나는 좀처럼 그렇게 당황해 본 적이 없었다.)
3. never ~ without 구문입니다. (해석: 위험 없이 어떤 위대한 것도 성취된 적이 없다.)
4. If (it is) possible 구문에서 it is가 생략된 것으로 이해하면 됩니다. (해석: 가능하면 재미있어라!)
5. 앞에 챕터에서 전에 해 드렸듯이 「so + 동사」는 '소동'이 일어나면 옳소!(also)의 의미입니다. (해석: 남 - 내일 동료랑 회의가 있어. 여 - 나도 그래.)
6. 남자의 말에 부정어 not이 들어가 있습니다. 부정어와 현재완료형의 시작 단어 have와 어울리는 Neither가 들어간 문장이 정답입니다. (해석: 남 - 나는 오랫동안 승진을 못 해왔어. 여 - 나도 그래.)
7. If you should ~ 구문의 도치구문인 Should you ~ 구문을 암기합시다. 가정법 미래의 조동사는 인칭에 상관없이 should를 쓴다는 것도 조동사편에서 다룬 바 있습니다. (해석: 이 행사에 대한 질문이 있으시면 주저 없이 연락주세요.)
8. 이 문장은 You will find my résumé enclosed.가 도치된 구문입니다. 이메일이나 편지에 자주 등장하는 문장이니 암기합시다. (ex) Attached you will find the schedule.(일정을 첨부하니 확인하십시오.)은 You will find the schedule attached.를 도치시킨 문장입니다. 이 두 문장은 도치된 형태로 많이 사용됩니다. (해석: 이력서를 동봉하니 확인하십시오.)

부록

▶ 일반동사의 과거형 불규칙 변화

❶ A-A-A 형

기본형	과거형	과거분사형
bet	bet	bet
bid	bid	bid
cost	cost	cost
cut	cut	cut
hit	hit	hit
hurt	hurt	hurt
let	let	let
put	put	put
read[ri:d]	read[red]	read[red]
set	set	set

❷ A-B-A 형

기본형	과거형	과거분사형
become	became	become
come	came	come
run	ran	run

❸ A-B-B 형

기본형	과거형	과거분사형
bend	bent	bent
bring	brought	brought
build	built	built
burn	burned[burnt]	burned[burnt]
buy	bought	bought
catch	caught	caught
dig	dug	dug
dream	dreamed[dreamt]	dreamed[dreamt]
feel	felt	felt
fight	fought	fought
find	found	found
have	had	had
hang	hung	hung
hear	heard	heard
hold	held	held
keep	kept	kept
lay	laid	laid
lead	led	led

기본형	과거형	과거분사형
learn	learned[learnt]	learned[learnt]
lose	lost	lost
make	made	made
mean	meant	meant
meet	met	met
pay	paid	paid
say	said	said
sell	sold	sold

❹ A-B-C형

기본형	과거형	과거분사형
awake	awoke	awaken
be	was, were	been
begin	began	begun
bite	bit	bitten
blow	blew	blown
break	broke	broken
choose	chose	chosen
do	did	done
draw	drew	drawn
drink	drank	drunk
drive	drove	driven
eat	ate	eaten
fall	fell	fallen
fly	flew	flown
forget	forgot	forgotten
forgive	forgave	forgiven
freeze	froze	frozen
get	got	got[gotten]
give	gave	given
go	went	gone
grow	grew	grown
hide	hid	hidden
know	knew	known
lie	lay	lain
ride	rode	ridden
ring	rang	rung
rise	rose	risen
see	saw	seen
write	wrote	written

김대균 영문법

초판발행	2018년 7월 6일
초판 4쇄	2019년 11월 8일
저자	김대균
책임 편집	이효리, 김효은, 양승주
펴낸이	엄태상
디자인	진지화
마케팅	이승욱, 오원택, 전한나, 왕성석
온라인 마케팅	김마선, 김제이, 조인선
경영지원	마정인, 조성근, 김수진, 김다미, 전태준, 오희연
물류	유종선, 정종진, 최진희, 윤덕현, 신승진
펴낸곳	랭기지플러스
주소	서울시 종로구 자하문로 300 시사빌딩
주문 및 교재문의	1588-1582
팩스	(02)3671-0500
홈페이지	http://www.sisabooks.com
이메일	book_english@sisadream.com
등록일자	2000년 8월 17일
등록번호	1-2718호

ISBN 978-89-5518-572-0 (13740)

* 이 교재의 내용을 사전 허가없이 전재하거나 복제할 경우 법적인 제재를 받게 됨을 알려 드립니다.
* 잘못된 책은 구입하신 서점에서 교환해 드립니다.
* 정가는 표지에 표시되어 있습니다.